GARANTIAS AO CUMPRIMENTO DA OBRIGAÇÃO TRIBUTÁRIA:

Uma proposta de classificação partindo dos peculiares efeitos da garantia prestada em contextos tributários

CIP-BRASIL. CATALOGAÇÃO NA PUBLICAÇÃO
SINDICATO NACIONAL DOS EDITORES DE LIVROS, RJ

C35g

Castro, Danilo Monteiro de
Garantias ao cumprimento da obrigação tributária : uma proposta de classificação partindo dos peculiares efeitos da garantia prestada em contextos tributários / Danilo Monteiro de Castro. - 1. ed. - São Paulo : Noeses, 2022.

350 p. ; 23 cm.
Inclui bibliografia
ISBN 978-65-89888-73-4

1. Direito tributário - Brasil. 2. Obrigação tributária - Brasil. I. Título.

22-80776 CDU: 34:336.225.611(81)

Meri Gleice Rodrigues de Souza - Bibliotecária - CRB-7/6439

Danilo Monteiro de Castro

Doutor em Direito Tributário pela PUC/SP (2020) e Mestre em Direito Tributário também pela PUC/SP (2013). Professor no Curso de Especialização em Direito Tributário do IBET desde 2012. Juiz do Tribunal de Impostos e Taxas de São Paulo (TIT-SP) desde 2018. Advogado.

GARANTIAS AO CUMPRIMENTO DA OBRIGAÇÃO TRIBUTÁRIA:

Uma proposta de classificação partindo dos peculiares efeitos da garantia prestada em contextos tributários

2022

editora e livraria
NOESES

Copyright © Editora Noeses 2022
Fundador e Editor-chefe: Paulo de Barros Carvalho
Gerente de Produção Editorial: Rosangela Santos
Arte e Diagramação: Renato Castro
Revisão: Georgia Evelyn Franco
Designer de Capa: Aliá3 - Marcos Duarte

2022

editora e livraria
NOESES

Editora Noeses Ltda.
Tel/fax: 55 11 3666 6055
www.editoranoeses.com.br

Esse livro é dedicado:

Aos meus pais, Mário e Rosane, em especial pelo exemplo familiar que tento seguir;

À Roberta, pois sem você nada, nada mesmo, seria possível;

E aos nossos filhos, Gabriela e Enrico, porque tudo, no final, é para (ou por) vocês.

"- Que busca Don Juan?

- Ele busca uma esposa.

Entre a interpretação: "Ele busca se casar" e a interpretação "há uma mulher casada que ele cobiça", é o contexto (...) que permite optar pela segunda."

(ARMENGAUD, Françoise. *A pragmática* [tradução: Marcos Marcionilo]. São Paulo: Parábola, 2006, p. 85).

AGRADECIMENTOS

Esse trabalho é consequência do curso de doutoramento concluído, no final de 2020, na Pontifícia Universidade Católica de São Paulo (PUC/SP). O texto sofreu importantes ajustes, quer em razão de significativas alterações ocorridas em nosso ordenamento jurídico quer, principalmente, em decorrência das sugestões apontadas na própria banca de defesa da tese.

Começo meus agradecimentos, então, pela Professora Clarice von Oertzen de Araújo. Sua generosidade se mostrou presente não só nos comentários trazidos durante minha defesa, mas especialmente em momento posterior, com indicação de obras, disponibilização de leituras e, também, anotações sobre a dimensão pragmática do fenômeno comunicacional, tema que domina como poucos. Foi um grande presente que recebi, e me ajudou, muito, na depuração da mensagem que gostaria de transmitir (*uma proposta de classificação partindo dos peculiares efeitos da garantia prestada em contextos tributários*).

Muito obrigado, também, ao Professor Paulo Cesar Conrado, pois além de ter sugerido o tema deste livro (à época, tema da tese do doutoramento) – só por isso sua menção aqui já se fazia necessária –, é o grande mentor, há anos, das pesquisas e escritos que desenvolvemos no Grupo de Estudos de Processo Tributário Analítico, ambiente onde várias das reflexões aqui desenvolvidas foram amadurecidas. Mas, para muito além de construções acadêmicas, o Grupo de Estudos que criou me deu amizades sinceras, inclusive a sua, e isso precisa ser registrado.

Agradeço, imensamente, ao Professor Rodrigo Dalla Pria. Todas as portas deste "mundo acadêmico" me foram abertas por você (desde a primeira aula como Professor-seminarista; passando pelo ingresso no Grupo de Estudos de Processo

Tributário Analítico; até ser seu assistente no Mestrado do IBET). Ademais, muitas questões postas neste livro foram discutidas e refletidas contigo (na própria revisão do material tive sua ajuda). Entretanto, e esse é o principal ponto que preciso destacar, sem o seu auxílio e incentivo não acredito que a publicação deste texto aconteceria. Muito obrigado, meu amigo!

Não posso deixar de lembrar do meu orientador, Professor Tácio Lacerda Gama. Sou muito grato pelo suporte, comentários e, sobretudo, liberdade dada para escrever a tese que, agora, vira livro.

Aos amigos do Grupo de Estudos de Processo Tributário Analítico, além de Paulo Cesar Conrado e Rodrigo Dalla Pria, já citados, Camila Vergueiro, Rodrigo Massud, Luis Claudio Cantanhede, Diego Diniz, Juliana Furtado Costa Araújo, Íris Vânia Santos Rosa, Ricardo Saliba, Carla Gonçalves, Daniel de Paiva Gomes, Eduardo de Paiva Gomes, Vanessa Spina, Mário Jabur, Fernanda Camano, Lázaro Reis, dentre outros que, mais recentemente, a nós se juntaram.

À Editora Noeses, na pessoa de seu Editor-Chefe (nosso querido Professor Paulo de Barros Carvalho), por viabilizar esse sonho.

Aos meus sócios no escritório Dalmazzo, Castro e Tarpinian Advogados Associados, Tiago Dalmazzo, André Prado de Souza e Milena Martinelli, pela ajuda direta e, principalmente, indireta na construção deste livro.

Por fim, à também sócia, mas além disso, esposa, mãe dos nossos filhos, parceira em todas as horas, inclusive no amor pelo Direito, Roberta Dias Tarpinian de Castro. Aqui o agradecimento extrapola, e muito, essa obra: te amo!

APRESENTAÇÃO

A experiência docente tem sido, em minha vida, fonte de sólidas, honestas e duradouras relações interpessoais, as quais, não raro, extrapolam as fronteiras dentro das quais se estabelecem as conexões – frívolas, às vezes – jurídico-acadêmicas. Essa transposição, por certo, somente é possível quando as afinidades intelectuais são suplantadas pelas convergências morais e pessoais dos indivíduos, fazendo com que o coleguismo se transforme em amizade e o respeito intelectual se converta em verdadeiro amor fraterno. A partir daí, torna-se impossível separar, por mera abstração analítica, o intelectual, do ser-humano; o autor/professor, do Amigo.

É justamente por esse motivo que é impraticável, para mim, "apresentar" o autor desta magnífica obra – O Prof. Dr. Danilo Monteiro de Castro –, sem resvalar em aspectos relacionados à sua admirável personalidade. E como já disse Paulo Cesar Conrado, é muito bom que seja assim, pois o ser humano constitui uma unidade complexa e irredutível, que não pode ser circunscrita a um único aspecto de sua vida.

Tenho tido o privilégio de acompanhar, muito de perto, não só a bela trajetória acadêmica do autor, mas também a forma pela qual ela foi meritoriamente forjada, em meio às responsabilidades profissionais e pessoais que envolvem a vida de todo indivíduo.

E quando digo "muito de perto", não me valho de mero recurso retórico, pois estou a falar de alguém que é, há mais de uma década, o professor líder dos seminaristas do Curso de Especialização em Direito Tributário do IBET – Sorocaba, cuja coordenação local está sob minha responsabilidade. Foi a partir das qualidades demonstradas por Danilo como professor seminarista que ele, rapidamente, foi alçado à condição de professor conferencista dos Cursos de Especialização e Extensão em Direito Tributário e Processual Tributário do IBET e da PUC/SP. Atualmente, além de ser meu principal interlocutor para assuntos "processuais tributários", Danilo me assiste, como professor, nas cadeiras de "Direito Processual Tributário" e "Contencioso Administrativo Tributário" da pós-graduação *strictu sensu* do IBET.

Mas o "direito (e o processo) tributário" é apenas uma – e lhes asseguro, não é a principal – das paixões do autor. A par disso tudo, Danilo é o pai – presente, carinhoso e atento – da Gabriela e do Enrico. É o esposo – companheiro e amigo – da querida Professora Roberta Dias Tarpinian de Castro, processualista de escol, advogada brilhante e mulher admirável, que divide com Danilo a liderança de uma das principais bancas de advocacia tributária de Sorocaba e região.

E assim o foi, posso lhes garantir, mesmo durante o período em que o autor cursava o exigente programa de pós-graudação *strictu sensu* em Direito Tributário da PUC/SP, que culminou com a obtenção, em 2020, do título de "Doutor em Direito Tributário", conquistado por Danilo, com louvor, mediante atribuição de nota máxima (dez) pela banca examinadora.

A obra que ora vem a lume, aliás, nada mais é que a versão comercial da excelente tese de doutoramento do autor, e que materializa, sem dúvida alguma, o melhor e mais profundo estudo do instituto da "garantia" no âmbito tributário, jamais realizado pela Dogmática. Tenho firme convicção de que se trata da primeira de várias outras obras monográficas a serem produzidas pelo autor em sua promissora, e já sólida, carreira acadêmica.

São Paulo, setembro de 2022.

Rodrigo Dalla Pria

Doutor em Direito Processual Civil pela PUC/SP e Mestre em Direito Tributário também pela PUC/SP. Professor de Direito Tributário e Processual Tributário da Pós-graduação *stricto sensu* do IBET. Professor dos cursos de especialização em Direito Tributário da PUC/SP e do IBET. Coordenador do Curso de Especialização em Direito Tributário do IBET-Sorocaba e da Toledo Prudente – Centro Universitário, em parceria com o IBET. Coordenador dos Cursos de Extensão em Contabilidade Tributária e Processo Tributário Analítico do IBET. Foi Juiz do Tribunal de Impostos e Taxas (2009 a 2016). Advogado.

PREFÁCIO

Muitos são os momentos em que a relevância do raciocínio instrumental aflora.

O tema das garantias, particularmente as que são prestadas em ambiência tributária, é um deles.

Maestro, em termos metodológicos, de toda análise jurídica que se pretenda mais produtiva do que embaraçante, o racional da instrumentalidade cospe na cara de todos, sem dó, o que às vezes não se quer ver: o direito não é feito para se resolver a si mesmo.

Recortado o foco para o alvo do trabalho do Professor Danilo Monteiro de Castro, poderíamos repetir: o direito tributário não é feito para si mesmo.

Sim, devo admitir, essa cantilena pode parecer cansativa, mas vale a pergunta: como entender a figura das garantias, mormente em campo tributário, sem essa premissa?

Ignorando-a, seria(mos) levado(s) na direção das incertezas – um *locus* muito frequentado pela jurisprudência contemporânea –, empregando expressões como "garantia do juízo" (como se fosse a jurisdição que se estivesse buscando assegurar pelo oferecimento, por exemplo, de uma carta de fiança em execução fiscal) ou forjando fundamentos negatórios pífios de nomeações voluntárias [como é o caso do argumento da "ordem legal" (um total desprezo ao núcleo substancial das ofertas feitas em executivos, a saber, sua prestabilidade em termos de satisfação econômica do credor, nada que ver com ordem disso ou daquilo)].

Cansaço à parte, o que a empiria nos mostra é que preciso martelar a mesma ideia, transformando-a num quase-mantra: na análise jurídica que se pretenda mais fluída do que embaraçada, o raciocínio instrumental é o maestro.

Dirigidas a objetivos que não se aprisionam a abstrações jurídico-normativas, as garantias em nível tributário funcionam como prova vívida dessa ideia.

Todos sabemos (embora nem sempre assim se pratique) que o direito tributário, transbordados os limites teoréticos, constitui uma das ferramentas idealizadas para assegurar a experiência humana em nível coletivo, uma experiência (a coletiva, repito) que, embora não descarte a natural individualidade de cada "nó" integrante do complexo social, constitui o sentido da existência do homem.

Sua tradução prática (do direito tributário) atravessa, com efeito, os limites das abstrações normativas, movimentando-se na exata direção do asseguramento da vida social. O faz por meio de um peculiar fenômeno: a arrecadação – pressupostamente "legítima" se e quando desenrolada dentro dos limites fixados pelo sistema que o próprio direito delineia (em conjunto considerados, esses limites dão tônus de concretude ao que se convencionou chamar de "segurança jurídica").

Uma confissão pessoal: olhando o direito, particularmente o tributário, com essas lentes, fui como que liberto, uma conquista tão realizadora quanto dolorosa, à medida que das abstrações etéreas (e estéreis) fui (e assim podemos ser todos) catapultado para a realidade viva, o *locus* onde as coisas efetivamente se processam.

Não é nosso desejo, com essas colocações, criar uma espécie de oposição entre teoria e prática – estaríamos nos jogando num abismo mortal, fosse assim.

Meu anseio, inspirado e entusiasmado pelo trabalho do Professor Danilo, é realçar que a produção científico-jurídica não configura um dado ensimesmado em hermetismos negacionistas da ecologia social.

É desafiadora, tomada essa linha, a produção de ciência no direito, mormente porque impõe uma tomada decisiva de posição: ou bem se aceita a instrumentalidade inerente ao direito e se vai em busca de respostas que dialoguem com o alvo (não--jurídico), ou nos mantemos naquela região morna, confortável e insípida em que as produções ditas "puras" se alojam.

Danilo não permite a ninguém que o leia esse luxo, fazendo-o sob o pretexto, pragmaticamente precioso, das garantias em campo tributário.

Voltando ao que dizia logo de início, esse tema, o das garantias, é dos que melhor expressa o desafio a que vinha me referindo: quem quiser falar do assunto de forma a fazer compreensiva a realidade tem que sair da sombra e enfrentar a dureza da vida como ela é, a vida em que a noção de arrecadação se projeta, a mesma em que os efeitos práticos de sua perfectibilização se apresenta.

Essa é, na minha leitura, a maior das virtudes que o trabalho do Professor Danilo Monteiro de Castro nos traz.

Pessoalmente, o autor – um "velho" interlocutor de grupo de estudos – não é desses que fica na "casa um" do jogo – prova disso é seu empenho profissional conjugado ao acadêmico, um casamento perfeito, mas que, sendo difícil de administrar, é negado por tantos. Danilo não está nesse grupo: sem temer a rechaça, se expõe, mostra que sua empiria é forte componente de suas ideias e demonstra, com isso, que o direito tributário (particularmente as garantias que nesse campo se propagam) deve ser compreendido à luz da realidade.

A parte mais difícil dessa operação está, não tenho dúvida, no equilíbrio. Lendo essas linhas, muitos poderiam concluir: "a proposta lançada por esse sujeito é 'ativista', 'recriadora', 'economicista', 'antinormativa'" – ou qualquer outro rótulo que se queira dar (eles não faltam). Nada disso! Nem esse prefaciador, tampouco o Professor Danilo, profliga divórcios. Ao contrário: esse livro é a prova mais que direta de que a harmonização de teoria e prática não só é possível, como nos faz servidores mais efetivos do direito.

Danilo segue à risca, nessa senda, a cartilha pressuposta por todo regime que se pretenda democrático, cartilha essa de cuja primeira página se extrai: o direito não funciona sem legalidade. Que ninguém pense, assim, que tomar o direito em seu sentido instrumental significa fazer "conta de chegada"!

O dado normativo é o ponto de partida desse precioso livro; não é, porém, o ponto final da história.

O autor, forte em seu desiderato, apresenta a distinção havida, no amplo conjunto das garantias, entre as que se constituem em ambiente de crise de inadimplência (fato gerador da atividade executiva) e as que se constituem fora desse *habitat* – um passo e tanto para a compreensão pragmática do conceito de fundo e que é pouquíssimo explorado (e compreendido, por conseguinte), sobretudo pelos que não enxergam o "direito fora do direito".

A chamada crise de inadimplência revela um tom eficacial próprio às respectivas garantias, ausente nas demais situações – aquelas em que a inadimplência não se apresenta como elemento-base. Poderíamos grifar, a partir da lição deixada pelo Professor: as crises processuais antiexacionais, operando em linha diversa, propagam efeitos sobre as possíveis vocações assumidas pelas garantias ali prestadas – tudo perfeitamente compreensível se, como o livro nos descortina, mantivéssemos permanente atenção sobre a necessária associação do campo normativo com o fruto da empiria.

O problema, destaca o autor (e fazemos coro), é que essas separações, relevantes num momento preliminar, não bastam – que bom fosse assim!

Pontos há, com efeito, em que os efeitos derivados pelas garantias prestadas em ambiente tributário (exacional ou antiexacional) se desdobram em seguidas variantes, pormenorizadamente trabalhadas pelo autor de modo a isolar, no detalhe do detalhe, as (garantias) que se instrumentalizam pela via da penhora, as que o são por força da penhora sobre dinheiro, as que derivam de depósito voluntário, além das relacionadas às assim chamadas "garantias pessoais" (ou fidejussórias).

Essa segregação proposta pelo autor, mais do que analítica, sinaliza diferenças no campo pragmático e servem, por isso, como importante guia sobre as possíveis reações provocadas na vida real por cada qual dos caminhos – aspectos que, sendo observados, reprimem conflitos interpretativos tão presentes na experiência pretoriana, fazendo o utente chegar na planície límpida e solar da segurança, ponto que o reaproxima(ria) das premissas que demarcam esse breve prefácio: o direito (inclusive o tributário) não tem o seu fim nele próprio, senão em domínios que lhe são externos; se deles (desses domínios) nos apartarmos, abriremos mão da desejável visão macrofenomênica que o dado jurídico impõe, como se nosso campo visual estivesse recortado por peias indesejáveis.

Sou muito grato ao Professor Danilo Monteiro de Castro pela oportunidade de tomar contato com sua obra e me certificar, em sua leitura, que, se estou doido, não estou sozinho!

Meus efusivos cumprimentos ao autor, extensíveis, na mesma medida, à Editora Noeses por essa bela aquisição em seu catálogo.

São Paulo, setembro de 2022.

Paulo Cesar Conrado

Doutor em Direito Tributário pela PUC/SP, professor do Programa de Mestrado profissional da FGV Direito SP, coordenador do Grupo de Estudos e do Curso "Processo Tributário Analítico" (Ibet), juiz federal.

SUMÁRIO

Parte II

DAS ESPÉCIES DE GARANTIA AO CUMPRIMENTO DA OBRIGAÇÃO TRIBUTÁRIA

INTRODUÇÃO

A garantia ao cumprimento de uma obrigação pecuniária decorre da responsabilidade patrimonial jungida a toda e qualquer relação jurídica desse jaez. Como a relação jurídico-tributária também compõe o conjunto das obrigações de pagar quantia certa, a garantia é tema que igualmente nos interessa.

Em uma relação jurídica, onde alguém deve entregar a outrem determinado valor, o não cumprimento desta obrigação faz nascer outro vínculo, a permitir que o credor agrida, mediante intervenção estatal, o patrimônio do devedor (responsabilidade patrimonial) e, assim, todo e qualquer bem, do devedor ou de terceiros, destinado a esta satisfação, previamente ou não à crise de inadimplência, será tido como garantia.

O ponto motivador deste trabalho, voltado às garantias ao cumprimento da obrigação tributária, está na presença de peculiares efeitos quando da sua consumação em ambiente tributário, não visualizados em outros ramos do direito.

Eles atingem, frontalmente, a marcha da exigibilidade da obrigação tributária voltada à sua satisfação (extinção, via de regra, mediante pagamento, voluntário ou não). Frise-se, alguns tipos de garantia [i] podem impor suspensão da exigibilidade do crédito tributário e, por conseguinte, trazer os efeitos previstos no art. 206 do Código Tributário Nacional (CTN); outros [ii] podem trazer apenas este último efeito (disposto no referido art. 206); e outras garantias, ainda que prestadas em contexto tributário, [iii] podem não gerar efeito peculiar algum.

Temos, então, dois importantes problemas que notoriamente geram conflitos interpretativos, quer na doutrina quer na jurisprudência, a saber:

a.) há grande dissenso em relação aos efeitos jungidos a espécies de garantias possíveis de serem prestadas em âmbito tributário, ou seja, dúvidas atinentes a quais garantias implicarão os cenários "i", "ii" ou "iii", como e, principalmente, quando; e

b.) existe, também, grande confusão diante da definição destes efeitos normativos, especialmente quando ligados à oferta de garantia, tanto em relação ao conceito de suspensão da exigibilidade do crédito tributário, quanto em face da previsão constante no art. 206 do CTN.

Apenas para exemplificar, vejamos duas importantes dúvidas relacionadas às alíneas acima: o protesto de CDA somente é afastado (cancelado ou sustado) quando há suspensão da exigibilidade do crédito tributário (que pode decorrer da prestação de certas garantias), ou a mera existência de garantia integral do débito, ainda que sem trazer tal suspensão, é suficiente (exemplo: penhora de imóvel com avaliação superior ao débito)? Se fiança bancária ou seguro-garantia não geram suspensão da exigibilidade do crédito tributário, será possível exigir do terceiro (instituição bancária ou seguradora) a realização de depósito em juízo, mesmo na pendência de Embargos à Execução Fiscal, tão somente porque estes foram recebidos sem efeito suspensivo?

Diante destes, e de vários outros conflitos ligados ao tema, nossa pretensão foi segregar, pelos efeitos gerados, as garantias ao cumprimento da obrigação tributária e, com isso, trazer uma possível solução aos problemas relativos à alínea "a", passando obrigatoriamente pelos da alínea "b", já que para tal empreitada era imprescindível definir o alcance daqueles efeitos necessários à classificação.

Necessários, mas não suficientes, pois outros efeitos, diversos dos anteriormente apontados, foram utilizados para a divisão sugerida, tudo a torná-la interessante.

Assim, destacamos cinco espécies deste conjunto segregadas, frise-se, pelos efeitos que geram, o que impõe uma análise não só de sua forma (em dinheiro; fidejussória; etc.), mas do ambiente (por exemplo, conflituoso ou não; próximo a atos de expropriação ou não; etc.) em que se encontram.

Para tanto, o trabalho foi divido em duas Partes.

Na Parte I, composta por dois Capítulos, teremos a definição de certos pressupostos necessários à percepção dos peculiares efeitos que a garantia ao cumprimento da obrigação tributária pode trazer a essa relação jurídica.

Ao final desta Parte I, foi detalhada a classificação que nos interessa, qual seja, pelos efeitos gerados por tais garantias que, insista-se, depende da presença de alguns fatores para o seu enquadramento, isto é, não basta a forma da garantia (dinheiro, por exemplo), é preciso analisar o momento e, principalmente, o ambiente (normativo) em que ela se encontra.

O ato de garantir depende do contexto em que se deu para, só então, sabermos o seu desempenho (efeitos).

Exemplificando, e mantendo o dinheiro como hipótese, a apresentação desta garantia em ambiente sem conflito ligado à exigibilidade não trará efeitos próprios a essa espécie, como a suspensão disposta no art. 151 do CTN, e, assim, terá de receber classificação diversa. É o que ocorre quando da antecipação de garantia (mediante ação cautelar ou procedimento administrativo), ainda que formalizada em dinheiro (impossibilidade deste ato gerar ineficácia técnico-normativa a impedir a positivação de novas normas ligadas à marcha da exigibilidade). Portanto, a classe identificada como depósito tem de: [i] decorrer de garantia prestada em dinheiro (voluntariamente ou não); [ii] sobrestar os efeitos da mora (consequência do "pagamento" em juízo); e [iii] suspender a exigibilidade da obrigação tributária (e aqui, para esse efeito, o conflito em torno dela é necessário).

As cinco classes de garantia ao cumprimento da obrigação tributária, segregadas pelos efeitos normativos gerados, foram assim nominadas: 1. depósito; 2. pessoal (ou fidejussória) em ambiente conflituoso; 3. penhora; 4. assecuratória; e 5. outras hipóteses.

Na Parte II do trabalho, composta por cinco Capítulos, passamos a aprofundar o estudo de cada uma destas classes, a importância de referida divisão para a demarcação dos peculiares efeitos da garantia prestada em ambiente tributário, e a diferenciação específica entre elas, inclusive a justificar a transposição de uma para outra em determinados contextos.

Pontos importantes foram aqui trabalhados, como: as razões de não utilizar o termo caução como sinônimo (ou espécie) de garantia ao cumprimento da obrigação tributária; a maior liquidez de certas garantias impõe maior onerosidade ao devedor (elementos que, analisados em conjunto, podem justificar efeitos peculiares próprios a estas espécies); a permissão de substituição do depósito por garantias pessoais tem de implicar o reconhecimento de que estas também geram suspensão da exigibilidade (incompatibilidade processual de interpretação diversa); o arrolamento de bens não é espécie de garantia, mas apenas forma de controle capaz de motivar a indisponibilidade mediante ação cautelar fiscal (essa sim, espécie de garantia); a averbação pré-executória, pela interpretação autêntica do Supremo Tribunal Federal (ADI 5.890/DF; DJe 05/04/2021), é mero procedimento informativo do débito (publicidade a terceiros), distanciando-se do conjunto garantias; a antecipação de garantia (mediante ação cautelar ou procedimento administrativo) a figurar como tal (assecuratória) mesmo quando formatada em dinheiro, fiança bancária ou seguro garantia; dentre tantos outros.

Nas "Conclusões" evidenciam-se os resultados práticos que esta classificação pode trazer, enaltecendo os motivos de serem, referidas soluções, as mais recomendadas para os problemas postos, especialmente pela harmonia construída, isto é, dando consistência a estes institutos (direta ou indiretamente ligados à garantia ao cumprimento da obrigação tributária) para que se deixe de enfrentar casuisticamente tais situações, analisando-as como um todo e, com isso, ser possível afastar antinomias entre soluções, hoje existentes, conflitantes entre si.

Em suma, o problema em tela foi analisado por uma diferente perspectiva (efeitos gerados pela garantia prestada em âmbito tributário), com aspirações de linguagem científica, pautada na interpretação do direito positivo vigente, em busca da redução de complexidades, que geram transtornos práticos importantes, e que se espera convença o leitor de ser o melhor caminho a seguir.

Parte I

ASPECTOS GERAIS E INTRODUTÓRIOS AO TEMA "GARANTIAS AO CUMPRIMENTO DA OBRIGAÇÃO TRIBUTÁRIA"

CAPÍTULO 1 - A EXIGIBILIDADE DA OBRIGAÇÃO TRIBUTÁRIA

1.1 Primeiras linhas (arrecadação, exigibilidade e eficácia)

O direito tributário existe para regular a imperiosa transferência de capital dos particulares ao Estado, para o custeio das necessidades coletivas tidas como prioritárias a uma sociedade, num determinado momento histórico-cultural.[1] Evidentemente

---

1. "Dificilmente se encontrará quem sustente com seriedade o desaparecimento do Estado como forma de organização política. A existência de um Estado implica a busca de recursos financeiros para sua manutenção. Com efeito, numa perspectiva histórica, pode-se contemplar a existência de tributos desde tempos imemoriais. As mais primitivas formas de organização social já relatavam alguma espécie de cobrança para os gastos coletivos, como os dízimos, cobrados no século XIII a.C. sobre frutos, carnes, óleo e mel." (SCHOUERI. Luís Eduardo. *Direito tributário*. São Paulo: Saraiva, 2011, p. 15). "A partir da queda do muro de Berlin (1989), que, com o seu simbolismo, marca o início do processo de globalização, a crise do socialismo e dos intervencionismos estatais e a mudança dos paradigmas políticos e jurídicos, fortalece-se o Estado Democrático e Social Fiscal, que coincide com o Estado Democrático e Social de Direito (ou Estado Subsidiário, ou Estado da Sociedade de Risco, ou Estado de Segurança). Mantém características do Estado Social, mas passa por modificações importantes, como a diminuição do seu tamanho e a restrição ao seu intervencionalismo no domínio social e econômico. Vive precipuamente dos ingressos tributários, reduzindo, pela privatização de suas empresas e pela desregulamentação do social, o aporte das receitas patrimoniais e parafiscais. Procura, na via da despesa pública, reduzir desigualdades sociais e garantir as condições necessárias à entrega de prestações públicas nas áreas da saúde e da educação,

que, nos tempos atuais, a complexidade que envolve essa relação impõe um número elevado de regras,[2] mormente em sociedades cujo passado denota abusos por parte dos governantes.[3]

Assim, a arrecadação é a finalidade última desta relação obrigacional entre governo e governados. Podemos ir além para afirmar ter, a arrecadação, uma forte ligação com a eficácia das normas que regulam a tributação.

Essa ligação, entre arrecadação e eficácia, é de mais fácil percepção perante a chamada eficácia social,[4] já que a arrecadação traduz no "mundo do ser" (efeito econômico) o que restou regrado no "mundo do dever-ser."[5]

---

abandonando a utopia da inesgotabilidade dos recursos públicos. Nele se equilibram a justiça e a segurança jurídica, a legalidade e a capacidade contributiva, a liberdade e a responsabilidade." (TORRES, Ricardo Lobo. *Curso de direito financeiro e tributário*. 13ª ed., Rio de Janeiro: Renovar, 2006, p. 9).

2. "...o aumento dos focos ejetores de normas contribui para que também seja maior o número de intérpretes autorizados e, por conseguinte, de interpretações acatadas pelo sistema como legítimas. Tal pluralidade de sentidos construídos que aparece como sintoma da crescente e irreversível complexidade da vida social, apresenta-se verdadeiro obstáculo à pretensão de objetividade e clareza que deve ter o direito para cumprir sua função de ordenar a conduta de seus destinatários." (CARVALHO, Paulo de Barros. *Derivação e positivação no direito tributário*. Vol. 3, São Paulo: Noeses, 2016, p. 209).

3. "Nosso sistema é bom. Péssima é sua aplicação, por desleixo, ignorância, má-fé, desorganização, espírito burocrático, desprêzo pelo direito, empirismo, falta de consciência quanto às exigências do princípio da relação de administração, por subjetivismo, personalismo, protecionismo, afilhadismo e corrução." (ATALIBA, Geraldo. *Sistema constitucional tributário brasileiro*. São Paulo: RT, 1968, p. XXIII).

4. "A eficácia social ou efetividade diz com a produção das consequências desejadas pelo elaborador das normas, verificando-se toda vez que a conduta prefixada for cumprida pelo destinatário. Caso se dê o descumprimento da conduta, de maneira reiterada, frustrar-se-ão as expectativas normativas e a eficácia social ficará comprometida." (CARVALHO, Paulo de Barros. *Direito tributário*: fundamentos jurídicos da incidência. 9ª ed., São Paulo: Saraiva, 2012, p. 103).

5. "O ser e o dever-ser são logicamente reparáveis, porque irredutíveis. Efetividade e validade (validade lógico-formal e validade jurídica) estão colocadas em dois planos. Mas o ponto de encontro é o homem mesmo e sua projeção comunitária, a sua existência como intersubjetividade." (VILANOVA, Lourival. *Estruturas lógicas e o sistema do direito positivo*. 4ª ed., São Paulo: Noeses, 2010, p. 287).

Mas também há, em nosso sentir, uma aproximação entre arrecadação e a chamada eficácia técnica, o que se dará pelo conceito de exigibilidade, a sinalizar o caminho normativo percorrido para o atingimento daquele fim (a arrecadação se juridiciza pela exigibilidade). Sobrestando a exigibilidade do crédito tributário, ter-se-á uma ineficácia técnica na marcha voltada à sua satisfação (mais adiante trataremos disso, com maior profundidade – subitem 1.3.3 desta Parte I).

Nesse momento, evidencia-se a importância da regulação dessa relação obrigacional, para que haja o necessário equilíbrio entre a proteção individual do patrimônio (valor consagrado em nossa Constituição Federal)[6] *versus* a imprescindível arrecadação estatal.

Insista-se, são duas forças, de igual intensidade, que têm de ser respeitadas para que se faça presente referido equilíbrio, isto é, o Estado tem de arrecadar (para fazer frente ao custeio das suas necessárias despesas, voltadas ao interesse comum daqueles que integram essa sociedade) e, ao mesmo tempo, o patrimônio do particular tem de ser preservado, na medida de sua capacidade contributiva[7] e em respeito ao não confisco.[8]

---

6. "Alojado no cerne de todas as situações materiais que sofrem o impacto tributário, o direito de propriedade é uma preocupação constante do legislador no desempenho da tarefa legislativa e requer a contínua vigilância dos cidadãos, para vê-lo efetivamente guarnecido na conformidade da proteção constitucional." (CARVALHO, Paulo de Barros. *Curso de direito tributário*. 24ª ed., São Paulo: Saraiva, 2012, p. 206). "...o direito de propriedade se configura como uma verdadeira delimitação ao exercício da tributação, uma vez que, caso não observado, ficará configurado o confisco..." (LINS, Robson Maia. *Curso de direito tributário brasileiro*. São Paulo: Noeses, 2019, p. 163).

7. "A capacidade contributiva é o princípio segundo o qual cada cidadão deve contribuir para as despesas públicas na exata proporção de sua capacidade econômica. Isto significa que os custos públicos devem ser rateados proporcionalmente entre os cidadãos, na medida em que estes tenham usufruído da riqueza garantida pelo Estado. Também aceita como capacidade contributiva, a divisão equitativa das despesas na medida da capacidade individual de suportar o encargo legal." (ZILVETI, Fernando Aurelio. Capacidade contributiva e mínimo existencial. In: SCHOUERI, Luís Eduardo; e ZILVETI, Fernando Aurelio [Coords.]. *Direito tributário* – estudos em homenagem a Brandão Machado. São Paulo: Dialética, 1998, p. 38).

8. "O princípio da não confiscatoriedade limita o direito que as pessoas políticas têm de expropriar bens privados. Assim, os impostos devem ser graduados de modo

É utópico, por óbvio (basta ver a vagueza dos conceitos de capacidade contributiva e não confisco), o equilíbrio supracitado e, assim, comum os conflitos existentes entre Fisco e contribuinte. Frise-se, o conflito fruto deste desequilíbrio não é, por si só, um problema social, mas o elevado número destes conflitos sim, mormente quando representam a maior fatia de processos em trâmite no Judiciário (infeliz realidade brasileira).[9]

Logo, o desequilíbrio entre proteção individual do patrimônio *versus* necessária arrecadação estatal implica o conflito tributário (crucial à definição de processo tributário).[10] Podemos, porém, afirmar o mesmo de forma diversa, qual seja, o conflito tributário advém do desequilíbrio entre a manutenção do *status quo* (pelo contribuinte) e a exigibilidade da obrigação tributária.

É nesse momento que aflora a importância do estudo aqui pretendido, pois temos o patrimônio do contribuinte

---

a não incidir sobre as fontes produtoras de riqueza dos contribuintes (...). Portanto, o princípio da não confiscatoriedade exige do legislador, conduta marcada pelo equilíbrio, pela moderação e pela medida, na quantificação dos tributos, tudo tendo em vista um Direito Tributário justo." (CARRAZZA, Roque Antonio. *Curso de direito constitucional tributário.* 20ª ed., São Paulo: Malheiros, 2004, p. 93/94).

9. "No quadro geral das execuções, o maior problema é a fiscal. O executivo fiscal chega a juízo depois que as tentativas de recuperação do crédito tributário se frustraram na via administrativa, provocando sua inscrição na dívida ativa (...). Os processos de execução fiscal representam, aproximadamente, 38% do total de casos pendentes e 75% das execuções pendentes no Poder Judiciário. Os processos dessa classe apresentam alta taxa de congestionamento, 91%, ou seja, de cada cem processos de execução fiscal que tramitaram no ano de 2016, apenas 9 foram baixados." (Conselho Nacional de Justiça - CNJ. Justiça em Números 2017; ano-base 2016, p. 113. Disponível em: http://www.cnj.jus.br/files/conteudo/arquivo/2017/12/9d7f990a5ea5e55f6d32e64c96f0645d.pdf. Acesso: 24 out. 2018).

10. "(i) Qualifica-se como tributário o processo que se reporta à relação jurídica (material) de tal jaez; (ii) processo tributário é, assim, relação que envolverá, na posição de sujeitos parciais (em conflito), Estado-fisco e contribuinte; (iii) a um ou outro desses sujeitos competirá a produção do ato de provocação do terceiro sujeito (imparcial), o Estado-juiz; (iv) tomadas, pois, as duas possibilidades (ordinariamente falando) de iniciativa verificadas, dois tipos de processo se apresentarão, falando-se, de um lado, em processo exacional (nos quais a provocação é do Estado-Fisco), e, de outro, em processo antiexacional (nos quais a provocação é do contribuinte)." (CONRADO, Paulo Cesar. *Processo tributário.* 3ª ed., São Paulo: Quartier Latin, 2012, p. 176/177).

como alvo à satisfação do crédito tributário.[11] Logo, deixar pré-definido qual específica fatia do patrimônio será destinada a solver aquele crédito tributário (se isso não acontecer voluntariamente), ou adotar meios eficazes à localização e constrição de bens do devedor inadimplente, são pontos cruciais à efetivação da arrecadação.

O ajuizamento seletivo regrado na Portaria PGFN 33/2018[12] exemplifica bem o asseverado no parágrafo anterior, a ponto de o Fisco federal optar por não ajuizar Execução Fiscal (sofrendo, por exemplo, os efeitos da prescrição)[13] se, previamente, não localizar bens em nome do contribuinte.

Essas primeiras linhas são importantes, pois evidenciam premissas adotadas neste estudo, especialmente de estar a eficácia da obrigação tributária estritamente ligada à sua exigibilidade, sendo certo que a garantia ao cumprimento da

---

11. "Já por mais de uma vez esbarramos com a regra básica de Direito das Obrigações, segundo a qual o patrimônio do devedor responde por suas dívidas.
Todavia, essa responsabilidade, embora juridicamente efetiva, pode ser ineficaz na prática. Pois, se os débitos do devedor, em mãos de seus vários credores, excederem o seu patrimônio, este será insuficiente para o resgate daqueles; e no processo de execução, onde se recorrerá ao rateio, *cada um dos credores receberá apenas uma percentagem de seu crédito.*" (RODRIGUES, Silvio. *Direito civil* – Direito das coisas. Vol. 5. 25ª ed., São Paulo: Saraiva, 1999, p. 315).

12. Portaria PGFN 33/2018:
"Art. 33. O ajuizamento de execuções fiscais para cobrança de débitos inscritos em dívida ativa da União fica condicionado à localização de indícios de bens, direitos ou atividade econômica do devedor ou corresponsável, desde que úteis à satisfação integral ou parcial do débito a ser executado."

13. "Na verdade, as medidas que se pretende implementar no fluxo de cobrança do crédito tributário visam, exclusivamente, a otimizar a cobrança do crédito tributário. E essas providências são de ordem essencialmente administrativas, a serem adotadas pelo corpo profissional da PGFN.
(...) Por evidente, o eventual transcurso do prazo quinquenal sem que se promova o ajuizamento do executivo fiscal não poderá ser atribuído a outrem. Inviável, neste caso, não reconhecer a inércia do aparato administrativo federal. Cabe somente aos Procuradores da Fazenda Nacional cuidar para que, diligentemente, não deixem escoar por completo o prazo prescricional." (MAYA, Daniel Lacasa. Prescrição e novos procedimentos no fluxo de cobrança do crédito tributário federal: pedido de revisão de dívida inscrita (PRDI) e averbação pré-executória. In: ARAUJO, Juliana Furtado Costa; e CONRADO, Paulo Cesar [Coords.]. *Inovações na cobrança do crédito tributário.* São Paulo: RT, 2019, p. 122/123).

obrigação tributária influirá diretamente aqui, quer facilitando sua efetivação quer, em determinados momentos, sustando a sua marcha (o que, inclusive, dá à garantia da obrigação tributária contornos diversos em detrimento às prestadas em obrigações outras, jungidas a ramos diversos do direito).

1.2 O percurso de positivação inerente ao atingimento da finalidade do direito (regular condutas intersubjetivas)

O enunciado prescritivo advém de uma ação (ato de fala) que o insere no ordenamento jurídico. Esse ato de fala tem de ser proferido por alguém autorizado pelo próprio sistema para tanto, isto é, sujeito que busca autorização em norma já existente para enunciar novo comando normativo. Tal ciclo comunicacional da mensagem jurídica é denominado de positivação, assim definido por Paulo de Barros Carvalho:[14]

> *Positivação* é sequência de atos ponentes de normas no quadro da dinâmica do sistema. Seu trajeto é uniforme e a direção, sempre descendente (...) iniciando ou prosseguindo ou encerrando a formação de cadeias de enunciados prescritivos (...) abriga, no seu âmbito, intenso exercício dos procedimentos lógico-semânticos relativos à derivação.

O sistema jurídico de direito positivo, portanto, é composto por normas, sendo o termo "positivação" empregado para qualificar a forma como tais normas são postas (inseridas) nesse conjunto: fundado em outro comando de superior hierarquia, alguém competente para tanto (ser humano como elemento necessário ao ciclo de positivação, figurando sempre entre normas)[15] realiza aquele ato de fala, necessário para que

---

14. CARVALHO, Paulo de Barros. *Derivação e positivação no direito tributário*. Vol. 1, São Paulo: Noeses, 2011, p. XIX/XX.

15. "Para benzer, excomungar, batizar, declarar culpado, declarar fora do jogo, declarar guerra, não basta que uma pessoa faça eco *à* outra. É preciso ser uma pessoa com um lugar em uma instituição!" (ARMENGAUD, Françoise. *A pragmática* [tradução: Marcos Marcionilo]. São Paulo: Parábola, 2006, p. 109).

as mensagens de maior grau hierárquico incidam, efetivamente, sobre as condutas intersubjetivas que pretendem regular.[16]

Em matéria tributária, temos a outorga de competência no texto constitucional (norma posta de maior grau hierárquico[17] deste ciclo de positivação), a depender de outro comando que institua o tributo (norma geral e abstrata) e este, por sua vez, fica na dependência de uma terceira norma (individual e concreta – introduzida pelo Fisco ou pelo contribuinte[18]) para efetivamente incidir e, assim, regular a relação intersubjetiva pretendida.

Logo, o processo em apreço impõe concretude às mensagens abstratas, pois para que o maior grau de abstração (texto constitucional) alcance o nível mais próximo do "mundo do

---

16. "El legislador, al concretizar en la ley la justicia encarnada en los preceptos constitucionales, interpreta la constitución y dota de concreción a sus preceptos. Aunque la ley sigue siendo un tipo de norma que se caracteriza por su generalidad y abstracción, supone un paso 'hacia abajo' en el proceso de comunicación normativa, esto es, hacia la realidad de la vida." (ROBLES, Gregório. La Justicia en los juegos. *Revista de Direito Tributário* n. 103. São Paulo: Malheiros, 2009, p. 10).

17. "...a indagação do fundamento de validade de uma norma não pode, tal como a investigação da causa de um determinado efeito, perder-se no interminável. Tem de terminar numa norma que se pressupõe como a última e a mais elevada. Como norma mais elevada, ela tem de ser pressuposta, visto que não pode ser posta por uma autoridade, cuja competência teria de se fundar numa norma ainda mais elevada. A sua validade já não pode ser derivada de uma norma mais elevada, o fundamento da sua validade já não pode ser posto em questão. Uma tal norma, pressuposta como a mais elevada, será aqui designada como norma fundamental (Grundnorm)." (KELSEN, Hans. *Teoria pura do direito* [tradução João Baptista Machado]. 8ª ed., São Paulo: Martins Fontes, 2011, p. 217).

18. Doravante o termo "lançamento" será utilizado para indicar tanto a constituição do crédito tributário por ato de fala do Fisco quanto do contribuinte (quando for necessário, faremos a devida segregação). Essa é uma escolha meramente didática, pois reconhecemos as diferenças pertinentes (mormente a vinculação, pelo legislador, do termo "lançamento" como ato privativo da autoridade administrativa – art. 142, CTN), nos moldes ventilados por Paulo de Barros Carvalho: "Por sem dúvida que são atos diversos, porque praticados por sujeitos diferentes, debaixo de normas competenciais também distintas e, desse modo, sotopondo-se a regimes jurídicos que não são exatamente os mesmos, o que legitima a imposição de nomes aptos para discerni-los. No fundo, porém, apesar das dessemelhanças, ambos os atos são ponentes de normas individuais e concretas no ordenamento do direito positivo, e disso não podemos esquecer." (CARVALHO, Paulo de Barros. *Direito tributário:* fundamentos jurídicos da incidência. 9ª ed., São Paulo: Saraiva, 2012, p. 300/301).

ser" (norma individual e concreta) é preciso a inserção de outros enunciados no sistema, intercalares a eles.

Ocorre, porém, que a constituição da obrigação tributária, via norma individual e concreta, nem sempre é suficiente à produção dos efeitos sociais pretendidos (transferência patrimonial, do particular para o Estado, dentro dos limites legais estabelecidos), pois se inexistir o pagamento espontâneo, outras normas serão necessárias para o atingimento daquele fim (ou para a extinção da obrigação tributária, por motivos diversos do pagamento).

Nesse sentido, lembra Rodrigo Dalla Pria:[19]

> Conquanto condição, o ato-norma de lançamento não exaure o processo de positivação do direito tributário, o que somente ocorrerá se o contribuinte efetuar espontaneamente o pagamento da prestação objeto da obrigação tributária. Em caso de não pagamento espontâneo do crédito pelo sujeito passivo da obrigação tributária, uma série de outros atos se sucederão, prolongando a cadeia do processo de positivação, como, v.j., a inscrição em dívida ativa, com a expedição de outro ato administrativo, i. é, a certidão de dívida ativa – CDA, espécie do gênero título executivo extrajudicial que, como o lançamento, configura norma jurídica, caracterizada pelos atributos da liquidez, certeza e exigibilidade. Este ato-norma, por sua vez, nada mais é que um estágio mais avançado do processo de positivação da norma jurídica tributária.

É interessante notar, entretanto, que após a constituição do crédito tributário, e inexistindo o pagamento voluntário da exação, estas próximas normas, voltadas à sua satisfação, guardam relação com aquela norma individual e concreta posta pelo lançamento, ainda que seu fundamento de validade esteja em outro comando normativo (geral e abstrato). Explicitemos, então, algumas importantes particularidades destas novas normas que se voltam à satisfação do crédito tributário:

---

19. DALLA PRIA, Rodrigo. O processo de positivação da norma jurídica tributária e a fixação da tutela jurisdicional apta a dirimir os conflitos havidos entre contribuinte e fisco. In: CONRADO, Paulo Cesar [Coord.]. *Processo tributário analítico*. Vol. 1. 3ª ed., São Paulo: Noeses, 2015, p. 67/68.

(i) dependem, para serem positivadas, da inexistência de espontânea satisfação do crédito tributário pelo sujeito passivo (o que pressupõe o transcurso, *in albis*, do prazo – vencimento - para tanto);

(ii) mesmo havendo tal dependência (com a inadimplência) o seu fundamento de validade direto está em outros comandos normativos (que, por exemplo, outorgam competência, formal e material, para a inscrição do crédito em dívida ativa; ou que autorizam a instauração de outra relação jurídica, onde figura como parte o Estado-juiz - norma secundária); e

(iii) não serão inferiores (do ponto de vista hierárquico) à norma posta pelo lançamento.

Os tópicos acima, então, evidenciam a existência de uma relação causal entre a norma posta pelo lançamento e as posteriores que se voltam à sua satisfação (quando isso não se dá voluntariamente), mas de forma diferente à presente na classificação, apresentada alhures, de positivação (onde a hierarquia entre as normas é condição necessária).[20]

Insista-se, há uma relação de subordinação (hierarquia) entre os enunciados que integram o ciclo de positivação, quando este é tomado em sentido estrito (da norma mais abstrata até a individual e concreta positivada – a norma posta pelo lançamento está subordinada à que institui o tributo que, por sua vez, possui inferior hierarquia à regra constitucional que outorga competência aos entes tributantes), mas existe um outro fenômeno que vincula os vários percursos (em sentido estrito) de inserção de normas no sistema, a ponto de um só ser possível se algo for constatado em outro.

Exemplo claro é a inscrição em dívida ativa, que também possui seu ciclo de positivação, em sentido estrito (norma constitucional que outorga competência administrativa;

20. "Sem hierarquia não há sistema de direito, pois ninguém poderia apontar o fundamento de validade das unidades componentes, não se sabendo qual deva prevalecer. Uma regra há de ter, para desfrutar de juridicidade, seu fundamento em outra que lhe seja superior." (CARVALHO, Paulo de Barros. *Direito tributário, linguagem e método*. 3ª ed., São Paulo: Noeses, 2009, p. 219).

exercício desta competência com a positivação de normas, gerais e abstratas, que regulam tal procedimento administrativo; e, por fim, efetiva inscrição), mas sempre dependente da inadimplência do crédito tributário.

Assim, nos parece possível manter a qualificação "ciclo de positivação" para todas estas etapas e relações (não só de subordinação como de coordenação), como um grande fenômeno comunicacional, mas é preciso ter em mente tais diferenças, especialmente entender esse fluxo de causalidade que liga (e, muitas vezes, condiciona) etapas diversas de positivação em sentido estrito.

1.2.1 Positivação e fluxo de causalidade

O ciclo de positivação, em sentido estrito, é duplamente representado no quadro abaixo (da norma constitucional, passando pela geral e abstrata e, então, atingindo a norma individual e concreta):

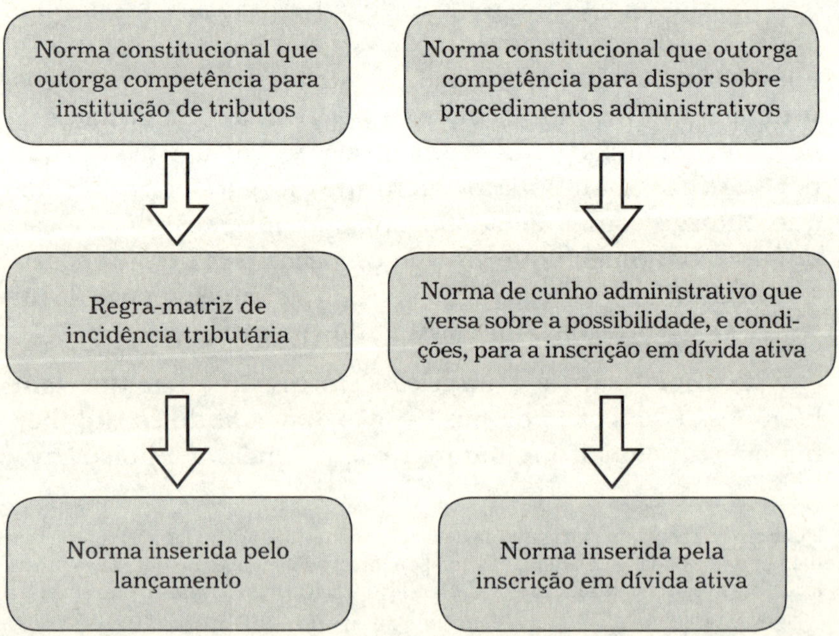

Já o fluxo de causalidade é a vinculação entre estes ciclos de positivação, tomados em sentido estrito, isto é, só haverá a concretude da segunda marcha de positivação (atinente – no exemplo dado – à norma de inscrição do crédito tributário em dívida ativa) se não houver o adimplemento do crédito tributário a figurar no consequente da norma individual e concreta do primeiro percurso de positivação.

Note, portanto, que somente teremos a inserção, no ordenamento jurídico, de uma norma, individual e concreta, que inscreve em dívida ativa determinado crédito tributário se, em momento anterior, tivermos a aplicação da regra-matriz de tal tributo, ou seja, se houver o seu lançamento, onde haverá no consequente desta outra norma, também individual e concreta, tal obrigação tributária. Frise-se, aquela norma (de inscrição em dívida ativa de determinado crédito tributário) depende da existência desta (de constituição do crédito tributário), e do não cumprimento voluntário do dever prescrito no seu consequente, para poder ser inserida.

Evidente, assim, a relação causal entre elas (se houver crédito tributário devidamente constituído, sem o espontâneo adimplemento, então poderá se ter a inscrição do mesmo em dívida ativa; que, num passo adiante, permitirá a formação de um título executivo – CDA; e, então, o exercício da jurisdição para se ter a satisfação, coercitiva, da obrigação) a motivar a denominação deste fenômeno como fluxo de causalidade.

Nesse sentido, ensina Lourival Vilanova:[21]

> No interior de cada sistema, tecem-se relações de causalidade (...). Se houvesse caos, desordem, imprevisibilidade no suceder, apenas relações de mera simultaneidade, ou sucessividade, sem nexo causal, seria inviável intervir com um plano para dominar racionalmente a realidade socioeconômica, sociopolítica, sociojurídica...

21. VILANOVA, Lourival. *Causalidade e relação no direito.* 4ª ed., São Paulo: RT, 2000, p. 51.

No mesmo norte, a evidenciar o fenômeno que aqui se quer abordar, importante a clareza de Fabiana Del Padre Tomé[22] ao tratar do tema:

> Depois de constituído, o crédito tributário tem sua vida impulsionada por uma série de atos produtores de normas individuais e concretas. Operam-se, assim, a inscrição do crédito em dívida ativa e o ajuizamento da execução fiscal, dando sequência ao fluxo de causalidade jurídica, na direção de efetivar o direito subjetivo da Fazenda Pública.[23]

Como já sinalizado alhures, tomaremos a expressão "ciclo de positivação" para representar todas estas etapas e relações (não só de subordinação como de coordenação – isto é, como um ciclo de positivação em sentido *lato*). Mas é de suma importância entender o fenômeno em questão (fluxo de causalidade), o que facilitará o estudo da suspensão da exigibilidade do crédito tributário, mais adiante apresentado, intimamente ligado ao ponto central deste trabalho, qual seja, garantia prestada em matéria tributária.

Por enquanto, é interessante notar que esse ciclo de positivação, tomado em sentido *lato*, caminha sempre para a extinção da obrigação constituída pelo lançamento (inclusive mediante expropriação, se preciso for), sendo certo que a forma usual para tanto é o pagamento.

---

22. TOMÉ, Fabiana Del Padre. Exigibilidade do crédito tributário: amplitude e efeitos de sua suspensão. In: SOUZA, Priscila de [Coord.]. *Direito tributário e os conceitos de direito privado*. São Paulo: Noeses, 2010, p. 368.

23. Em sentido similar, afirma Rodrigo Dalla Pria: "Neste universo, o processo jurisdicional perfaz um mero parênteses no ciclo de positivação do direito cuja missão é, em primeira e última instância, dar-lhe efetividade. Este objetivo é atingido por meio de um fenômeno que consiste no retorno da norma individual e concreta efectual, produzida em processo jurisdicional, ao ciclo de positivação do direito que se encontra suspenso pela conflituosidade substancial, possibilitando sua continuidade ou encerramento. A este movimento pode dar-se o nome de 'causalidade circular', sobre a qual falar-se-á em outras oportunidades." (DALLA PRIA, Rodrigo. *O direito ao processo*. In: CONRADO, Paulo Cesar [Coord.]. *Processo tributário analítico*. Vol. 1. 3ª ed., São Paulo: Noeses, 2015, p. 50).

1.2.2 A extinção da obrigação tributária como elemento necessário a esse ciclo de positivação (*lato sensu*)

A relação jurídico-tributária, devidamente identificada no consequente de norma individual e concreta (posta pelo lançamento), pressupõe a existência de uma norma geral e abstrata (que institui o tributo) que, por sua vez, pressupõe a existência de uma norma constitucional outorgando tal competência (para instituição de referido tributo) a um dos entes tributantes. A verificação da existência destes pressupostos dá-se mediante processo de derivação.[24]

Constituída a obrigação tributária[25] e, por conseguinte, o crédito tributário, é dado ao sujeito passivo dessa relação um prazo para o cumprimento do seu dever (pagar tributo). Ocorrendo tal fato jurídico (pagamento da exação, assim entendido como o documento que relata, em linguagem competente, o adimplemento do tributo) ter-se-á a extinção daquela obrigação tributária.

O sujeito ativo desta relação jurídica, portanto, irá buscar a extinção da obrigação tributária mediante pagamento. O sujeito passivo, por sua vez, se não realizar espontaneamente o pagamento, buscará medidas tendentes à extinção de tal vínculo obrigacional por meio diverso do adimplemento usual

---

24. "O movimento a que chamamos derivação está integralmente contido no âmbito da interpretação. Esta, porém, é mais abrangente, assumindo a forma de atividade que se propõe atribuir sentido ao texto normativo ou nomear o próprio resultado dessa ordem sequencial (...). No hemisfério das correlações, que tanto favorecem o conhecimento e a absorção das ideias, poderíamos dizer que a derivação está para a interpretação, assim como a positivação está para a aplicação do direito." (CARVALHO, Paulo de Barros. *Derivação e positivação no direito tributário*. Vol. 2, São Paulo: Noeses, 2013, p. XVII/XVIII).

25. "Agora, é importante dizer que não se dará a incidência se não houver um ser humano fazendo a subsunção e promovendo a implicação que o preceito normativo determina. As normas não incidem por força própria. Numa visão antropocêntrica, requerem o homem, como elemento intercalar, movimentando as estruturas do direito, construindo de normas gerais e abstratas outras regras, gerais e abstratas, gerais e concretas, individuais e abstratas ou individuais e concretas." (CARVALHO, Paulo de Barros. *Derivação e positivação no direito tributário*. Vol. 3, São Paulo: Noeses, 2016, p. 212).

(reconhecimento da inexistência de relação jurídico-tributária; prescrição; decadência; pagamento parcelado etc.).

Insista-se, após a constituição do crédito tributário, objeto da relação jurídica tributária a figurar no consequente da norma individual e concreta, é possível termos novas normas inseridas nesse ciclo de positivação, sempre na busca da extinção de tal obrigação tributária (quer por iniciativa do Fisco quer por iniciativa do contribuinte).

Isso decorre da exigibilidade do crédito tributário, consequência do lançamento, que se efetiva com a notificação do sujeito passivo. Mas para que outras normas, voltadas à satisfação do crédito (cobrança direta ou indireta – como veremos adiante – subitem 1.3.2.1 desta Parte I), sejam inseridas neste ciclo de positivação (aqui tomado em sentido *lato*), o transcurso *in albis* do prazo para pagamento é necessário.

É por isso que somente quando vencida a obrigação tributária podemos ter a inscrição do crédito tributário em dívida ativa, e a extração da CDA (título executivo extrajudicial) permitirá a sua cobrança mediante intervenção do Estado-juiz (norma secundária).

Todavia, é facultado ao contribuinte buscar mecanismos (normas) tendentes a impedir esse avanço normativo em prol da satisfação do crédito tributário, ou seja, é possível termos, nesse ciclo de positivação, um comando normativo que não permita essa marcha tendente ao adimplemento (inclusive coercitivo) da exação e, aqui, as medidas contrárias à exigibilidade não dependem do vencimento do tributo para serem implementadas, mais do que isso, podem ser adotadas, inclusive, antes mesmo do lançamento se consumar[26] (veremos isso, com mais vagar, em momento futuro – subitem 1.3.1, Parte I).

---

26. "O contribuinte que pretender introduzir-se no processo de positivação do direito tributário antes da edificação da respectiva norma individual e concreta, deverá observar, já o dissemos, o caminho jurisdicional, fazendo-o por meio de 'ação' de conteúdo declaratório." (CONRADO, Paulo Cesar. *Processo tributário*. 3ª ed., São Paulo: Quartier Latin, 2012, p. 219).

Em ambos os cenários (processos exacionais ou antiexacionais), a garantia da obrigação tributária é mecanismo de suma importância, isto é, pode estar jungida tanto à busca, pelo contribuinte, da extinção desta relação por meios diversos do pagamento (enquanto almeja tal reconhecimento - de extinção do vínculo obrigacional por questões outras que não o adimplemento - garante a ocorrência do pagamento, caso não alcance tais pretensões) quanto à busca, pelo fisco, do adimplemento forçado, que se dará mediante expropriação patrimonial que, para atingir tal estágio, passa pela prévia garantia (exemplo clássico: penhora).

1.2.3 Situações em que a garantia foi (ou ainda é) tomada como pré-requisito à pretensão do contribuinte extinguir a obrigação tributária pelo reconhecimento de sua invalidade

No sistema processual pátrio, a expropriação para o adimplemento da obrigação tributária depende da intervenção do Estado-Juiz, ou seja, por uma questão política (no Brasil se discute, muito, a desjurisdicionalização da cobrança forçada do crédito tributário),[27] havendo a necessidade de impor o

27. "...a ideia de execução fiscal administrativa fundar-se-ia, sob certa perspectiva, na premissa da ampliação do universo de atos administrativos relacionados à exigência dos créditos fazendários.

Diríamos, usando outras palavras, que essa espécie imporia a redefinição da natureza dos atos de cobrança, que deixariam de ser rotulados como judiciais para assumir a condição de atos administrativos - por isso, a propósito, é que falamos em ampliação do universo de atos administrativos relacionados à exigência dos créditos fazendários. Com esse câmbio, aquilo que nós reconhecemos, hoje, como processo, passaria a ostentar a qualidade de procedimento administrativo.

(...) Tomando o contexto tributário como referência (até porque foi esse o contexto que tomamos na aludida obra), o que o projeto passa a representar é um verdadeiro dilargamento da autoexecutoriedade administrativa, autorizando-a não só no que se refere à constituição do crédito (o que é feito, sabemos, por procedimento administrativo, o de lançamento), senão também quanto ao cumprimento forçado da obrigação. Vistos esses atos (os de cobrança forçada) como administrativos, estariam recobertos, como todos que assim se qualificam, por presunção de legitimidade, entendida, porém, como relativa - o que naturalmente assegura sua discutibilidade no âmbito judicial.

Mas isso, na lógica da desjurisdicionalização, ocorreria sempre por iniciativa do administrado - nunca da Administração, que, quando no exercício de sua típica

adimplemento (responsabilidade patrimonial), é preciso instaurar uma nova relação jurídica.

Frise-se, o não cumprimento espontâneo da obrigação tributária passa a ser hipótese de nova norma (chamada "secundária"), onde no consequente teremos uma relação jurídica (não mais diádica, e sim triádica), a figurar, junto com os sujeitos da relação material (fisco e contribuinte), o Estado-Juiz.[28]

Nesse contexto, onde o credor almeja, mediante expropriação patrimonial, a satisfação do seu crédito, já que inexiste vontade do devedor em fazê-lo, deve buscar, para tanto, intervenção do Judiciário (aqui a conflito, motivador do processo, é a mera crise de inadimplência). Por ser a certidão de inscrição do crédito tributário em dívida ativa um título executivo extrajudicial, a ação cabível será a Execução Fiscal.[29]

Obviamente que se estamos falando de expropriação patrimonial como meio de adimplemento forçado do crédito

---

função, sabemos, prescinde de autorização judicial para agir." (CONRADO, Paulo Cesar. *Execução fiscal*. 3ª ed., São Paulo: Noeses, 2017, p. 364/365).

28. "Essa relação jurídico-material, de direito privado ou de direito público, passa a suporte de outra relação, a relação de direito público, se um dos titulares se vale do direito de ação, fundado na resistência do titular passivo a cumprir a prestação. Com o exercício do direito de ação surge o terceiro elemento-sujeito da relação: o titular do órgão jurisdicional. O exercício do direito subjetivo de ação não tem como destinatário o sujeito passivo da relação. Dirige-se ao Estado, mediante seu órgão julgador. A relação faz-se triádica, a três termos. A relação material diática R (A, B) faz-se triádica R (A, B, C). Os sujeitos-de-direito ativo e passivo, advindos da relação material, que tomam posição na relação jurídica processual são partes. Sempre duas, ainda que internamente cada parte componha-se pluripessoalmente (nas relações jurídicas de obrigações solidárias, ativa ou passiva, que permitem, levadas ao plano processual, o consórcio na lide)." (VILANOVA, Lourival. *Causalidade e relação no direito*. 4ª ed., São Paulo: RT, 2000, p. 204).

29. "...a cobrança do tributo ocorre, sempre, mediante execução de título extrajudicial (execução fiscal), e esse processo independe de coisa julgada. Ou seja, ter-se-á execução fiscal do crédito tributário devidamente lançado e espelhado em CDA (título executivo extrajudicial), pouco importando se tal direito material está, ou não, escorado em coisa julgada." (CASTRO, Danilo Monteiro de. Coisa julgada e a desnecessidade de ação rescisória proposta pelo contribuinte quando o crédito tributário ainda estiver em cobrança (execução fiscal). In: CONRADO, Paulo Cesar e ARAUJO, Juliana Furtado Costa [Coords.]. *Processo tributário analítico*. Vol. 4. São Paulo: Noeses, 2019, p. 164).

tributário, havendo prévia garantia, isto é, destaque de parcela do patrimônio do contribuinte (veremos, adiante, ser possível tanto o sujeito passivo ofertar tal garantia – para obter certos efeitos; como o sujeito ativo obtê-la, ainda que em momento anterior ao ajuizamento da Execução Fiscal), as chances de concretização de tais pretensões aumentam (isso porque, não é incomum a falta de efetividade de processos desta natureza, ante a não localização de patrimônio do contribuinte).

Todavia, a norma secundária não se faz presente, apenas, quando há pretensão do sujeito ativo da obrigação em receber, do sujeito passivo, o crédito não adimplido espontaneamente. Em análise mais aprofundada, ter-se-á tal norma processual (secundária) sempre que houver conflitos em torno do (des) cumprimento daquela relação material, quer dizer, a norma secundária tem em seu antecedente o conflito pertinente ao cumprimento, ou não, da norma primária; e, em seu consequente, uma nova relação jurídica onde passa a figurar o Estado-juiz que adotará os meios necessários, inclusive coercitivos, para resolução de tal conflito.

O que se quer enfatizar, portanto, é que a norma secundária não retrata, apenas, a pretensão do credor em satisfazer, mediante expropriação, o crédito que não foi adimplido de maneira voluntária, mas também conflitos outros, inclusive instaurados pelo devedor, onde também se almeja a extinção da obrigação tributária a figurar no consequente da norma primária, porém por motivos diversos do pagamento (art. 156, IX e X, CTN).

E nesses casos (medidas antiexacionais), a figura da garantia também se faz presente, inclusive como pressuposto necessário ao exercício do direito de ação, em determinadas situações.

1.2.3.1 Garantia e Embargos à Execução Fiscal

Nesse sentido, a "defesa" clássica a ser adotada pelo contribuinte quando tiver em seu desfavor uma Execução Fiscal ajuizada dar-se-á mediante Embargos à Execução Fiscal.

Para tanto, isto é, para o processamento desta ação,[30] faz-se necessário garantir a Execução Fiscal.

Insista-se, para se defender em decorrência do ajuizamento de uma Execução Fiscal, terá o contribuinte, executado, que propor uma ação (Embargos à Execução Fiscal) e, para tanto, a garantia ainda é requisito necessário. O termo "ainda" foi utilizado, pois tal necessidade de garantia prévia ao processamento dos Embargos à Execução Fiscal foi objeto de discussão no Judiciário, conforme retrata a passagem abaixo, extraída de artigo de nossa autoria:

> Ao julgar o Recurso Especial 1.272.827/PE o STJ dirimiu outro conflito em torno das inovações trazidas pela Lei 11.382/2006, qual seja, pela lei geral passava a ser possível a interposição de Embargos antes mesmo de garantida a execução, pior, o prazo para tanto já começava a fluir com a juntada, aos autos, do mandado citatório cumprido. Seria esse dispositivo (art. 736 do CPC/73) aplicável às Execuções Fiscais? O STJ, mais uma vez alinhando-se à terceira corrente doutrinária citada no item anterior, disse que não.
>
> (...) Necessário, portanto, estar garantida a Execução Fiscal (via: depósito, fiança, seguro garantia ou penhora) para, só então, ser possível interpor Embargos a ela.
>
> Mas será que essa garantia pode não ser integral, isto é, a penhora de um imóvel avaliado em quantia inferior ao tributo executado já permite a interposição dos Embargos à Execução Fiscal? O STJ, em vários outros julgados, disse que sim.[31]

---

30. O fato de se dar a defesa, em Execução Fiscal, por ação autônoma (Embargos) evidencia a atipicidade da função do Judiciário de expropriar para satisfazer o crédito tributário. Ainda que tivéssemos a expropriação de forma extrajudicial, diante de referida autonomia dos Embargos, o caminho a ser buscado pelo contribuinte (conflito em torno da exigibilidade) para provocar o Judiciário seria o mesmo: "...onde a organização do processo fiscal comporta uma separação entre as jurisdições (...) a efetivação executiva da pretensão jurídica formulada no lançamento é promovida diretamente pela própria administração fiscal. O juízo de cognição, isto é, a discussão sôbre o mérito, verificar-se-á em seguida perante jurisdição diferente – o Poder Judiciário – sob a forma de ação de repetição, ou de ação anulatória se a execução administrativa foi prèviamente suspensa pela garantia da instância. É êsse o andamento do processo fiscal contencioso na França, na Itália, na Alemanha, na Inglaterra, nos Estados Unidos." (SOUZA, Rubens Gomes de. *Idéias gerais para uma concepção unitária e orgânica do processo fiscal.* RDA 34, Rio de Janeiro: FGV, 1953, p. 22/23).

31. CASTRO, Danilo Monteiro de. Os efeitos dos Embargos à Execução Fiscal e o

Portanto, não são admissíveis Embargos do executado antes de garantida a Execução Fiscal (art. 16, § 1º, da Lei de Execuções Fiscais – LEF), mas tal garantia, conforme entendimento do Superior Tribunal de Justiça, pode ser parcial (nesse sentido: REsp n. 1.215.579/AL, Min. Rel. Castro Meira, DJe 28/02/2011).

Esse cenário, todavia, já foi pior. Para se insurgir contra o ciclo de positivação voltado à satisfação do crédito tributário, não só mediante Embargos à Execução Fiscal, o contribuinte tinha que ofertar garantia.

1.2.3.2 Garantia e Ação Anulatória

Vejamos, por exemplo, a disposição constante no art. 38 da Lei de Execuções Fiscais (Lei n. 6.830/80), que condiciona a discussão judicial do crédito tributário à realização de garantia (*"depósito preparatório do valor do débito"*).

Note que esse dispositivo fundamenta o ajuizamento de Ação Anulatória, isto é, medida processual voltada ao lançamento consumado que pode ser utilizada, portanto, em momento bem anterior à existência de uma Execução Fiscal ajuizada e, mesmo assim, a legislação impunha a garantia (mediante depósito) como condição ao seu processamento.

Felizmente, o Judiciário entendeu que tal regramento deixou de ser recepcionado pela Constituição Federal de 1988 e, assim, essa condição não se faz mais presente,[32] ou seja, dei-

---

Código de Processo Civil de 2015. In: CONRADO, Paulo Cesar [Coord.]. *Processo tributário analítico*. Vol. 3. São Paulo: Noeses, 2016, p. 270.

32. "É inconstitucional a exigência de depósito prévio como requisito de admissibilidade de ação judicial na qual se pretenda discutir a exigibilidade de crédito tributário." (STF. Pleno. Súmula Vinculante n. 28. DJe 17/02/2010). "A propositura de ação anulatória de débito fiscal não está condicionada à realização do depósito prévio previsto no art. 38 da Lei de Execuções Fiscais, posto não ter sido o referido dispositivo legal recepcionado pela Constituição Federal de 1988, em virtude de incompatibilidade material com o art.5º, inciso XXV (...) Deveras, o depósito prévio previsto no art.38, da LEF, não constitui condição de procedibilidade da ação anulatória, mas mera faculdade do autor, para o efeito de suspensão da exigibilidade do crédito tributário..." (STJ. 1ªSeção. REsp n. 962.838/BA. Ministro Relator Luiz Fux. DJe 18/12/2009).

xou de ser obrigatória tal garantia (ela ainda é uma ferramenta importante para atribuição de certos efeitos – o que, inclusive, lhe traz a diferença específica pertinente a segregar a garantia ao cumprimento da obrigação tributária das demais espécies deste gênero[33] – mas não é mais imposta como requisito necessário ao processamento da Ação Anulatória).

Interessante é que os Embargos à Execução Fiscal também têm tal pretensão anulatória (tanto é que havendo concomitância – de Embargos à Execução Fiscal e Ação Anulatória - há o fenômeno da litispendência).[34] Logo, por que a garantia prévia exigida para a admissão da Ação Anulatória é tida como não recepcionada pela Constituição Federal de 1988, e similar exigência para o processamento dos Embargos à Execução Fiscal, não? Quer nos parecer, em especial pelo contexto processual em vigor, que a garantia não poderia ser uma condição ao exercício do contraditório e da ampla defesa.[35]

De toda sorte, essa garantia prestada, se feita em valor igual ou superior ao débito atualizado em cobro (por exemplo, avaliação de um bem imóvel em valor superior ao tributo atualizado em cobrança), pode gerar efeitos próprios (dispostos no

---

33. "...o gênero denota mais que a espécie ou é predicado de um número maior de indivíduos. Em contraponto, a espécie deve conotar mais que o gênero, pois, além de conotar todos os atributos que o gênero conota, apresenta um plus de conotação que é, justamente, a diferença ou diferença específica." (CARVALHO, Paulo de Barros. *Direito tributário, linguagem e método*. 3ª ed., São Paulo: Noeses, 2009, p. 118).

34. "A litispendência é causa de extinção do processo (art. 267, V, do CPC/1973), não de suspensão, de modo que, na pendência de decisão na ação anulatória, eventual suspensão processual, se preenchidos os requisitos legais, opera-se no processo executivo, e não nos embargos do devedor, que devem ser extintos." (STJ. 1ª Turma. AgInt no AgInt no AREsp 1.041.483/SP. Relator Ministro Gurgel de Faria. DJe 15/12/2017).

35. Há julgados do STJ permitindo o processamento dos Embargos à Execução Fiscal sem tal condição se, e somente se, restar provado que o Embargante não tem bens para garantir a obrigação tributária em cobro: "...conquanto a insuficiência patrimonial do devedor seja justificativa plausível à apreciação dos embargos à execução sem que o executado proceda ao reforço da penhora, deve ser a mesma comprovada inequivocamente." (STJ. 1ª Seção. REsp 1.127.815/SP. Ministro Relator Luiz Fux. DJe 14/12/2010).

art. 206 do CTN – ainda que não se tenha suspensão da exigibilidade) que a justificam (ônus lá; bônus cá).

1.2.3.3 Garantia prévia e Recurso Administrativo

Outra regra que vigorou em nosso ordenamento jurídico-tributário, tendo inclusive a chancela do Supremo Tribunal Federal por determinado tempo,[36] foi a exigência do chamado "depósito prévio" (de trinta por cento do crédito tributário constituído) para oferta de recurso administrativo ao então Conselho de Contribuintes do Ministério da Fazenda (atual Conselho Administrativo de Recursos Fiscais – CARF).

Isto é, para poder ter acesso à segunda instância administrativa, o contribuinte era obrigado a depositar, em espécie, trinta por cento do tributo constituído[37] (posteriormente alterou-se essa regra, não mais exigindo depósito em espécie, mas sim o "arrolamento" de bens ou direitos).[38]

O Supremo Tribunal Federal, quando do julgamento da Ação Direta de Inconstitucionalidade n. 1.976/DF,[39] mudou seu posicionamento e, então, entendeu ser inconstitucional tais exigências de garantia prévia, ainda que parcial, do crédito tributário, como requisito de admissibilidade de recurso administrativo.

---

36. STF. Pleno. RE 210.246/GO. Ministro Relator para o acórdão Nelson Jobim. DJ 17/03/2000.

37. Decreto n. 70.235/1972:
"Art. 33. (...)
§ 2º. Em qualquer caso, o recurso voluntário somente terá seguimento se o recorrente o instruir com prova do depósito do valor correspondente a, no mínimo, trinta por cento da exigência fiscal definida na decisão." (parágrafo incluído pela Medida Provisória n. 2.176-79 de 2001).

38. Decreto n. 70.235/1972:
"Art. 33. (...)
§ 2º. Em qualquer caso, o recurso voluntário somente terá seguimento se o recorrente arrolar bens e direitos de valor equivalente a 30% (trinta por cento) da exigência fiscal definida na decisão, limitado o arrolamento, sem prejuízo do seguimento do recurso, ao total do ativo permanente da pessoa jurídica ou ao patrimônio se pessoa física." (redação trazida pela Lei n. 10.522, de 2002).

39. STF. Plenário. ADIn n. 1976/DF. Ministro Relator Joaquim Barbosa. DJe 17/05/2007.

Sendo assim, a oferta de garantia, ainda que parcial, ao cumprimento da obrigação tributária, como requisito de admissibilidade de pretensões antiexacionais se faz presente, tão somente, quanto aos Embargos à Execução Fiscal. As regras que impunham similar condição, quer a Ação Anulatória, quer ao seguimento de recurso administrativo-tributário, foram invalidadas pelo Judiciário.

O que devemos enfatizar, ao encerrar esse tópico, é a pretensão jungida a estes regramentos (que, por si só, comprovam a relevância da garantia ao cumprimento da obrigação tributária), tanto os ainda válidos quanto os invalidados, qual seja, majorar, ante a existência de garantia prévia, a efetividade de atos expropriatórios futuros se, definitivamente julgado tais processos antiexacionais, perdurar exigível o crédito tributário, isto é, pôr fim a tal marcha normativa (cujo efeito social é, claramente, a arrecadação) chamada exigibilidade.

1.3 Obrigação tributária, exigibilidade (ainda que suspensa) e garantia

Exigibilidade, importante repisar, é termo aqui empregado como sinônimo da juridicização da arrecadação, ou seja, corresponde à marcha normativa (ponência de normas) voltada ao adimplemento do crédito tributário. Sendo assim, sempre que tivermos um litígio em torno de uma relação obrigacional tributária, o que estará em jogo é a exigibilidade.

Mas quando se inicia tal marcha normativa (exigibilidade)? O crédito tributário constituído pressupõe-se exigível,[40] logo, é com a consumação do lançamento, que se dá com a sua notificação ao sujeito passivo,[41] que essa marcha tem início.

40. "...o ato administrativo de lançamento desfruta das prerrogativas da presunção de legitimidade e de exigibilidade..." (CARVALHO, Paulo de Barros. *Derivação e positivação no direito tributário*. Vol. 3, São Paulo: Noeses, 2016, p. 238).

41. "Coalescendo os dados imprescindíveis que integram sua estrutura e ocorrendo seu ingresso no processo comunicacional do direito, mediante notificação às partes, existe o ato jurídico administrativo de lançamento tributário." (CARVALHO, Paulo

Evidente que na constituição do crédito tributário pelo próprio contribuinte, desnecessária a notificação como elemento obrigatório à sua consumação.[42]

O que se quer aqui enfatizar é que com a notificação do lançamento ao sujeito passivo (ou com a concretização da declaração feita por ele próprio) já se tem crédito tributário exigível, mesmo não estando a exação vencida.

Tanto é assim que a Impugnação ao crédito tributário constituído pelo Fisco (cujo prazo para tanto não pode ser superior ao prazo concedido para o pagamento – seria ilógico termos uma obrigação tributária vencida e, ao mesmo tempo, passível de ser impugnada administrativamente) suspende a exigibilidade do crédito tributário (art. 151, III, CTN), ou seja, susta os efeitos de algo já existente.

O exemplo acima, portanto, evidencia a exigibilidade presente com a consumação do lançamento, mesmo não havendo o transcurso, *in albis*, do prazo para pagamento.

Todavia, é necessário ressaltar que essa assertiva não desconhece a importância daquele marco temporal (vencimento) para essa marcha normativa (exigibilidade), isto é, algumas normas (em especial aquelas voltadas à satisfação do crédito tributário – cobrança direta ou indireta do mesmo) dependem sim deste marco para poderem ser positivadas (trataremos disso, mais adiante – subitem 1.3.2 desta Parte I).

Mas, como visto, a exigibilidade já se faz presente na consumação do lançamento, tanto que sua Impugnação administrativa impõe suspensão à mesma. Mais do que isso, o contribuinte já pode se valer, nesse momento (ainda que não vencida a exação constituída), de Ação Anulatória do crédito tributário e, inclusive, almejar a suspensão de sua exigibilidade

---

de Barros. *Derivação e positivação no direito tributário*. Vol. 3, São Paulo: Noeses, 2016, p. 235).

42. "A entrega de declaração pelo contribuinte reconhecendo débito fiscal constitui o crédito tributário, dispensada qualquer outra providência por parte do fisco." (STJ. 1ª Seção. Súmula 436. DJe 13/05/2010).

mediante tutela provisória ou através de depósito (espécie de garantia ao cumprimento da obrigação tributária) do montante integral da exação.

Portanto, frise-se, não tomamos o vencimento da exação como marco inicial da exigibilidade (a "pretensão" ou o "direito de exigir" do credor são institutos diversos, ainda que próximos, à exigibilidade),[43] mas sim a existência da obrigação tributária, como consequente de norma individual e concreta posta pelo lançamento formalmente comunicado ao sujeito passivo.

Logo, com o lançamento consumado, poder-se-á falar em exigibilidade efetiva, em detrimento a outras duas classificações de suma importância ao direito tributário (em especial ao direito processual tributário), a saber: exigibilidade potencial, ou iminente; e exigibilidade exaurida.

1.3.1 Exigibilidade: potencial (ou iminente); efetiva; e exaurida

Como já salientado em várias passagens anteriores, temos a exigibilidade como uma marcha normativa voltada à arrecadação. Essa marcha, entretanto, pode ser recortada em pelo menos três distintos momentos (veremos, adiante, que no recorte "exigibilidade efetiva" caberia uma subdivisão) didaticamente pertinentes à identificação do instrumento processual adequado para solução do conflito posto:

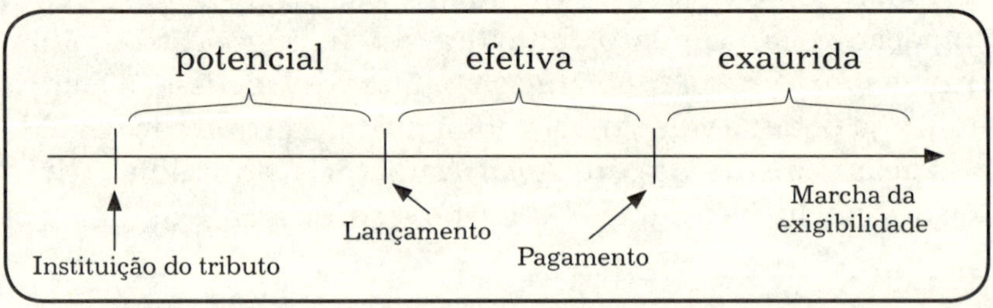

43. Em sentido diverso: "*'Pretensão', 'direito de exigir', 'direito de cobrar' e 'exigibilidade' são expressões que, com as devidas concessões e ajustes semânticos, podem ser consideradas equivalentes.*" (DALLA PRIA, Rodrigo. *Direito processual tributário.* São Paulo: Noeses, 2020, p. 435/436).

Logo, ter-se-á exigibilidade exaurida quando aquele fim (arrecadação) for atingido. Dito de outro modo, após o pagamento (em sentido amplo, a abarcar: compensação; conversão de depósito em renda etc.) é possível falar em exigibilidade exaurida.

Mas qual a relevância desse momento para o direito tributário, mormente para o direito processual tributário, a justificar esse aparente paradoxo (exigibilidade exaurida)? Sabemos ser possível a instauração de conflito ainda que exaurida a exigibilidade e, portanto, podemos ter litígio em torno dela (exigibilidade) a demandar jurisdição[44] mesmo em tal etapa. Exemplo clássico é a Ação de Repetição de Indébito Tributário, isto é, ainda que adimplida a exação pode o Judiciário (ou até mesmo a Administração – em processo de restituição ou compensação) impor a devolução dos valores arrecadados, ante a constatação de que o ato-norma pagamento deu-se indevidamente ou a maior.

Esse momento, entretanto, não é relevante às pretensões deste trabalho, voltadas às garantias ao cumprimento da obrigação tributária, posto que em tal fase, o adimplemento da exação já aconteceu e, portanto, desnecessário garantir obrigação já solvida, ainda que indevidamente ou a maior.

O mesmo não acontece, é importante destacar, em relação às outras espécies de exigibilidade anteriormente indicadas (potencial e efetiva), onde a garantia ao cumprimento da obrigação tributária se faz possível. Vamos a elas:

Tomamos a expressão exigibilidade potencial (ou iminente) para recortar aquele momento em que inexiste o crédito tributário constituído, mas o contribuinte quer evitar que isso aconteça, ante a possibilidade de ocorrência do lançamento.

Logo, aqui é preciso que exista, no mínimo, norma geral e abstrata posta (nenhum contribuinte possui interesse

---

44. "Por jurisdição, devemos entender o dever estatal – predominantemente desenvolvido pelo Judiciário – de compor conflitos de interesses..." (CONRADO, Paulo Cesar. *Execução fiscal*. 3ª ed., São Paulo: Noeses, 2017, p. 1).

processual, por exemplo, para questionar preventivamente o Imposto sobre Grandes Fortunas – previsto no art. 153, inciso VII, da Constituição Federal – uma vez que o mesmo não foi instituído pela União) para evidenciar a potencialidade de tal relação jurídico-tributária vir a ser constituída, a justificar uma ação antiexacional preventiva (Ação Declaratória ou Mandado de Segurança preventivo).[45]

Interessante notar que a pretensão final (tutela exauriente) destas demandas antiexacionais preventivas é proibir o lançamento, em casos posteriores ao seu trânsito em julgado.[46]

Mas, então, restava a dúvida em torno dos efeitos de uma tutela provisória proferida em ações desse tipo, isto é, teriam um viés antecipatório (e, portanto, a proibir o lançamento, mesmo antes do trânsito em julgado da ação)[47] ou

---

45 "Quando uma determinada pessoa, por exemplo, pratica uma operação de circulação de mercadorias (evento), ela sabe que, se tal operação for traduzida em linguagem competente – ou seja, for declarada em GIA ou for objeto de um lançamento de ofício – surgirá para ela o dever de pagar o tributo (débito) e, portanto, o direito do ente tributante de exigir esse recolhimento (crédito), podendo tomar todas as providências para tanto (exigibilidade).
É esta circunstância, aliás, que legitima os sujeitos passivos a ingressarem com ações judiciais preventivas (...) A potencialidade de que seja constituída uma obrigação no caso concreto é o que configura o interesse de agir nestas medidas judiciais..." (LINS, Robson Maia. *Curso de direito tributário brasileiro.* São Paulo: Noeses, 2019, p. 439).

46. "A norma individual e concreta apta a compor eventual relação jurídico-tributária conflituosa e retomar ou finalizar o processo de positivação do direito é, neste momento, aquela produzida por meio de tutela declaratória, seja no bojo de ação declaratória de débito fiscal ou, se for caso (possibilidade de pré-constituição probatória), em sede de mandado de segurança preventivo.
As ações acima teriam a seguinte estrutura interna: (...) pedido imediato: prolação de sentença de mérito; pedido mediato: constituição de norma individual e concreta de natureza proibitiva da realização do lançamento." (DALLA PRIA, Rodrigo. O processo de positivação da norma jurídica tributária e a fixação da tutela jurisdicional apta a dirimir os conflitos havidos entre contribuinte e fisco. In.: CONRADO, Paulo Cesar [Coord.]. *Processo tributário analítico.* Vol. I, 3ª ed., São Paulo : Noeses, 2015, p. 78/79).

47. "...se no âmbito de uma demanda preventiva, o juiz concede tutela provisória cujo conteúdo consiste na proibição da constituição da obrigação tributária, evidencia-se que antecipou o efeito principal pretendido pelo autor da demanda, pois, com esta decisão, ele (o autor) não terá contra si qualquer obrigação tributária,

acautelatório (a trazer suspensão da exigibilidade do crédito tributário a ser constituído)?

A jurisprudência (especialmente do STJ) inclinou-se pela segunda opção (viés cautelar da medida, mesmo nas ações antiexacionais preventivas),[48] exigindo o lançamento (inclusive nos casos em que havia tutela provisória concedida) sob pena de incidência do prazo decadencial, ou seja, criou-se o chamado lançamento para "prevenir a decadência", onde o crédito tributário é constituído e, no mesmo ato, reconhecida a suspensão de sua exigibilidade.

Nesse sentido, por exemplo, dispõe o art. 63 da Lei federal n. 9.430/96,[49] bem como o art. 30 da Lei do Estado de São Paulo n. 13.457/2009.[50] Referida legislação paulista, ressalta-

---

situação material ideal buscada por aquele que se vale de uma ação tributária preventiva, o que impõe atribuir, a esta decisão provisória, a natureza antecipatória e, consequentemente, admitir sua estabilização, desde que requerida em caráter antecedente, ela (a decisão interlocutória veiculadora da tutela provisória de urgência antecipada) restar não recorrida." (CANTANHEDE, Luís Claudio Ferreira. A estabilização da tutela provisória no processo tributário. In: CONRADO, Paulo Cesar [Coord.]. *Processo tributário analítico*. Vol. 3. São Paulo: Noeses, 2016, p. 226).

48. Sobre o viés cautelar da tutela provisória que suspende a exigibilidade do crédito tributário em demandas antiexacionais repressivas: "...'suspensão da exigibilidade' é, em si, expressão que designa cautelaridade (dado que ninguém pode pretendê-la como um fim, materialmente falando)..." (CONRADO, Paulo Cesar. Tutelas antecipada e cautelar e suspensão da exigibilidade do crédito tributário. Revista de Direito Tributário n. 105. São Paulo: Malheiros, 2008, p. 104). "A suspensão da exigibilidade do crédito tributário almeja a paralisação do seu ciclo de positivação, impedindo, principalmente, a adoção de medidas coercitivas para sua satisfação (...). Seus efeitos, portanto, não estão jungidos à pretensão final almejada na ação antiexacional (desconstituição do lançamento), mas sim à garantia de sua realização (acautelatória, portanto)." (CASTRO, Danilo Monteiro de. Suspensão da exigibilidade do crédito tributário via tutela de evidência. *Revista de Direito tributário contemporâneo* n. 4. São Paulo: RT, 2017, p. 26).

49. Lei federal n. 9.430/96:
"Art. 63. Na constituição de crédito tributário destinada a prevenir a decadência, relativo a tributo de competência da União, cuja exigibilidade houver sido suspensa na forma dos incisos IV e V do art. 151 do Código Tributário Nacional, não caberá lançamento de multa de ofício."

50. Lei do Estado de São Paulo n. 13.457/2009:
"Art. 30. Não impede a lavratura do auto de infração a propositura pelo autuado de ação judicial por qualquer modalidade processual, com o mesmo objeto, ainda que

-se, exige o lançamento mesmo quando há depósito integral do montante do tributo na ação antiexacional (voltaremos a esse tema na Parte II - subitem 1.5).

Interessante é que esse cenário evidencia bem o efeito trazido com a suspensão da exigibilidade do crédito tributário (inclusive mediante depósito), isto é, de levar (ou retornar) a exigibilidade ao *status* de potencial. Insista-se, mesmo quando há tutela provisória concedida naquela fase (exigibilidade potencial ou iminente), a sua necessária constituição, para fins de evitar a decadência, demonstra o avanço para o outro *status* (exigibilidade efetiva) para o posterior retorno à mera potencialidade.

Por fim, a exigibilidade efetiva, como já sinalizado alhures, se faz presente após o lançamento, que se consuma com a notificação ao contribuinte.[51] A partir desse momento, e antes que haja o transcurso *in albis* do prazo para pagamento, já pode o contribuinte se valer de medidas antiexacionais repressivas, tanto de cunho administrativo (Impugnação do lançamento), quanto de cunho judicial (Ação Anulatória ou Mandado de Segurança Repressivo).

Ademais, é bom lembrar, a Impugnação ao lançamento impõe, por si só, suspensão da exigibilidade do crédito tributário, ou seja, traz o sobrestamento de algo já presente (exigibilidade). De suma importância, então, reconhecer que a exigibilidade efetiva decorre da consumação, via notificação, do

---

haja ocorrência de depósito ou garantia.
(...) § 3º - Estando o crédito tributário com a exigibilidade suspensa, nos termos do artigo 151, II, do Código Tributário Nacional, a autuação será lavrada para prevenir os efeitos da decadência, porém sem a incidência de penalidades."

51. "Constituída a obrigação, seja por declaração do contribuinte, seja pelo lançamento (de ofício ou por declaração), terá o sujeito passivo integrante da relação jurídica determinado prazo para cumprir o seu dever jurídico de prestar o tributo. Nesse instante não se fala mais em exigibilidade da obrigação tributária potencial, mas sim em exigibilidade da obrigação tributária efetiva, tendo em vista que já está constituída a obrigação tributária por meio da linguagem que o ordenamento jurídico reputa competente para tanto." (VERGUEIRO, Camila Campos. *Obrigação tributária:* o processo de positivação e as causas suspensivas da sua exigibilidade. São Paulo: Quartier Latin, 2009, p. 78).

lançamento, e não apenas quando do transcurso, *in albis*, do prazo para pagamento.[52]

Mas, é verdade, aquele marco temporal (vencimento transcorrido sem o pagamento voluntário) é de suma importância, pois antes disso o Fisco não poderá lançar mão das medidas, diretas ou indiretas, voltadas ao adimplemento. Portanto, poderíamos cogitar uma subdivisão desta etapa da marcha da exigibilidade: efetiva com a consumação do lançamento; mas somente plena quando do transcurso do vencimento sem a ocorrência do pagamento espontâneo (responsabilidade patrimonial só aqui presente).

Entretanto, outros acontecimentos (ainda que normativos) também são necessários para que tal marcha caminhe até a instauração daquela relação triádica (a figurar no consequente de norma secundária ou processual). Logo, teríamos que subdividir essa etapa (exigibilidade efetiva) em cada um destes momentos (inscrição do crédito em dívida ativa; notificação da inscrição; pedido de revisão da inscrição; ausência de oferta de garantia administrativa; ocorrência de averbação pré-executória; extração da CDA; dentre tantos outros)? Acreditamos que não.

Para as pretensões deste trabalho, portanto, dividimos a marcha da exigibilidade em três distintos momentos, com a ressalva de ser necessário, para adoção de medidas voltadas à satisfação do crédito tributário (cobrança direta ou indireta – subitem 1.3.2.1 desta Parte I), o transcurso do vencimento sem o espontâneo pagamento.

---

52. Em sentido diverso: "...crédito tributário somente alcança o seu estágio de exigibilidade após o vencimento do prazo, fixado por lei, para o adimplemento da obrigação tributária. Noutro dizer, 'exigibilidade e vencimento de regra coincidem'. Enquanto não expirado o prazo para o cumprimento da obrigação tributária, a exigibilidade do crédito tributário encontra-se 'encoberta'." (PIMENTA, Marcos Rogério Lyrio. *A suspensão da exigibilidade do crédito tributário*. Dissertação de Mestrado. Pontifícia Universidade Católica de São Paulo. 2001, p. 38).

1.3.2 A ineficácia gerada quando ainda não vencido o crédito tributário lançado (condição fática necessária à inserção de novas normas voltadas à sua satisfação)

Interessante observar que para a positivação de normas, não basta a autorização para tanto em regra de superior hierarquia, necessário, também, a ocorrência (e a sua respectiva identificação – relato) das questões fáticas genericamente estabelecidas na norma, geral e abstrata, para que se tenha concretamente os efeitos então previstos. Frise-se, a identificação (em linguagem competente) destas questões fáticas são necessárias sob pena de se ter uma "barreira" a tal positivação.

É esse fenômeno que vislumbramos quando o tributo devidamente constituído ainda não venceu e, portanto, não pode o Fisco lançar mão dos meios de cobrança que possui, diretos ou indiretos, tendo de aguardar aquela condição fática (transcurso *in albis* do prazo para pagamento).

Assim, o que se tem nesse momento é uma ineficácia das normas, gerais e abstratas, que permitem a positivação, em concreto, daqueles outros comandos normativos voltados à satisfação, direta ou indireta, do crédito tributário (vedação à obtenção de certificado de regularidade fiscal; inscrição em dívida ativa; protesto da CDA; inscrição do contribuinte no CADIN; ajuizamento de execução fiscal; dentre outros).

Insista-se, não é a norma posta pelo lançamento (individual e concreta) que sofre tal ineficácia (aqui, no máximo, teríamos uma ineficácia social), mas sim a norma geral e abstrata que fundamentaria outras normas, também individuais e concretas, voltadas à cobrança (insista-se, indireta ou direta) do crédito tributário, onde o seu vencimento é uma das situações fáticas que tem de estar presente para que se tenha a respectiva consequência (inscrição em dívida ativa; protesto etc.).

Enquanto não vencido o tributo lançado (a figurar no consequente da norma posta pelo lançamento) estar-se-á diante de uma ineficácia decorrente de tal situação fática a gerar entraves àquele fluxo de causalidade anteriormente explicado (vide quadro existente no subitem 1.2.1 desta Parte I).

Sobre esse fenômeno (ineficácia decorrente de situação fática), explica Tercio Sampaio Ferraz Junior:[53]

> Uma norma válida pode já ser vigente e, no entanto, não ter eficácia. Vigência e eficácia são qualidades distintas. A primeira refere-se ao tempo de validade. A segunda, à produção de efeitos. A capacidade de produzir efeitos depende de certos requisitos. Alguns são de natureza fática; outros, de natureza técnico-normativa.
>
> (...) *eficácia* é uma qualidade da norma que se refere à possibilidade de produção concreta de efeitos, porque estão presentes as condições fáticas exigíveis para sua observância, espontânea ou imposta, ou para a satisfação dos objetivos visados (efetividade ou eficácia social), ou porque estão presentes as condições técnico-normativas exigíveis para sua aplicação (eficácia técnica).

Resta bem claro, do último trecho acima destacado, que para Tercio Sampaio Ferraz Junior teremos três situações distintas a gerar ineficácia: [i] ausência das condições fáticas para positivação da norma (cobrança, direta ou indireta, de tributo pressupõe – condição fática – o seu vencimento); [ii] insatisfação dos objetivos almejados pela norma (ineficácia social, já tratada alhures); e [iii] ausência de condições técnico-normativas exigíveis para sua aplicação (ponto que abordaremos, adiante, quando da análise da suspensão da exigibilidade do crédito tributário – subitem 1.3.3, Parte I).

Portanto, para cobrar um tributo, quer de forma direta quer indiretamente, necessário que o prazo concedido para o adimplemento espontâneo tenha se esvaído (condição fática necessária à positivação destas outras normas – individuais e concretas – voltadas à satisfação, inclusive forçada, do crédito tributário). Só nesse momento é possível falar em responsabilidade patrimonial (trataremos disso, com mais vagar, no Capítulo 2 desta Parte I – em especial no subitem 2.2.2).

---

53. FERRAZ JUNIOR, Tercio Sampaio. *Introdução ao estudo do direito:* técnica, decisão e dominação. 6ª ed., São Paulo: Atlas, 2011, p. 166 e 171.

1.3.2.1 Cobrança direta e indireta do crédito tributário

Em várias passagens deste trabalho, em especial no subitem anterior, fizemos questão de enfatizar que a cobrança do crédito tributário pode dar-se de forma direta ou indireta. Chegou o momento de explicar tal divisão do exercício da cobrança que, em quaisquer de suas modalidades, pressupõe crédito tributário constituído e vencido.

Como já dissemos anteriormente, por uma questão política, no Brasil, a cobrança em sentido estrito do crédito tributário, isto é, mediante atos de expropriação, depende da intervenção do Estado-Juiz, através do ajuizamento, via de regra, de uma Execução Fiscal (norma secundária, ou processual, onde teremos uma relação triádica – Fisco; Contribuinte; e Estado-Juiz). Essa medida é aqui classificada como "cobrança direta", ou seja, quando a vontade do contribuinte em pagar deixa de ser relevante, pois iniciados os procedimentos voltados ao pagamento forçado do crédito.

Essa é a marcha normal da exigibilidade, qual seja, crédito tributário devidamente constituído e não pago, será inscrito em dívida ativa para posterior extração de um título executivo extrajudicial (certidão de dívida ativa – CDA) que, então, permitirá o ajuizamento de uma Execução Fiscal, onde acontecerão os atos necessários à satisfação forçada (mediante expropriação patrimonial) do crédito tributário.

Ocorre que esse caminho usual não tem sido suficiente para fazer frente ao inadimplemento do crédito tributário, mais do que isso, além de ser baixo o índice de arrecadação nessa etapa da marcha da exigibilidade (Execução Fiscal), ela traz um alto custo ao Estado (por fomentar atos tanto do Executivo quanto do Judiciário).

É nesse contexto que se percebe um crescimento, agudo, de medidas outras para a satisfação do crédito tributário, sem envolver o Estado-Juiz, isto é, estímulos ao contribuinte para que, voluntariamente, recolha aos cofres públicos o crédito tributário constituído em seu desfavor.[54]

Há, reforçamos, um incremento nestas medidas indiretas, pois elas já existiam, ainda que timidamente. No texto original do Código Tributário Nacional, é possível constatar medida que traz essa indução ao pagamento, ainda em vigor. O art. 205 de referido *Codex* dispõe: a lei poderá exigir certificado de regularidade fiscal do contribuinte (de que não possui dívidas com o Fisco) como condição a determinada situação (exemplos: celebrar contratos com o poder público; fazer jus a benefício fiscal; usufruir de plano de recuperação judicial; etc.). Nesse contexto, dúvida não há de que tal exigência é um estímulo ao adimplemento, voluntário, de suas obrigações tributárias, sob pena de: não contratar com o poder público; não utilizar benesse fiscal; não ter recuperação judicial deferida em seu favor etc.

A certidão positiva de débitos com efeitos de negativa, prevista no art. 206 do CTN, é de suma importância ao presente estudo, pois afasta essa cobrança indireta do crédito tributário quando presente: suspensão da exigibilidade da obrigação tributária; ou garantia efetivada (penhora, por exemplo).

Ora, se essa cessação dos efeitos negativos da cobrança indireta também está presente na redação original do CTN (onde apenas a não emissão de certificado de regularidade fiscal era o referido efeito negativo), não vemos razão para limitar o seu alcance à literalidade do disposto no art. 206, quando temos, no contexto atual, uma gama bem maior de cobranças indiretas (protesto, inscrição do devedor no CADIN etc.). Necessário, assim, uma interpretação sistemática do art. 206 do CTN a alcançar toda e qualquer cobrança indireta, quando

54. "A lei tutela o crédito com as medidas coativas que podem ser usadas para a sua satisfação. Ademais, põe à disposição de quem se propõe a ingressar numa relação obrigacional como credor diversas garantias, que tem a função de acautelar seu interesse. Oferece-lhe, por fim, meios indiretos de influir sobre o devedor no sentido de que cumpra a obrigação." (GOMES, Orlando. *Obrigações* [atualização Humberto Theodoro Júnior]. 12ª ed., Rio de Janeiro: Forense, 1998, p. 227).

presentes as condições nele dispostas (esse tema será aprofundado no Capítulo 2 desta Parte I – subitem 2.5.2).

Por enquanto, é importante destacar que a voluntariedade, jungida à cobrança indireta do crédito tributário, se fará presente sempre que estivermos diante de atos estatais (estímulos) que não se enquadram como expropriatórios (ou preparatórios àquele fim), ou seja, ainda que tais atos lhe tragam prejuízos, poderá o contribuinte optar pelo não adimplemento (quando há intervenção do Estado-Juiz, via de regra, essa opção não se faz presente).

Fala-se em estímulos, pois estas medidas podem ser positivas (concessão de descontos; parcelamentos com período para pagamento bem superior ao usual; adimplementos que trazem redução – ou eliminam – punições, inclusive de cunho penal; etc.), mas, normalmente, são de cunho negativo.[55]

Essa divisão da cobrança, em direta e indireta, a enaltecer tais estímulos ao adimplemento voluntário, ainda que tida como atécnica, fica muito clara na fala de Paulo Cesar Conrado:[56]

---

55. "...ninguém duvida que o pagamento espontâneo por parte do contribuinte pode dar-se por estímulos externos (lembrando que o pagamento feito por vias outras, diversas da expropriação, será tido como espontâneo). A concessão de desconto no pagamento antecipado, por exemplo, é uma alternativa a fomentar tal espontaneidade. Nessa hipótese temos um estímulo positivo, isto é, o contribuinte terá um benefício ao realizar o pagamento espontâneo.
Mas essa técnica premial não é a única capaz de fomentar o pagamento espontâneo. É possível a utilização de mecanismos de cunho negativo, ou seja, onde o contribuinte não é agraciado por adimplir, pelo contrário, é onerado (ou sancionado) se não formalizar o pagamento no prazo pertinente. Aliás, temos mais estímulos negativos em nosso sistema, voltados ao adimplemento espontâneo, do que estímulos positivos.
A incidência de multa pelo não adimplemento no vencimento, o protesto da CDA, a inscrição do devedor no CADIN, o não acesso a certificado de regularidade fiscal, enfim, são todos exemplos de estímulos negativos ao adimplemento espontâneo." (CASTRO, Danilo Monteiro de. O encargo legal do Decreto-Lei n. 1.025/1969 e sua (in)compatibilidade com o sistema jurídico vigente, em especial após as inovações do CPC/2015. In: ARAUJO, Juliana Furtado Costa; e CONRADO, Paulo Cesar [Coords.]. *Inovações na cobrança do crédito tributário*. São Paulo: RT, 2019, p. 355).

56. CONRADO, Paulo Cesar. O "pedido de revisão de débitos inscritos" (Portaria PGFN 33/2018) e a suspensão da exigibilidade do crédito tributário: discussões que envolvem a efetividade da cobrança do crédito tributário. In: ARAUJO, Juliana Furtado Costa; e CONRADO, Paulo Cesar [Coords.]. *Inovações na cobrança do crédito tributário*. São Paulo: RT, 2019, p. 27.

> Cobrança é vocábulo ambíguo, designando, em seu sentido mais estrito (e próprio, portanto), a atividade voltada à satisfação forçada do crédito tributário pendente, coisa que, no sistema brasileiro, exige intervenção judicial – não propriamente por comando constitucional, senão porque assim definido no plano legal (Lei n. 6.830/80).
>
> Na prática jurídica, há um segundo uso para o mesmo vocábulo, de tom mais amplo e que aponta para os mecanismos que, previstos no ordenamento, servem para estimular o cumprimento voluntário da obrigação tributária. Para tais mecanismos, é comum a adição, ao vocábulo "cobrança", da predicação "indireta".
>
> Em si mesma, essa forma de "cobrança" (chamada de "indireta", repita-se) não seria viabilizadora da satisfação do crédito fazendário. Essa a razão pela qual, sendo bem restritivos, não deveríamos tratar tais mecanismos como verdadeira "cobrança", a não ser de modo atécnico.

O art. 7º da Portaria PGFN 33/2018[57] exemplifica bem as várias medidas indiretas de cobrança passíveis de serem

---

57. Portaria PGFN 33/2018:
"Art. 7º. Esgotado o prazo e não adotada nenhuma das providências descritas no art. 6º, a Procuradoria-Geral da Fazenda Nacional poderá:
I - encaminhar a Certidão de Dívida Ativa para protesto extrajudicial por falta de pagamento, nos termos do art. 1º, parágrafo único, da Lei nº 9.492, de 10 de setembro de 1997;
II - comunicar a inscrição em dívida ativa aos órgãos que operam bancos de dados e cadastros relativos a consumidores e aos serviços de proteção ao crédito e congêneres, mediante convênio firmado com as respectivas entidades;
III - averbar, inclusive por meio eletrônico, a Certidão de Dívida Ativa nos órgãos de registro de bens e direitos sujeitos a arresto ou penhora, para fins de averbação pré-executória;
(...) V - encaminhar representação à Secretaria da Receita Federal do Brasil para aplicação de multa à empresa e a seus diretores e demais membros da administração superior, na hipótese de irregular distribuição de bônus e lucros a acionistas, sócios, quotistas, diretores e demais membros de órgãos dirigentes, fiscais ou consultivos, pela inobservância do disposto no art. 32 da Lei nº 4.357, de 16 de julho de 1964, nos termos do art. 52 da Lei nº 8.212, de 24 de julho de 1991;
VI - encaminhar representação às respectivas Agências Reguladoras para que seja revogada a autorização para o exercício da atividade, no caso de sujeito passivo detentor de Concessões e Permissões da Prestação de Serviços Públicos, tendo em vista a ausência de regularidade fiscal para com a União, em conformidade com o disposto no inciso IV do art. 27, no inciso IV do art. 29 e no inciso XIII do art. 55 da Lei nº 8.666, de 21 de junho de 1993, c/c o art. 14, o inciso VII do § 1º do art. 38 e o parágrafo único do art. 40 da Lei nº 8.987, de 13 de fevereiro de 1995;
VII - encaminhar representação aos bancos públicos para fins de não liberação de créditos oriundos de recursos públicos, repasses e financiamentos, tendo em vista o

adotadas quando há crédito tributário devidamente constituído e não pago.

Assim, sempre que houver crédito tributário constituído e vencido, isto é, sem qualquer entrave fático em relação à eficácia daquela marcha da exigibilidade, estas medidas diretas e indiretas de cobrança poderão ser adotadas.

---

disposto no art. 6º da Lei nº 10.522, de 2002;
VIII - encaminhar representação ao órgão competente da administração pública federal direta ou indireta, para fins de rescisão de contrato celebrado com o Poder Público, tendo em vista a ausência de regularidade fiscal para com a União, em conformidade com o disposto no inciso IV do art. 27, no inciso IV do art. 29 e no inciso XIII do art. 55 da Lei nº 8.666, de 1993;
IX - encaminhar representação à Secretaria da Receita Federal do Brasil para exclusão de benefícios e/ou incentivos fiscais, relativos a tributos por ela administrados, inclusive os vinculados ao Comércio Exterior, tendo em vista a ausência de regularidade fiscal para com a União, com base no disposto no art. 60 da Lei nº 9.069, de 29 de junho de 1995;
X - encaminhar representação à Secretaria da Receita Federal do Brasil para cancelamento da habilitação ao Despacho Aduaneiro Expresso (Linha Azul) e da certificação ao Programa Brasileiro de Operador Econômico Autorizado, tendo em vista a ausência de regularidade fiscal para com a União, conforme previsto no inciso I do art. 3º da IN RFB nº 476, de 13 de dezembro de 2004, e no inciso IV do art. 8º da IN RFB nº 1521, de 4 de dezembro de 2014;
XI - encaminhar representação à Administração Pública Estadual ou Municipal para fins de rescisão de contrato ou exclusão de benefício e/ou incentivos fiscais ou creditícios, na hipótese da existência de débitos relativos a tributos destinados à seguridade social, nos termos do § 3º do art. 195 da Constituição Federal, bem como na alínea "a" do inciso I do art. 47 da Lei nº 8.212, de 1991;
XII - promover o bloqueio do Fundo de Participação do Distrito Federal, do Estado ou do Município, de acordo com o disposto no inciso I do parágrafo único do art. 160 da Constituição Federal;
(...) XV - promover a revogação da moratória, nos termos do inciso I do art. 8º da Lei nº 12.688, de 18 de julho de 2012, no caso de entidades mantenedoras de instituições de ensino superior integrantes do sistema de ensino federal que aderiram ao Programa de Estímulo à Reestruturação e ao Fortalecimento das Instituições de Ensino Superior (Proies);
XVI - promover a revogação da moratória e da remissão de débitos, nos termos do art. 37 da Lei nº 12.873, de 24 de outubro de 2013, no caso de entidades que aderiram ao Programa de fortalecimento das entidades privadas filantrópicas e das entidades sem fins lucrativos que atuam na área da saúde e que participam de forma complementar do Sistema Único de Saúde (Prosus);
XVII - promover a exclusão do parcelamento e do Programa de Modernização da Gestão e de Responsabilidade Fiscal do Futebol Brasileiro (Profut), nos termos do art. 4º da Lei nº 13.155, de 4 de agosto de 2015, ficando a entidade proibida de usufruir de incentivo ou benefício fiscal previsto na legislação federal ou de receber repasses de recursos públicos federais da administração direta ou indireta pelo prazo de 2 (dois) anos, contado da data da rescisão, no caso das entidades desportivas profissionais de futebol que aderiram ao Programa."

1.3.3 A ineficácia técnica oriunda da suspensão da exigibilidade da obrigação tributária (condição técnico-normativa necessária à inserção de novas normas voltadas à sua satisfação)

Entretanto, além de questões fáticas (como o transcurso, *in albis*, do prazo para pagamento) podemos ter ineficácia imposta por outras normas a não permitir a marcha da exigibilidade do crédito tributário voltada à sua satisfação, inclusive mediante atos de expropriação.

Sempre que isso acontecer, estaremos diante do fenômeno classificado como suspensão da exigibilidade do crédito tributário (que, em verdade, implica suspensão da exigibilidade da própria obrigação tributária, já que o crédito é apenas um de seus elementos).[58]

Discorrendo sobre referido fenômeno, Paulo de Barros Carvalho[59] é muito feliz ao afirmar que: "*O direito positivo prevê situações em que o atributo da exigibilidade do crédito fica temporariamente sustado, aguardando nessas condições sua extinção, ou retomando sua marcha regular para ulteriormente extinguir-se.*"

Esse curto trecho de sua obra é suficiente para detectarmos o seguinte:

---

58. "À evidência, a suspensão do crédito tributário consiste na sustação temporária dos atos atinentes à obrigação 'principal', sem dispensar o sujeito passivo das chamadas 'obrigações acessórias' (deveres instrumentais) que dependem ou sejam consequentes daquela cujo crédito está suspenso." (VIEIRA, Maria Leonor Leite. *A suspensão da exigibilidade do crédito tributário*. São Paulo: Dialética, 1997, p. 39).

59. CARVALHO, Paulo de Barros. *Curso de direito tributário*. 24ª ed., São Paulo: Saraiva, 2012, p. 515.

(i) o ciclo de positivação, em sentido lato, caminha sempre em direção à extinção da obrigação jurídica (premissa já levantada anteriormente – vide subitem 1.2.2, Parte I);

(ii) a suspensão da exigibilidade do crédito tributário impõe uma trava no percurso de positivação que, repita-se, é voltado à sua satisfação (extinção da obrigação);

(iii) tal trava (norma jurídica[60]) é sempre provisória (temporária);

(iv) enquanto suspensa a exigibilidade aguarda-se:

(iv.1) a extinção da obrigação tributária (por quaisquer das hipóteses do art. 156 do CTN); ou

(iv.2) a retomada do ciclo de positivação para ulterior extinção.

Como após o vencimento do crédito tributário constituído, o curso de positivação, em sentido *lato*, é voltado explicitamente à satisfação do crédito tributário (pagamento), inclusive no que diz respeito à utilização de meios coercitivos para tanto, é facultado ao contribuinte a adoção de certas medidas tendentes a sustar essa marcha, até a efetiva extinção do crédito tributário (inclusive por hipóteses diversas do pagamento) ou, então, até a retomada daquele ciclo.

Exemplificando, tomemos o parcelamento do crédito tributário (hipótese de suspensão de sua exigibilidade, prevista no inciso VI do art. 151 do CTN). Uma vez concedido o parcelamento, suspensa está a exigibilidade do crédito tributário respectivo, sendo certo que o sujeito ativo não mais poderá adotar medidas voltadas à sua integral satisfação, enquanto

60. "...a suspensão da exigibilidade do crédito tributário se trata de norma jurídica em sentido estrito, ou seja, pode ser construída dentro da estrutura hipotética-condicional (...) caso seja constituída em linguagem competente qualquer uma dessas hipóteses [do art. 151 do CTN], teremos como consequência a suspensão da exigibilidade do crédito tributário (...) a conduta regulada é a do sujeito ativo, que está proibido de exigir o crédito tributário perante o sujeito passivo da relação jurídica da norma do crédito." (VARGAS, Luis Carlos A. Merçon. *Crédito tributário* – causas de suspensão da exigibilidade. Curitiba: Juruá, 2016, p. 68/69).

pender tal trava (se ainda não inscrito em dívida ativa, não poderá sê-lo; se ainda não ajuizada, vedada a distribuição da Execução Fiscal; e assim por diante). Pagas todas as parcelas, ter-se-á a extinção desta obrigação tributária. Se, porém, houver o rompimento do parcelamento, retoma-se a exigibilidade do saldo remanescente de tal crédito tributário, que poderá ganhar *status* de exequível e, assim, ser cobrado judicialmente (norma secundária), na busca de sua ulterior extinção.

Note-se que nas duas consequências possíveis, a norma de suspensão será sempre provisória, já que obrigatoriamente retirada do sistema em momento subsequente, quer por norma de extinção da obrigação tributária, quer por norma que reestabeleça a exigibilidade do crédito tributário.

Insista-se, se há lançamento (norma individual e concreta) bem como o transcurso *in albis* do prazo para pagamento, inquestionável que o crédito tributário possui plena exigibilidade. Para ser satisfeito (cobrado), necessário o ingresso de novas normas no sistema (inclusive para torná-lo exequível), em especial aquela denominada "secundária" onde o Estado-juiz, parte de sua relação, irá impor coercitivamente (mediante expropriação, se preciso for) tal pagamento.

A suspensão da exigibilidade do crédito tributário tem, exatamente, o condão de impedir o andamento destes atos voltados à satisfação do crédito, inclusive mediante intervenção do Estado-juiz.

Portanto, não há dúvidas que a norma de suspensão impede a inserção destas outras normas voltadas à satisfação do crédito tributário, isto é, não permite a cobrança indireta (estímulos, ainda que negativos, à satisfação voluntária do crédito) ou direta (cobrança propriamente dita) do tributo ou, em outras palavras, traz entraves àquele fluxo de causalidade anteriormente explicitado.

Já sinalizamos, alhures, que tais entraves guardam relação com o fenômeno da eficácia. Mas há pensamentos em sentido diverso:

Para Marcos Rogério Lyrio Pimenta,[61] por exemplo, a norma de suspensão afetaria a validade da norma fruto do lançamento, ao afirmar que *"ela interfere em um dos âmbitos de validade de outra norma, limitando-o (...) ela incide para modificar o mandamento de outra norma jurídica."*

Essa assertiva não se coaduna com o conceito de validade que adotamos. Validade, em nosso sentir, diz respeito à pertinencialidade de certo elemento com um sistema (se pertence a ele ou não). No direito, o controle sistêmico de produção de normas (que traz implícito a pertinência entre norma e sistema) limita-se à definição dos sujeitos aptos à realização do fato-enunciação (ato de fala). Não há, todavia, controle sobre este ato (de produção normativa), isto é, uma vez produzido por sujeito autorizado, o enunciado prescritivo passa a ter validade (passa a pertencer ao sistema jurídico-positivo) e assim o será até que outra norma o retire do sistema.[62]

Portanto, ou a norma de suspensão retira do sistema jurídico a norma posta pelo lançamento, ou é inviável falar que aquela afeta a validade desta (pelo conceito de validade aqui adotado). E o mesmo raciocínio se aplica às demais normas que visam a satisfazer o crédito tributário (normas também individuais e concretas postas após o lançamento), ou seja, também descabe falar em invalidade destas em decorrência, tão somente, da suspensão da exigibilidade.

A provisoriedade inerente à norma de suspensão reforça o raciocínio acima, isto é, pressupõe a possibilidade da norma atingida pela suspensão, seja ela qual for (de lançamento ou as posteriores voltadas à satisfação do crédito tributário),

---

61. PIMENTA, Marcos Rogério Lyrio. *A suspensão da exigibilidade do crédito tributário.* Dissertação de Mestrado. Pontifícia Universidade Católica de São Paulo. 2001, p. 38.

62. "...até as normas inválidas (em sentido forte) são suscetíveis de aplicação: ao menos enquanto a sua invalidade não for constitutivamente declarada por um órgão para isso competente (a Corte constitucional para as normas de ordem legislativa, os juízes administrativos para as normas regulamentares)." (GUASTINI, Ricardo. *Das fontes às normas* [tradução Edson Bini]. São Paulo: Quartier Latin, 2005, p. 273).

retomar a produção de seus efeitos, o que não seria possível se defendermos que aquela afeta a validade desta.

Outra corrente doutrinária defende que a norma de suspensão afeta a vigência da norma posta pelo lançamento. Nesse sentido, Luis Carlos A. Merçon Vargas[63] afirma: "*...concluímos que a relação entre a norma de suspensão e a norma do crédito ocorre no âmbito da vigência.*"

Para atingir tal conclusão, referido autor parte de premissa diversa, especialmente por desconsiderar (pelos fundamentos que apresenta) a noção de eficácia.[64] Com isso, trabalha apenas com os institutos da validade e da vigência e, assim, traz a esta última os reflexos percebidos na norma positivada pelo ato-lançamento em razão da norma de suspensão da exigibilidade do crédito tributário.

Apesar dos fundamentos trazidos por Luis Carlos A. Merçon Vargas (escorados no pensamento de Tárek Moysés Moussallem,[65] no que diz respeito ao conceito de eficácia), quer nos parecer de suma importância a tríade validade, vigência e eficácia, e a sua aplicação prática justifica tal desdobramento teórico, aqui enfraquecido com a desconsideração de uma destas noções.

É certo que os efeitos de uma norma advirão com a sua aplicação, isto é, norma válida e vigente somente quando devidamente aplicada produzirá efeitos. E é exatamente por isso que se faz importante referida tríade, para demonstrar quando a norma válida se mantém vigente, mesmo não podendo

---

63. VARGAS, Luis Carlos A. Merçon. *Crédito tributário* – causas de suspensão da exigibilidade. Curitiba: Juruá, 2016, p. 72.

64. "...a noção de eficácia não é utilizada neste trabalho. Portanto, a única noção compreendida nas relações coordenadas entre normas jurídicas é a vigência." (VARGAS, Luis Carlos A. Merçon. *Crédito tributário* – causas de suspensão da exigibilidade. Curitiba : Juruá, 2016, p. 48).

65. "Da forma como postos, os conceitos de 'eficácia técnica', 'eficácia jurídica' e 'eficácia social' encontram-se fora de contexto com a teoria segundo a qual o direito é um fato dependente da linguagem." (MOUSSALLEM, Tárek Moysés. *Revogação em matéria tributária*. 2ª ed., São Paulo: Noeses, 2011, p. 160).

ser aplicada (tecnicamente ineficaz), e quando perde tal qualidade (vigência).[66]

Assim, a noção de vigência por nós adotada é aquela limitada à força da norma (propriedade desta, portanto), num dado intervalo de tempo, para regular condutas intersubjetivas,[67] sendo a possibilidade de produção de efeitos, especialmente quando limitada a pontuais situações, ligada à sua eficácia.

Por tudo que foi dito, quer nos parecer que a suspensão da exigibilidade do crédito tributário não afeta a validade ou a vigência de normas, quer a introduzida pelo lançamento, quer as posteriores voltadas a sua satisfação (de inscrição em dívida ativa, as de cunho processual, etc.), pois elas continuam a possuir todas as propriedades necessárias a regular condutas intersubjetivas (a "trava" advém de outro comando normativo – relação ente normas[68] – de cunho provisório).

---

66. "A aplicação da norma secundária de competência pode prescrever, em face de norma ilícita, que a vigência dessa norma seja suspensa de forma plena (passado e futuro) ou de forma parcial (futuro, apenas). Porém, só podemos falar de suspensão de vigência quando sua prescrição for geral (erga omnes). Caso contrário, teremos norma que dispõe apenas sobre a eficácia normativa." (GAMA, Tácio Lacerda. *Competência tributária:* fundamentos para uma teoria da nulidade. São Paulo: Noeses, 2009, p. 317/318). "O deferimento de cautelar pela inconstitucionalidade da RMIT suspende sua eficácia técnico-sintática (...) a declaração de inconstitucionalidade da RMIT sempre retira sua vigência, o que impede de incidir sobre eventos tributários posteriores ao trânsito em julgado da ADIn ou ADC. Entretanto, a validade da RMIT somente é retirada quando: [i] a RMIT ainda não tiver vigência quando do trânsito em julgado da decisão do STF; ou [ii] se em vigência, que as normas individuais e concretas derivadas da RMIT sejam retiradas, se ainda não estabilizadas, e que não mais a RMIT seja positivada." (LINS, Robson Maia. *Controle de Constitucionalidade da Norma Tributária: decadência e prescrição.* São Paulo: Quartier Latin, 2005, p. 260 e 262). "...durante o período de sua existência (validade) uma proposição jurídica pode perder e recuperar sua eficácia técnica por várias vezes, dependendo do número de obstáculos que encontre pela frente. Mas a característica de ser vigente só se adquire e se perde uma única vez." (CARVALHO, Aurora Tomazini de. *Curso de teoria geral do direito:* o constructivismo lógico-semântico. 2ª ed., São Paulo: Noeses, 2010, p. 751).

67. "viger é ter força para disciplinar, para reger, para regular as condutas inter-humanas sobre as quais a norma incide". (CARVALHO, Paulo de Barros. *Direito tributário:* fundamentos jurídicos da incidência. 9ª ed., São Paulo: Saraiva, 2012, p. 101).

68. "Uma norma também se diz eficaz quando estão presentes certos requisitos técnicos. A dogmática supõe, nesse caso, a necessidade de enlaces entre diversas normas,

Logo, direcionada está a nossa posição sobre a classificação deste efeito que susta a exigibilidade do crédito tributário, qual seja, de retirada de eficácia, e não de vigência ou validade.

A eficácia pode ser dividida em jurídica, técnica ou social. Para Paulo de Barros Carvalho[69] a eficácia jurídica é propriedade do fato jurídico:

> ..."eficácia jurídica" é o mecanismo de incidência, o processo pelo qual, efetivando-se o fato relatado no antecedente, projetam-se os efeitos prescritos no consequente. É o fenômeno que acontece com as normas vigentes, sempre e quando os fatos jurídicos se instalam (...) É uma impossibilidade lógico-deôntica imaginar-se a realização do fato jurídico, na conformidade de norma vigente, sem que se propaguem os efeitos correspectivos.

Já a eficácia técnica está vinculada à possibilidade da norma (por questões de cunho sintático, semântico ou pragmático) produzir efeitos. A que nos interessa, nesse momento, é a eficácia técnico-sintática (ou técnico-normativa), ou seja, quando não há obstáculos normativos.[70]

Exemplificando, tais obstáculos podem ser: a ausência de regulamentação de uma norma, que a impeça de surtir efeitos; a existência de um recurso com efeito suspensivo em processo judicial, sobrestando (afastando) a eficácia técnica

---

sem os quais a norma não pode produzir seus efeitos. Por exemplo, a norma prescreve que crimes hediondos serão inafiançáveis, mas transfere para outra norma a definição de hediondo. Enquanto esta não existir, a primeira não poderá produzir efeitos. Fala-se, então, de eficácia ou ineficácia técnica. A exigência desses enlaces nos permite dizer que a eficácia técnica tem uma relevância sintática (relação signo/signo, norma/norma)." (FERRAZ JUNIOR, Tercio Sampaio. *Introdução ao estudo do direito:* técnica, decisão e dominação. 6ª ed., São Paulo: Atlas, 2011, p. 168).

69. CARVALHO, Paulo de Barros. *Direito tributário:* fundamentos jurídicos da incidência. 9ª ed., São Paulo: Saraiva, 2012, p. 102/103.

70. "Há ineficácia técnica sintática quando a norma não pode produzir seus efeitos: (a) pela existência no ordenamento de outra norma inibidora de sua incidência; ou (b) pela falta de outras regras regulamentadoras, de igual ou inferior hierarquia (...) trata-se de ineficácia técnica sintática, dado que o impedimento para produção de efeitos decorre da relação entre normas." (CARVALHO, Aurora Tomazini de. *Curso de teoria geral do direito*: o constructivismo lógico-semântico. 2ª ed., São Paulo: Noeses, 2010, p. 752).

da norma introduzida pela decisão objeto de tal recurso; e, já adiantamos, a existência de norma reconhecendo (ou determinando) a suspensão da exigibilidade do crédito tributário.

Por fim, a eficácia social que corresponde à aceitação e reconhecimento de tal norma pela sociedade (como já assinalado em outras passagens deste texto).

Não nos parece que a suspensão da exigibilidade do crédito tributário guarde relação com a eficácia, jurídica ou técnica, da norma positivada pelo lançamento, isto é, cumprida essa etapa do ciclo de positivação (em sentido estrito), já tivemos a aplicação da regra-matriz e, portanto, incabível falar em sua ineficácia ou em ineficácia da norma posta pelo lançamento (apenas a ineficácia social desta caberia dentro dos conceitos acima apresentados).

O que temos, portanto, com a suspensão da exigibilidade do crédito tributário, é a ineficácia técnica das posteriores normas voltadas à satisfação do crédito tributário. Exatamente nesse sentido, afirma Eurico Marcos Diniz de Santi:[71] *"o art. 151 do Código Tributário Nacional funciona, assim como as normas de isenção, como regra voltada a imprimir ineficácia técnica à marcha da exigibilidade do crédito tributário."*

Logo, norma de suspensão da exigibilidade do crédito tributário traz ineficácia técnico-sintática às normas gerais e abstratas que seriam fundamento de validade das próximas normas individuais e concretas voltadas à satisfação do crédito tributário (inscrição em dívida ativa; cobrança judicial etc.).

Isto é, em havendo suspensão da exigibilidade do crédito tributário antes da inscrição em dívida ativa, este cenário não poderá se consumar (norma de inscrição – individual e concreta), pois há uma barreira técnica a impedir a aplicação, neste caso concreto, da regra administrativa (geral e abstrata)

---

71. SANTI, Eurico Marcos Diniz de. Crédito tributário: a medida liminar como forma de reflexão sobre a legalidade da "incidência jurídica" e a suspensão da exigibilidade. *Revista Dialética de Direito Tributário* n. 152. São Paulo: Dialética, 2008, p. 76.

que regula tal procedimento (arts. 201 a 204 do CTN; art. 2º, §§ 3º a 8º, da LEF).

Lembremos: o ciclo de positivação em sentido estrito pressupõe uma relação hierárquica entre os enunciados postos, ou seja, o mais perto do "mundo do ser" busca fundamento de validade (é hierarquicamente inferior) em outros até atingirmos o texto constitucional (primeiro, na ordem hierárquica, dos enunciados postos). Essa relação (de hierarquia) se faz presente em qualquer ciclo de positivação, recortado em sentido estrito, logo, a norma posta pelo lançamento possui fundamento de validade na regra-matriz de incidência daquele específico tributo, assim como a norma posta pela inscrição em dívida ativa possui fundamento de validade na norma administrativa, geral e abstrata, que regula tal procedimento.

Ocorre que, como anteriormente exposto, o ciclo de positivação pode ser visto como um grande fenômeno comunicacional, abarcando relações (fluxo de causalidade) entre os vários ciclos de positivação tomados em sentido estrito. Assim, como não pode haver a inscrição do crédito tributário em dívida ativa antes do seu vencimento (condição fática para a aplicação da norma administrativa que regula esse procedimento – vide subitem 1.3.2, Parte I), também não pode se dar tal conduta se houver a inserção de uma norma no sistema, anterior à inscrição em dívida ativa, suspendendo a exigibilidade daquele crédito tributário (condição técnico-normativa a tornar ineficaz essa norma administrativa). Visível, então, que referida norma administrativa (geral e abstrata) que versa sobre a possibilidade de inscrição do crédito tributário em dívida ativa está condicionada a questões fáticas (transcurso do prazo para pagamento) e técnico-normativas (ausência de norma de suspensão) para poder ser aplicada.

Note que referida norma geral e abstrata continua tendo eficácia perante quaisquer outros créditos tributários exigíveis, a permitir sua aplicação (o que reforça a importância da tríade validade, vigência e eficácia), isto é, positivação da norma individual e concreta de inscrição do mesmo em dívida ativa.

Todavia, mesmo sendo válida e vigente (estamos diante da mesma norma, geral e abstrata, que é aplicada perante créditos tributários exigíveis) ela não poderá ser aplicada (e, por isso, considerada ineficaz) quando presentes, em específicos casos, determinadas condições incompatíveis com a sua incidência (questões fáticas – ausente o transcurso, *in albis*, do prazo para pagamento; e/ou questões técnico-normativas – presente norma de suspensão da exigibilidade do crédito tributário).

Acima tomamos a inscrição em dívida ativa como exemplo, mas qualquer outra norma, individual e concreta, voltada à satisfação do crédito tributário (isto é, ligada a este pelo fluxo de causalidade – cobrança direta ou indireta -), não poderá ser positivada (ineficácia técnica da norma geral e abstrata que lhe dá fundamento de validade) se houver norma que lhe antecede, suspendendo a exigibilidade daquele crédito tributário.

É por isso que se a suspensão da exigibilidade ocorrer antes da inscrição em dívida ativa, ela não poderá se consumar; se ocorrer antes do ajuizamento da execução fiscal, também não haverá a instauração desta ação exacional; se a suspensão vier no decorrer do processo de cobrança, ele terá de ser sobrestado, no estado em que se encontra; e assim por diante.

Esse efeito, importante destacar desde já, alcança normas de cobrança direta e indireta (existindo suspensão da exigibilidade, quaisquer delas não podem mais ser postas). Entretanto, em relação a estas últimas (cobranças indiretas) há um *plus* em decorrência do que dispõe o art. 206 do CTN, qual seja, a suspensão da exigibilidade, por força do que determina este outro comando normativo, não só impede nova positivação como, também, impõe o afastamento das já existentes (elimina os efeitos – estímulos – negativos que produzem, mesmo quando antecedem a norma de suspensão da exigibilidade).[72]

---

72. "Em suma, quando falamos de normas jungidas à cobrança direta do crédito tributário, aquelas já postas permanecem quando advém a suspensão, porém novos enunciados ligados a essa cadeia normativa (fluxo de exigibilidade) estão impedidos de serem positivados (tudo a evitar o atingimento da finalidade última dessa marcha, qual seja, pagamento mediante expropriação patrimonial).

Aqui, portanto, há um excepcional cenário diante de tudo que já foi dito. Perante cobranças indiretas teremos: [i] ineficácia técnica das normas gerais e abstratas a impedir futura concretização (via normas individuais e concretas) destes estímulos negativos; mas, além disso, [ii] invalidação das normas, individuais e concretas, já postas, veiculadoras daqueles negativos estímulos (é nesse último reflexo que a excepcionalidade se faz presente, não como consequência direta da suspensão da exigibilidade, mas sim pela regra veiculada no art. 206 do CTN - veremos isso, com mais vagar, no subitem 2.5.2, Parte I).

De toda sorte, a suspensão da exigibilidade do crédito tributário gera ineficácia técnico-sintática às normas (gerais e abstratas) que regulam atos (de cunho administrativo ou processual) voltados à satisfação, direta ou indireta, da obrigação tributária e, por isso, impede que estas normas gerais e abstratas (administrativas ou processuais) sejam aplicadas. Ora, se a aplicação das normas gerais e abstratas dar-se-á com a positivação de normas individuais e concretas, resta evidente que estas não poderão acontecer em decorrência da ineficácia daquelas. É esse o fenômeno que nos parece mais harmônico às definições de validade, vigência e eficácia anteriormente apresentados.

Em suma, sempre que estivermos diante de normas (lembrando que o Judiciário também é um emissor de normas

---

Esse raciocínio não se aplica em relação às normas de cobrança indireta do crédito tributário. Pouco importa, por exemplo, se o protesto (ou a inscrição do devedor no CADIN) deu-se antes da suspensão da exigibilidade, esse novo cenário tem de afastar aquele estímulo negativo, à cobrança do tributo, já posto (e não apenas impedir que novos venham).

E a razão disso é muito simples: o estímulo negativo pretendido com referida norma indireta de cobrança já se consumou, nenhum outro ato de cobrança (seja direto ou indireto) depende deste para ser posto no sistema (as ditas cobranças indiretas não são elos daquela corrente voltada à cobrança forçada, mediante intervenção do Estado-Juiz, do crédito tributário), logo, aqui não basta impedir a positivação de novas normas indiretas de cobrança, é preciso também cancelar as já efetivadas, pois são todas independentes." (CASTRO, Danilo Monteiro de. A suspensão da exigibilidade do crédito tributário é um efeito sempre presente na transação? In.: CONRADO, Paulo Cesar; ARAUJO, Juliana Furtado Costa [Coords.]. *Transação tributária na prática* da Lei n. 13.988/2020. São Paulo: RT, 2020, p. 237/238, nota de rodapé n. 9).

jurídicas)[73] que tragam esse efeito, qual seja, impedir a marcha da exigibilidade tendente à satisfação do crédito tributário, estar-se-á perante o fenômeno chamado suspensão da exigibilidade do crédito tributário.

Sendo assim, resta a seguinte pergunta: se nos depararmos com referido fenômeno normativo (que traz ineficácia técnica à marcha da exigibilidade), mas que não guarda total identidade com as hipóteses listadas no art. 151 do Código Tributário Nacional haverá, ou não, suspensão da exigibilidade do crédito tributário?

1.3.4 Taxatividade do rol constante no art. 151 do CTN (necessidade de superação desta equivocada premissa)

A resposta à pergunta que encerrou o tópico anterior será negativa se adotarmos o entendimento sedimentado no Superior Tribunal de Justiça,[74] e acolhido pela maciça maioria dos Tribunais pátrios, qual seja, de que o rol constante no art. 151 do Código Tributário Nacional é taxativo. Todavia, essa nos parece uma falsa premissa.

O próprio contexto em que a pergunta anterior se fez justifica isso (de estarmos diante de uma premissa equivocada). Se tomo a suspensão da exigibilidade do crédito tributário como a paralisação daquele ciclo de positivação (em sentido

---

73. "Retomando a questão de a quem compete criar normas, a resposta vai depender do sentido atribuído a esse termo. Se for norma entendida como documento normativo – texto de direito positivo – será aquele sujeito prescrito como competente pelo próprio sistema de direito positivo, pela norma jurídica de competência. Possuem tal aptidão, não só o legislador, para editar normas gerais e abstratas ou gerais e concretas que a todos obrigam, como os agentes da Administração Pública, os juízes e os particulares." (GAMA, Tácio Lacerda. Obrigação e crédito tributário – anotações à margem da teoria de Paulo de Barros Carvalho. *Revista Tributária e de Finanças Públicas* n. 50. São Paulo: RT, 2003, p. 104).

74. "...a suspensão da exigibilidade do crédito tributário (que implica em óbice à prática de quaisquer atos executivos) encontra-se taxativamente prevista no art. 151 do CTN..." (STJ. 1ª Seção. Recurso Especial Representativo de Controvérsia n. 1.156.668/DF. Relator Ministro Luiz Fux. DJe 10/12/2010).

lato; ou do fluxo de causalidade), isto é, como norma posta que lhe traz ineficácia (técnico-normativa), por que razão excluir dessa classe elementos que a ela se subsomem?[75]

Logo, toda e qualquer norma posta no sistema que traga esse efeito (de gerar ineficácia à marcha da exigibilidade do crédito tributário) tem de ser considerada como tal: suspensiva da exigibilidade.

É verdade que o art. 111 do CTN assevera que a legislação tributária que disponha sobre suspensão da exigibilidade do crédito tributário deve ser interpretada de forma literal o que, de certa maneira, fomenta o raciocínio aqui não seguido de ser taxativo o rol do art. 151 do mesmo *Codex*.

Todavia, no contexto filosófico em que nos encontramos (chamada filosofia da linguagem),[76] parece incabível defender a chamada interpretação literal, isto é, como algo insuscetível de construções destoantes, com mais de uma significação.[77]

---

75. "...quando dizemos possuírem dois entes uma dada propriedade em comum, podemos livremente pensar que na realidade ou de uma maneira absoluta, os dois entes têm qualidades distintas, mas essa diferença cai fora dos limites do que podemos ou queremos observar (...) A um sistema de objetos, tendo todos uma mesma propriedade 'a' em comum, denominamos classe ou conjunto." (SILVA, Vicente Ferreira da. *Lógica simbólica*. São Paulo: É Realizações, 2009, p. 96).

76. "A filosofia de nossa época, então, parece estar impregnada por três problemas dominantes: a crítica da verdade objetiva, universal e necessária, em favor das múltiplas interpretações; a crítica do totalitarismo e das políticas revolucionárias que haveriam desembocado em tais desastres, em favor das democracias consensuais; a crítica de um conceito universal de Bem que aniquile a pluralidade de opiniões e formas de vida, em favor de certos critérios éticos de convivência pacífica.
(...) é em torno destas questões que parecem girar os debates neste desorientado fim de século, o que François Lyotard chama, em um livro de 1983, o 'contexto' da filosofia atual: 'O 'giro linguístico' da filosofia ocidental (as últimas obras de Heidegger, a penetração das filosofias anglo-americanas no pensamento europeu, o desenvolvimento das tecnologias da linguagem); correlativamente, a decadência dos discursos universalistas (as doutrinas metafísicas dos tempos modernos: os relatos do progresso, do socialismo, da abundância, do saber)...'." (SCAVINO, Dardo. *A filosofia atual:* pensar sem certezas [tradução Lucas Galvão de Britto]. São Paulo: Noeses, 2014, p. XVII).

77. "A partir de uma antropologia mais cética e relativista, as teorias realistas defendem que todo argumento pode ter o mesmo peso que seu contrário (isostenia) e daí que todo texto pode ser interpretado em direções opostas, não há qualquer garantia de objetividade na comunicação, que é autorreferente (...) Toda norma jurídica é assim individual,

Analisando exatamente o comando previsto no referido art. 111 do CTN, Paulo de Barros Carvalho[78] afirma:

> O desprestígio da chamada interpretação literal, como critério isolado de exegese, é algo que dispensa meditações mais sérias, bastando arguir que, prevalecendo como método interpretativo do direito, seríamos forçados a admitir que os meramente alfabetizados, quem sabe com o auxílio de um dicionário de tecnologia jurídica, estariam credenciados a elaborar as substâncias das ordens legisladas, edificando as proporções do significado da lei (...). O jurista, que nada mais é do que o lógico, o semântico e o pragmático da linguagem do direito, há de debruçar-se sobre os textos, quantas vezes obscuros, contraditórios, penetrados de erros e imperfeições terminológicas, para construir a essência dos institutos, surpreendendo, com nitidez, a função da regra, no implexo quadro normativo. E, à luz dos princípios capitais, que no campo tributário se situam no nível da Constituição, passa a receber a plenitude do comando expedido pelo legislador, livre de seus defeitos e apto para produzir as consequências que lhe são peculiares.
>
> Tenha esse discurso alguma procedência e terá sido inócuo o intento do legislador ao determinar, no art. 111 do Código Tributário Nacional, que a interpretação deva ser literal nos casos de suspensão ou exclusão do crédito tributário...

Não é crível, portanto, pensar que somente as hipóteses literalmente dispostas no art. 151 do *Codex* Tributário podem implicar a suspensão da exigibilidade do crédito tributário, mormente pela existência de situações em que nos deparamos com a positivação de normas (ou a possibilidade de sua ocorrência) que trarão aquele mesmo efeito (ineficácia técnico-normativa à marcha da exigibilidade).

Vejamos alguns exemplos comprobatórios do desacerto de tal construção:

---

casuística, e o legislador faz apenas um texto, um dado de entrada para a construção da norma no caso concreto." (ADEODATO, João Maurício. *Uma teoria retórica da norma jurídica e do direito subjetivo.* São Paulo: Noeses, 2011, p. 88).

78. CARVALHO, Paulo de Barros. *Curso de direito tributário.* 24ª ed., São Paulo: Saraiva, 2012, p. 140.

1.3.4.1 Pela redação original do CTN, somente liminar em mandado de segurança (e nenhum outro provimento provisório) poderia suspender a exigibilidade

A redação original de referido comando normativo (art. 151, CTN) previa apenas um meio de obter provimento judicial provisório determinando a suspensão da exigibilidade do crédito tributário, qual seja, liminar em mandado de segurança. Será, então, que se não houvesse a inserção do inciso V neste artigo, pela LC 104/2001, não seria possível obter tal provimento provisório em outros tipos de demanda judicial?

Essa questão foi por nós enfrentada em outra oportunidade:

> ...o legislador complementar (o CTN tem *status* de lei complementar), ao listar condutas processuais permissivas da concessão de pronunciamentos judiciais que suspendam a exigibilidade do crédito tributário, o fez ciente de que a interpretação de tais hipóteses depende das regras processuais que dispuserem sobre estas medidas.
>
> Exemplificando, o texto original do CTN versava, apenas, sobre a concessão de liminar em mandado de segurança como pronunciamento diferençado apto a suspender a exigibilidade do crédito tributário, já que à época (1966), essa era provavelmente a única medida precária possível para esse fim.
>
> Isso não deveria ensejar, portanto, interpretação no sentido de que a evolução do direito processual, ampliando o rol de medidas não exaurientes (evolução voltada à efetividade do processo, em detrimento à segurança jurídica, isto é, permissão de pronunciamentos precários antes do transcurso das fases necessárias a um provimento exauriente), não se aplicaria em matéria tributária.
>
> É certo que as regras que compõem o sistema jurídico têm de ser interpretadas de maneira sistemática e, assim, se era (e ainda é) possível a suspensão da exigibilidade do crédito tributário via pronunciamento precário em mandado de segurança, não há razão lógica de se limitar tal possibilidade àquele rito, se novos pronunciamentos precários passam a ser previstos em nosso ordenamento, ainda que inexistisse atualização da lista constante no art. 151 do CTN.[79]

---

79. CASTRO, Danilo Monteiro de. Suspensão da exigibilidade do crédito tributário via tutela de evidência. *Revista de Direito Tributário Contemporâneo* n. 4. São Paulo: RT, 2017, p. 19/20.

A taxatividade das hipóteses do art. 151 do CTN, fruto da literalidade exigida no art. 111 do mesmo Diploma, traz esse tipo de incoerência, qual seja, não reconhecer que o direito é texto e, portanto, dependente do contexto em que se encontra (e não apenas do contexto em que foi positivado) para ser interpretado.[80]

Em 1966, havia razão para apenas constar a liminar em mandado de segurança como pronunciamento judicial apto a suspender a exigibilidade do crédito tributário.[81] No contexto atual, porém, tal limitação (de ser somente a liminar em mandado de segurança o veículo capaz de inserir comando jurisdicional de suspensão da exigibilidade do crédito tributário) impõe negativa de vigência aos avanços normativos voltados a dar maior efetividade aos processos judiciais, inclusive os pertinentes a conflitos tributários.

---

80. "O texto é um produto cultural, histórico. Estudar o sentido desse texto nos obriga a inserir a sua produção em um contexto de enunciação, reconhecer e considerar as circunstâncias históricas, culturais, sociais, econômicas, e políticas que interferem esse labor. Nesta análise contextualizada, a estipulação das significações é realizada adotando-se um 'ponto de vista extraposto' que abrange o que está dentro, mas também o que está fora do campo de visão. O corte metodológico circunscreve o objeto, mas não ignora a complexidade do contexto real do qual o objeto emana.
Estudar o direito positivo em sua condição de texto e discurso prescritivo nos leva a considerar, sobretudo, a natureza intersubjetiva do contexto em que o texto normativo é produzido e para o qual deve ser eficaz em termos de regulação (...) Nesse sentido, *são convergentes os pensamentos de Mikhail Bakhtin e Ernst Cassirer, para o qual a constância das significações não pode ser comparada com a das leis naturais, uma vez que o próprio desenvolvimento da cultura e sua diferenciação em áreas particulares contribui no sentido de enriquecer e variar as formas de significação.*" (ARAUJO, Clarice von Oertzen de. *Incidência Jurídica – teoria e crítica.* São Paulo : Noeses, 2011, p. 64/65).
"...uma distinção sutil é introduzida por Paul Gochet: a relação com o momento da fala é a indexicalidade; a relação com um ponto de avaliação distinto do presente e fixado pelo contexto é a pragmaticidade." (ARMENGAUD, Françoise. *A pragmática* [tradução: Marcos Marcionilo]. São Paulo: Parábola, 2006, p. 77).

81. "Não poderia o legislador do CTN de 1966, ao prescrever as causas de suspensão da exigibilidade do crédito tributário, ter antevisto o futuro regime do CPC de 1973, e muito menos prever a existência futura de regime jurídico próprio para a antecipação de tutela (o que somente ocorreria quase 28 anos mais tarde, em 1994). Disciplinou, o legislador de 66, o que lhe era dado conhecer, isto é, a possibilidade de suspensão da exigibilidade do crédito tributário por força de liminar concedida em mandado de segurança (1951)." (MARINS, James. *Direito processual tributário brasileiro.* 4ª ed., São Paulo: Dialética, 2005, p. 554).

A prudência do legislador complementar de inserir o inciso V no tão citado art. 151 (via LC 104/2001) é medida que merece aplausos, pois evita dúvidas e, por conseguinte, conflitos em torno do tema. Todavia, nos parece equivocado afirmar que sem tal acréscimo normativo não seria possível a construção de sentido (interpretação), capaz de permitir a concessão de tutela provisória para suspensão da exigibilidade em demandas diversas do mandado de segurança.

Fosse acertada tal limitação interpretativa, a suspensão da exigibilidade do crédito tributário mediante tutela de evidência (espécie de tutela provisória veiculada no Código de Processo Civil de 2015) dependeria de nova alteração no rol do art. 151 do CTN, pois inexiste essa modalidade de pronunciamento em seus incisos, o que não nos parece correto.[82]

O ciclo de positivação, em sentido *lato,* quando voltado à cobrança (especialmente direta) do crédito tributário depende de outras normas (mormente as de cunho processual), gerais e abstratas, para se concretizar. Logo, a análise destes outros comandos normativos é crucial para a verificação de ineficácia técnico-normativa à marcha da exigibilidade, isto é, à constatação de hipóteses de sua suspensão.

O ponto acima ventilado, portanto, sinaliza de forma contundente a fragilidade daquela premissa, qual seja, de serem taxativas as hipóteses de suspensão da exigibilidade previstas no art. 151 do CTN.

---

82. "...se tivermos mudanças na legislação processual (como de fato aconteceu com o CPC/2015), com 'novas' denominações e espécies de tutelas diferençadas, não temos dúvidas quanto ao enquadramento delas no referido inc. V do art. 151 do CTN para fins de suspensão da exigibilidade do crédito tributário." (CASTRO, Danilo Monteiro de. Suspensão da exigibilidade do crédito tributário via tutela de evidência. *Revista de Direito Tributário Contemporâneo* n. 4. São Paulo: RT, 2017, p. 21).

1.3.4.2 O pronunciamento exauriente que acolhe ação antiexacional, mas que ainda não transitou em julgado, e a suspensão da exigibilidade

Outra questão que traz incômodos (decorrentes de referida taxatividade) advém da sentença proferida em ações antiexacionais, dando provimento a elas, porém pendente de trânsito em julgado.

Note que o art. 151 do CTN versa, exclusivamente, sobre tutelas provisórias como veículos introdutores de comandos jurisdicionais aptos a suspender a exigibilidade do crédito tributário (liminar em mandado de segurança ou tutelas provisórias outras proferidas em quaisquer ações judiciais – incisos IV e V). Como ficam, então, os casos em que há sentença proferida, mas não transitada em julgado?

Ao defender a taxatividade aqui (fruto, frise-se, da interpretação literal exigida no art. 111 do CTN), teríamos de aceitar que mesmo possuindo uma sentença em seu favor (pendente de trânsito em julgado), o contribuinte figuraria como sujeito passivo de relação obrigacional exigível, isto é, pronto para ser cobrado pelos já citados meios diretos ou indiretos que o Fisco tem à disposição.

É evidente o desacerto deste raciocínio.[83]

Logo, a solução para tanto tem de superar aquela taxatividade, já que a sentença proferida se sobrepõe à tutela provisória e, portanto, ainda que esta tenha sido concedida em momento anterior, o que vale agora é esse provimento exauriente (e não mais o precário), ou seja, não há como equipará-los para fins de suspensão da exigibilidade do crédito tributário (decisão definitiva *versus* decisão provisória), nem exigir

---

83. "O Código Tributário Nacional limita-se à menção da medida liminar, mas é indubitável que, se a mera concessão do expediente cautelar tem essa força, com muito mais fundamento a sentença que aprecia o mérito do pedido. Uma vez proferida, mesmo no silêncio da Lei n. 5.172/66, há de ser trancada a exigibilidade do ato, ao menos até que se dê a manifestação do tribunal competente para decidir do recurso, modificando o decisório de primeiro grau." (CARVALHO, Paulo de Barros. *Curso de direito tributário*. 24ª ed., São Paulo: Saraiva, 2012, p. 524).

expressa manifestação judicial, no corpo da sentença, no sentido de que enquanto não transitar em julgado ter-se-á válida uma tutela provisória para esse fim.

É preciso reconhecer que há outras hipóteses onde se faz presente ineficácia técnico-normativa à marcha da exigibilidade, sustando-a, como ocorre nos pronunciamentos definitivos, não transitados em julgado, que julgam procedentes demandas antiexacionais.

Insista-se, a sentença que ainda não transitou em julgado, mas que acolheu a pretensão deduzida em ação antiexacional traz, por óbvio, ineficácia técnico-normativa à marcha da exigibilidade da obrigação tributária (ainda que potencial) que figura como sua causa de pedir. Ou, dito de outro modo, tem de ser reconhecida como hipótese de suspensão da exigibilidade do crédito tributário, mesmo diante de sua ausência no rol do art. 151 do CTN.[84]

Perfeita, nesse sentido, a fala de Paulo Cesar Conrado,[85] especialmente por refutar, ao final, a taxatividade da lista presente no art. 151:

> Indagação: no intervalo de tempo que medeia a prolação da referida sentença e a consolidação da coisa julgada, o que se passaria com o ciclo de positivação do direito tributário? Acaso anteriormente deferida tutela cautelar ou tutela antecipada, poder-se-ia dizer que seus efeitos se estenderiam, mesmo com a emissão da sentença? – Eis o problema definitivamente estruturado.
>
> Para enfrentá-lo, negaremos, já de logo, a possibilidade de dizer-se que os efeitos de eventual tutela cautelar / antecipada

---

84. A ausência desse reconhecimento traz sérias distorções, como a já mencionada possibilidade de Execução Fiscal em curso, mesmo havendo sentença favorável ao contribuinte em Ação Anulatória, por ter sido esta objeto de recurso de apelação cujo efeito suspensivo é automático. Esse, infelizmente, tem sido o entendimento do Superior Tribunal de Justiça: "Por falta de previsão legal, a sentença favorável ao sujeito passivo impugnada por recurso da Fazenda Pública dotado de efeito suspensivo não suspende a exigibilidade do crédito tributário..." (STJ. 1ª Turma. AREsp n. 1.280.342/RS. Ministro Relator Gurgel de Faria. DJe 11/11/2019).

85. CONRADO, Paulo Cesar. *Processo tributário.* 3ª ed., São Paulo: Quartier Latin, 2012, p. 228/229.

anteriormente concedida se estenderiam, recobrindo o intervalo de tempo que vai da prolação da sentença à consolidação da respectiva coisa julgada. Negamos para reafirmar o que desde antes registramos: com a prolação de sentença julgando "ação" declaratória de inexistência de relação jurídico-tributário, desaparecem os efeitos de eventual tutela diferençada anteriormente concedida: *norma definitiva sobrepõe-se a norma provisória.*

Não é estendendo os efeitos de tutela provisória já superada pela emissão de tutela fadada à definitividade (sentença) que resolveremos, pois, o problema colocado: deveremos, antes disso, buscar no direito material tributário, especificamente no já mencionado art. 151 do Código Tributário Nacional, a solução mais desejável.

Assim fazendo, duas afirmações impor-se-ão: (i) o sistema dotou de debatida eficácia suspensiva provimentos jurisdicionais diferençados, todos no mais das vezes pautados por um juízo de probabilidade (*fumus boni iuris*); (ii) as sentenças exaradas em processo de conhecimento (ai incluídas as declaratórias), fundam-se, como variedade de tutela jurisdicional *comum,* na presunção de esgotabilidade do direito material debatido, daí advindo, aliás, sua potência de coisa julgada.

Dessas premissas, exsurge, então, a pergunta (em rigor, portadora da solução do problema que propomos): se tutela baseada em juízo de aparência (provisória, insuscetível de coisa julgada, portanto) suspende a exigibilidade da obrigação tributária, o que dizer de um provimento que se assenta em juízo de certeza (fadado, em tese, a vestir-se de coisa julgada) ainda não passado em julgado?

Entendemos posta, mesmo que obliquamente, a esperada solução: na cláusula do Código Tributário Nacional que prevê suspensão da exigibilidade por força de "medida liminar" encontra-se (sub)inscrita, como causa de idêntica potência, a sentença não transitada que julga procedente "ação" antiexacional - significa dizer: o art. 151 do Código Tributário Nacional não é taxativo.

1.3.4.3 Consulta Fiscal e suspensão da exigibilidade

Temos, por fim, uma terceira situação não regrada no tão citado art. 151 que também enseja suspensão da exigibilidade do crédito tributário, qual seja, Consulta Fiscal.

É uma situação que não se enquadra, explicitamente, à disposição constante no inciso III do art. 151, pois não temos, na Consulta Fiscal, um litígio instaurado (como ocorre quando há impugnação a um lançamento de ofício), mas sim uma dúvida do contribuinte de como interpretar a legislação, ou melhor, como aplicar à sua realidade o disposto na legislação tributária.

Como, nesses casos, enquanto pender de resposta a Consulta Fiscal, o Fisco não poderá adotar medidas voltadas à cobrança do crédito tributário ligado à dúvida levantada naquele procedimento, resta evidente, aqui, mais uma hipótese de ineficácia técnico-normativa à marcha da exigibilidade e, portanto, mais uma espécie do gênero suspensão da exigibilidade do crédito tributário.[86]

O art. 161, § 2º, do CTN, inclusive, reforça o raciocínio acima, qual seja, de que a instauração de uma Consulta Fiscal é hipótese de suspensão da exigibilidade do crédito tributário,[87] ainda que potencial (geralmente as Consultas Fiscais são formuladas antes da constituição do crédito tributário).

1.3.4.4 Observações finais do subitem

Tudo que dissemos, até então, não infirma a importância do art. 151 do CTN, mormente das hipóteses de suspensão da exigibilidade do crédito tributário lá listadas. Pelo contrário, há uma questão atinente ao veículo introdutor deste tipo de

---

86. "Se, como vimos, um dos efeitos da formulação de consulta eficaz é a impossibilidade de que o Fisco exija o tributo objeto da consulta, é evidente que, enquanto pendente de julgamento, o tributo em questão encontra-se com sua exigibilidade suspensa, de acordo com a amplitude hoje dada a esta expressão pela lei e pela jurisprudência, mesmo que a hipótese em questão não se encontre entre aquelas arroladas no artigo 151 do Código Tributário Nacional." (TROIANELLI, Gabriel Lacerda. Consulta fiscal como causa de suspensão de exigibilidade do tributo. *Revista dialética de direito tributário* n. 146. São Paulo: Dialética, 2007, p. 47).

87. "Além do disposto no artigo 151 do Código Tributário Nacional, admite-se o conteúdo do § 2º, do seu artigo 161, como indicador de outra causa de suspensão da exigibilidade da obrigação tributária.
Neste dispositivo está contida regra que afeta e bloqueia a progressão do processo de positivação da obrigação tributária, ao prever que, na pendência de consulta formulada à Administração Pública antes de vencido o prazo para adimplemento da prestação do tributo, não se pode reputar inadimplente o contribuinte que a formulou." (VERGUEIRO, Camila Campos. *Obrigação tributária:* o processo de positivação e as causas suspensivas da sua exigibilidade. São Paulo: Quartier Latin, 2009, p. 99).

norma que precisa ser respeitada (pelo teor do art. 146, III, "b", da Constituição Federal, dispor sobre normas gerais atinentes ao crédito tributário é matéria reservada a Lei Complementar) e que, por conseguinte, evidencia a relevância daqueles incisos (do art. 151) como pontos de partida (mas não como únicos pontos) à construção das hipóteses de suspensão da exigibilidade.

Nossa crítica, portanto, é em relação à alegada taxatividade, decorrente da interpretação literal exigida no art. 111 do CTN.[88]

Frise-se, não defendemos a possibilidade de inserção normativa (norma geral e abstrata), não veiculada por Lei Complementar, a ampliar tal rol de forma explícita, especialmente em exercício concorrente de referida competência (isto é, como se possível fosse termos hipóteses distintas de suspensão da exigibilidade do crédito tributário a depender da legislação de cada ente tributante).

O que sustentamos é a necessidade de contextualizar hipóteses normativas (via de regra de cunho processual) que tragam aquele efeito (ineficácia técnico-normativa à marcha da exigibilidade) com o texto do Código Tributário Nacional (Lei Complementar), aquelas calibrando o alcance destas[89] e,

---

88. Há autores, inclusive, que defendem ser taxativa a lista do artigo 151 do CTN, porém a comportar uma interpretação extensiva. Esse raciocínio traz a mesma conclusão defendida aqui, qual seja, de ser incabível uma interpretação literal daquelas hipóteses, como determina o artigo 111 do mesmo *Codex*. Preferimos, no entanto, nos insurgir ao termo taxatividade, pois é este que tem sido adotado pelas Cortes pátrias (mormente o STJ) para, ao final, impor uma interpretação restritiva às hipóteses de suspensão da exigibilidade do crédito tributário.

89. "A par da subserviência do processo ao direito de fundo (circunstância que enseja, como sinalizamos, a tomada dos princípios e técnicas processuais não como fim, mas sim como instrumento do direito material, maximizando seu rendimento), casos há em que se verificará, com efeito, movimentação oposta: o direito de fundo é que deve ser reescrito, uma vez atualizado pelas regras de processo, na sua conformidade (do direito processual).
O direito tributário (nosso foco de análise) é *locus* propício para verificação dessa instrumentalidade 'inversa' a que nos referimos, instrumentalidade essa em que o processo (ou melhor, as regras que o regem) influenciam determinantemente no

para tanto, é incompatível falar-se em taxatividade do rol do art. 151 do CTN.

A discussão em torno deste tema, na profundidade aqui apresentada, se faz necessária, pois a ausência de taxatividade ao rol do art. 151 do CTN é uma premissa importante às pretensões deste trabalho, já que defenderemos, mais adiante, que, em certas hipóteses, outras espécies de garantia ao cumprimento da obrigação tributária, diversas do depósito do montante integral da exação, também devem gerar suspensão da exigibilidade do crédito tributário.

Mais do que isso, em determinadas situações, ainda que haja depósito integral do valor do tributo, não serão todas as medidas voltadas à satisfação do crédito tributário que estarão sustadas, o que além de reforçar o equívoco da interpretação literal à lista do art. 151 do CTN exige um cuidado maior na observação deste fenômeno (suspensão da exigibilidade), quando decorrente da prestação de garantia (*não basta a forma da garantia, é preciso analisar o contexto em que ela se encontra para, só então, afirmar a presença daquele efeito*).

1.3.5 A relação entre suspensão da exigibilidade e prestação de garantia (esta prestação traz, sempre, aquele efeito?)

Até aqui constatamos que o ciclo de positivação, tomado em sentido *lato,* caminha sempre em busca da extinção do crédito tributário, normalmente pela modalidade pagamento (consequência esperada). Entretanto, pode o contribuinte tomar medidas voltadas à extinção desta relação obrigacional

---

trabalho de interpretação das regras materiais – tal como se aquele, o direito processual, por sua instrumentalidade (vista às avessas), fosse uma partícula dessas últimas (as regras materiais).
Assim ocorre, intensamente, quando nos retemos, sobre o fenômeno da suspensão da exigibilidade do crédito tributário." (CONRADO, Paulo Cesar. O "novo" art. 151, II, do Código Tributário Nacional: o impacto do art. 835, § 2º, do novo Código de Processo Civil em relação à suspensão, via depósito, da exigibilidade do crédito tributário. *Revista de direito tributário contemporâneo* n. 1. São Paulo: RT, 2016, p. 164).

por hipótese diversa do pagamento. Pode ainda mais o contribuinte, tem a faculdade de buscar providências voltadas a sustar aquela marcha da exigibilidade, impedindo, principalmente, a adoção de atos de cobrança, direta e/ou indireta, do crédito tributário.

Tal suspensão traz, então, ineficácia técnico-normativa a essa marcha da exigibilidade ou, melhor dizendo, impõe esse efeito (ineficácia) às normas, gerais e abstratas, que fundamentariam, nesta particular relação obrigacional, a positivação de normas individuais e concretas voltadas à cobrança, direta ou indireta, daquele crédito (inscrição em dívida ativa; protesto; inscrição do devedor no CADIN; extração da CDA; não emissão de certificado de regularidade fiscal; ajuizamento de execução fiscal etc.).

Portanto, a suspensão da exigibilidade do crédito tributário traz essa consequência, qual seja, não ser possível positivar normas, individuais e concretas, quer de cobrança direta quer indireta, após a existência, no sistema jurídico posto, de norma que traga aquela ineficácia técnica.

Exemplificando, havendo uma tutela provisória determinando a suspensão da exigibilidade antes da inscrição do crédito tributário em dívida ativa, esse ato não poderá se consumar; se, porém, aquela decisão deu-se após a inscrição, mas antes do ajuizamento, não poderá ser instaurada tal ação exacional, perdurando, entretanto, a inscrição; e assim por diante.

Insista-se, *havendo suspensão da exigibilidade do crédito tributário nenhuma norma de cobrança, seja direta, seja indireta, poderá ser posta no sistema.*

1.3.5.1 Cenários onde não há suspensão da exigibilidade, pois temos apenas a proibição parcial da cobrança (mantém-se a cobrança direta, e a indireta é vedada; ou vice-versa)

Há casos, todavia, onde se tem uma “trava” parcial à marcha da exigibilidade, isto é, impossibilidade de inserção, no ordenamento, de apenas uma das espécies normativas de cobrança (direta ou indireta): mantém-se a positivação de normas de cobrança indireta, vedando as diretas, ou vice-versa (normal inserção de normas de cobrança direta, com "trava" sobre as indiretas).

Esse cenário não se coaduna com o conceito de suspensão da exigibilidade do crédito tributário que adotamos (já que não temos a ineficácia de quaisquer das normas, gerais e abstratas, ligadas à marcha da exigibilidade, somente de parte delas), mas referidos fenômenos são importantes, especialmente quando a trava se dá sobre a cobrança indireta, mantendo-se a direta (situação que, veremos, guarda total relação com o presente estudo).

A primeira hipótese anteriormente levantada, qual seja, impossibilidade de positivação de normas diretas de cobrança, sem qualquer vedação às normas indiretas, é comum quando há, por algum motivo, suspensão (processual) da Execução Fiscal que não está atrelado à suspensão (material) da exigibilidade do crédito tributário, ou seja, enquanto perdurar o sobrestamento do feito executivo, normas ligadas à expropriação (cobrança direta) não serão postas, pois necessário, para tanto, atos no processo de execução que se encontra suspenso. Entretanto, permanecerão o protesto, a negativação no CADIN, a ausência de acesso a certificado de regularidade fiscal, isto é, as cobranças tidas por indiretas.

Situação atual a demonstrar essa dissonância entre suspensão processual e suspensão da exigibilidade do crédito tributário se faz presente quando do sobrestamento ligado à afetação de recurso especial ou extraordinário à sistemática dos recursos repetitivos (art. 1.037, II, CPC[90]).

---

90. A redação do inciso II deste artigo 1.037 do CPC utiliza o verbo "determinar", o que sinaliza ser um dever do Ministro, tanto do STJ quanto do STF, sobrestar todos os feitos em trâmite no país que tratem da mesma matéria afetada à sistemática dos recursos repetitivos. Não é esse, todavia, o sentido que tem prevalecido nas Cortes Superiores, ou seja, vencedora a construção de ser faculdade do Ministro (a depender do tema em apreço) a sustação, ou não, da tramitação dos demais feitos em território nacional ligados ao *leading case*.

Se o STJ ou STF escolhem um, ou mais, recursos para resolver demanda corriqueira no Judiciário, cujo resultado terá de ser observado em todos os feitos que tratem da mesma discussão (e em matéria tributária isso é muito comum),[91] ou seja, os afetam à sistemática de julgamento de casos repetitivos, podem determinar o sobrestamento dos processos que tratem da mesma questão, em todo o território nacional, até o final desfecho dos *leading cases*.

Essa sustação processual, todavia, não implica automática suspensão da exigibilidade dos créditos tributários em conflito nestes feitos sobrestados em decorrência daquela afetação, pelo contrário, em cada caso concreto, haverá de ser verificada a presença dos requisitos necessários à referida situação (como dispõe o art. 314 do CPC).[92]

Assim, ainda que se tenha o sobrestamento de um feito executivo fiscal, por estar o mesmo atrelado à discussão afetada por Tribunal Superior à sistemática dos repetitivos, cobranças indiretas poderão ser mantidas (protesto perdurará; inscrição no CADIN também; ausência de acesso a certificado de regularidade fiscal idem).

---

91. "Parece ter sido exatamente essa 'cultura da não observância' das orientações firmadas pelos Tribunais Superiores o que motivou a criação de mecanismos que se voltam à parametrização das decisões judiciais, de sorte a dar tratamento igual a jurisdicionados que se encontram em posições idênticas, com vistas à reduzir a disparidade entre julgados que versam sobre o mesmo conflito (situação deveras comum em matéria tributária) e reduzir o número de processos em trâmite nos Tribunais Superiores..." (DALLA PRIA, Rodrigo; e CASTRO, Danilo Monteiro de. A força do precedente e os cuidados necessários à sua (in)aplicação: os problemas gerados pela (in)observância, para o Estado de São Paulo, do precedente firmado em relação ao ICMS-importação (REs 439.796/PR e 474.267/RS). In.: CARVALHO, Paulo de Barros [Coord.]. *Constructivismo lógico-semântico e os diálogos entre teoria e prática.* São Paulo: Noeses, 2019, p. 1.150).

92. "...a presença deste perigo de demora qualificado pelo dano, que deve ser grave e ao mesmo tempo de difícil ou impossível reparação é, via de regra, casuístico, ou seja, ainda que haja uma questão de direito comum a vários casos (a justificar a escolha de um deles – rito dos repetitivos – para que a solução encontrada alcance os demais), nem todos terão essa necessidade premente de um provimento provisório para neutralizar um dano." (CASTRO, Danilo Monteiro de; e SALIBA, Ricardo Berzosa. Reflexões sobre a tutela provisória concedida em recursos especial ou extraordinário afetados como repetitivos: análise da suspensão da exigibilidade do crédito tributário determinada na AC 4.129/SC jungida ao RE 946.648/SC. In.: CARVALHO, Paulo de Barros [Coord.]. *30 anos da Constituição Federal e o sistema tributário brasileiro.* São Paulo: Noeses, 2018, p. 276).

E a situação inversa também se faz possível, qual seja, sobrestamento a atingir apenas as normas de cobrança indireta, mantendo as de cobrança direta o seu normal curso.

Como já sinalizado alhures, estes casos são de suma importância ao presente estudo, pois normalmente ligados à oferta de garantia ao cumprimento da obrigação tributária, ainda que não presente a suspensão da exigibilidade.

Então, já temos uma importante constatação: *a oferta de garantia em ambiente tributário, ainda que conflituoso, não traz, sempre, aquele efeito de suspender a exigibilidade do crédito tributário.*

1.3.5.2 O efeito previsto no art. 206 do CTN não necessariamente guarda relação com o fenômeno "suspensão da exigibilidade do crédito tributário"

Situação corriqueira onde esse cenário se faz presente está na constrição de bens (diversos do dinheiro) em Execução Fiscal (penhora), pois haverá impedimento à positivação de normas de cobrança indireta (vide art. 206 do CTN), mas não de cobrança direta, que perduram com total eficácia.

Só teremos, na penhora que atinja o montante integral do débito executado, a paralisação da marcha da exigibilidade atinente a normas de cobrança direta se, e somente se, for atribuído efeito suspensivo aos Embargos à Execução Fiscal.

Aqui, é importante salientar, o conflito instaurado (via Embargos à Execução Fiscal, que pressupõe oferta prévia de garantia) não é suficiente à sustação da marcha da exigibilidade (por conta das normas de cobrança direta que continuam a ser postas), pois o efeito suspensivo depende: [i] da existência de garantia integral; e, principalmente, [ii] da presença dos requisitos necessários à concessão de tutela provisória.[93]

93. Num passado não tão distante, o efeito suspensivo era um atributo automático da oferta dos Embargos à Execução Fiscal, isto é, a instauração do conflito era suficiente (trataremos deste tema, com mais vagar, em momento oportuno – subitem 2.4.2.3, Parte I).

Assim, ocorrendo essa situação (concessão de efeito suspensivo aos Embargos à Execução Fiscal) estar-se-á diante de tutela provisória especialmente voltada a outorga de tais efeitos,[94] não mais oriundos diretamente da garantia prestada em ambiente conflituoso. Não se ignora a importância da garantia, já que requisito necessário à atribuição daquele efeito, apenas constata-se que ela, isoladamente, não é suficiente para tanto.

Nesse momento, contudo, o ponto que mais nos interessa é a instauração do conflito, mediante oferta de Embargos à Execução Fiscal, quando se dá sem a concessão de efeito suspensivo, pois é em tal cenário que normas voltadas à cobrança direta do crédito ainda poderão ser positivadas, até a conversão em dinheiro daquela garantia (por exemplo: produto, em espécie, da arrematação em leilão de um bem imóvel anteriormente penhorado).

Insista-se, aqui há clara demonstração do fenômeno onde: [i] as normas de cobrança indireta deixam de ser positivadas pela garantia consumada (penhora de bem valorado em quantia igual ou superior ao débito em cobro), por força da regra constante no art. 206 do CTN (interpretação extensiva desse comando a atingir toda e qualquer cobrança indireta); mas [ii] as normas ligadas à cobrança direta têm normal fluxo (atos voltados à conversão desta garantia em dinheiro serão adotados – avaliação; praceamento etc.).

Somente quando ocorrer tal "convolação de garantias", haverá suspensão da exigibilidade do crédito tributário, isto é, as normas ligadas à cobrança direta terão sua marcha sustada (aquele valor não será convertido em renda do Fisco, enquanto pender de final julgamento os Embargos à Execução

---

94. "...o sistema, em busca da necessária 'não ordinarização' da defesa do executado (...) aboliu a automaticidade do efeito suspensivo nos embargos, sem prejuízo de sua excepcional outorga, observada a presença de requisitos tais quais os que recobrem o fenômeno da cautelaridade (na atual formação do Código de Processo Civil, seria mais apropriado dizer 'observada a presença dos requisitos que governam as chamadas tutelas provisórias')..." (CONRADO, Paulo Cesar. *Execução fiscal.* 3ª ed., São Paulo: Noeses, 2017, p. 178/179).

Fiscal).[95] Todavia, esse efeito decorre da "liquidação" da garantia, que deixa de ser penhora e passa a ser depósito ante a mutação ocorrida (o depósito, nesse contexto, traz aquele efeito de suspender a exigibilidade do crédito tributário, por força do art. 151, II, CTN).

De toda sorte, ainda que não concretizada tal conversão da penhora em depósito, normas de cobrança indireta não poderão ser positivadas (sentido atribuído à regra constante no art. 206 do CTN), o que evidencia um especial efeito à garantia ao cumprimento da obrigação prestada em ambiente tributário.

Não vislumbramos aqui (antes da conversão da penhora em depósito) hipótese de suspensão da exigibilidade do crédito tributário, já que outras normas ligadas à marcha da exigibilidade não tiveram sua eficácia afetadas, mas essa trava às normas de cobrança indireta (de forma ampla, diga-se) é um reflexo de suma importância à oferta de garantia ao cumprimento da obrigação tributária, mormente quando analisamos tal fenômeno por sua dimensão pragmática.[96]

Há, é interessante frisar, posicionamento doutrinário que considera tal situação como hipótese de suspensão da exigibilidade do crédito tributário.[97] Optamos, porém, pela segregação,

---

95. "...ao contrário do explicitado no estatuto geral, onde a não concessão de efeito suspensivo aos Embargos permite que a Execução vá além da mera alienação do bem penhorado, podendo o credor levantar o produto de tal alienação ainda que haja Embargos pendentes de final julgamento (art. 694, § 2º, CPC/73), na Execução Fiscal isso não ocorre, até mesmo para evitar o rito dos precatórios, como expressamente assevera o acórdão [REsp 1.272.827/PE] colacionado." (CASTRO, Danilo Monteiro de. Os efeitos dos Embargos à Execução Fiscal e o Código de Processo Civil de 2015. In: CONRADO, Paulo Cesar [Coord.]. *Processo tributário analítico*. Vol. 3. São Paulo: Noeses, 2016, p. 272).

96. "A contextualidade é um elemento essencial. A pragmática ainda pode ser definida como 'a analítica da linguagem em contexto ou a ciência da contextualidade do fenômeno linguístico." (ARMENGAUD, Françoise. *A pragmática* [tradução: Marcos Marcionilo]. São Paulo: Parábola, 2006, p. 129).

97. "Entendemos, ainda, que no artigo 9º da Lei Federal n. 6.830/1980 estão contidas outras hipóteses de interferência na exigibilidade da obrigação tributária, tendo em vista que a previsão do art. 206 do Código Tributário Nacional equipara à causa suspensiva do artigo 151 a hipótese em que a obrigação tributária já está garantida

qualificando como suspensão da exigibilidade apenas aqueles que trazem completa ineficácia às normas, gerais e abstratas, que fundamentam atos de cobrança, direta e indireta. Se apenas parte destas normas (no caso as de cobrança indireta) é atingida por ineficácia técnica, há um importante reflexo à garantia prestada, mas que merece outra classificação.

Ademais, é crucial, nesse último cenário, (que, insista-se, não vislumbramos como espécie de suspensão da exigibilidade do crédito tributário) a interpretação extensiva a ser dada ao art. 206 do CTN, para alcançar toda e qualquer norma de cobrança indireta (e não apenas aquela atinente à emissão de certificado de regularidade fiscal). Isso será aprofundado no Capítulo seguinte desta Parte I (subitem 2.5.2).

1.3.5.3 O depósito, espécie de garantia, traz suspensão da exigibilidade, mas mesmo aqui o contexto é fator necessário à presença deste efeito

Mas há, é verdade, garantias prestadas em ambiente tributário que trazem suspensão da exigibilidade, ou seja, temos uma relação entre este efeito e aquele ato, ainda que essa não seja uma consequência obrigatória.

Quando se combina garantia ao cumprimento da obrigação tributária com suspensão de sua exigibilidade, a primeira (e, para alguns, única) hipótese que vem à mente é o depósito do montante integral da exação (inciso II, do art. 151, CTN).

O depósito do montante integral do crédito tributário (seja ele voluntário ou fruto de constrição) gera, portanto, suspensão de sua exigibilidade, por explícita determinação legal.

Essa é a regra, mas comporta exceções!

---

por meio da penhora nos autos de uma ação de cobrança, ou seja, quando já foi proposta a Execução Fiscal." (VERGUEIRO, Camila Campos. *Obrigação tributária:* o processo de positivação e as causas suspensivas da sua exigibilidade. São Paulo: Quartier Latin, 2009, p. 99/100).

Uma interessante situação, a evidenciar o fenômeno de sustação das normas de cobrança indireta, sem afetar as de cobrança direta, ainda que haja garantia em dinheiro, sinaliza que *a correlação entre garantia e suspensão da exigibilidade do crédito tributário não depende de uma simples leitura do art. 151 do CTN*. Vejamos:

Um hiato normativo, verificado entre a "constituição definitiva"[98] do crédito tributário e o ajuizamento da Execução Fiscal, motivou uma construção doutrinária, aceita pelos Tribunais (inclusive pelo STJ), de ser possível antecipar a garantia de uma Execução Fiscal ainda não proposta (naquele intervalo de tempo que antecede o ajuizamento de referido feito exacional) mediante ação cautelar, para fins de obtenção dos efeitos regrados no art. 206 do CTN.[99]

Isto é, se o contribuinte, que possui em seu desfavor uma Execução Fiscal, tem o direito à obtenção de certificado de regularidade fiscal,[100] mediante garantia consumada naquele

---

98. Esta expressão ("constituição definitiva" do crédito tributário) tem sido empregada por nossos Tribunais (em especial pelo STJ) para designar o momento em que não cabe mais defesas/recursos administrativos, isto é, quando o crédito tributário constituído pode seguir a marcha de sua exigibilidade. É nesse sentido que a referida expressão foi aqui utilizada, mas colocamos entre aspas parte dela para enaltecer um claro equívoco existente nesse texto, qual seja, se a constituição se dá, de forma perfeita e acabada (e, portanto, definitiva), com a notificação do lançamento, os posteriores entraves ao transcurso da marcha da exigibilidade (fruto, por exemplo, de impugnação administrativa) são atinentes a fenômeno diverso (ineficácia).

99. "...o óbice a superar diz(ia) respeito aos efeitos administrativo-tributários gerados pela inatividade processual da Fazenda – não se fala, no contexto em foco, sobre se o crédito tributário é de fato exigível ou não.
Parece claro, portanto, que por trás da situação abordada, o que se tem é a premissa de que execução fiscal (com a prerrogativa, a ela subjacente, de oferecer garantia) representa, de fato, um direito simultaneamente titularizado pelo próprio contribuinte." (CONRADO, Paulo Cesar. Antecipação de garantia tendente à satisfação de crédito tributário que esteja por ser executado: o que muda (se é que muda) com o novo CPC? In: CONRADO, Paulo Cesar [Coord.]. *Processo tributário analítico*. Vol. 3. São Paulo: Noeses, 2016, p. 259).

100. Neste subitem falaremos, basicamente, deste literal efeito disposto no art. 206 do CTN (obtenção de certificado de regularidade fiscal). Mas já sinalizamos anteriormente que, em nosso entender, qualquer cobrança indireta (e não apenas essa, ligada à obtenção de referida certidão) deve cessar se presentes as condições listadas em referido dispositivo legal.

feito exacional, similar direito haverá de ser preservado àquele que aguarda (às vezes, por alguns anos) o ajuizamento da Execução Fiscal de um crédito tributário, constituído em seu desfavor e, muitas vezes, já inscrito em dívida ativa.

Essa hipótese de garantia antecipada da obrigação tributária será analisada com mais vagar em momento oportuno (Parte II do estudo, subitem 4.5). Neste instante, nos interessa o seguinte raciocínio lógico:

[i] se foi ajuizada uma ação cautelar para garantir antecipadamente uma Execução Fiscal porvir;

[ii] se a garantia apresentada pelo contribuinte foi em espécie (dinheiro), no integral valor da exação;

[iii] se essa modalidade de garantia, por si só, impõe suspensão da exigibilidade do crédito tributário (art. 151, II, CTN);

[iv] se a suspensão da exigibilidade impede a positivação de quaisquer normas voltadas à cobrança, inclusive direta, do crédito tributário;

[v] conclui-se que, nesse contexto, jamais teremos o ajuizamento de tal Execução Fiscal em decorrência da ineficácia técnico-normativa gerada pelo depósito antecipadamente feito.

Aparentemente, todas as premissas apresentadas são verdadeiras, mas a conclusão atingida não nos parece ser,[101] pois se adoto uma medida para antecipar o meu direito de prestar garantia em Execução Fiscal, não é racional impedir o ajuizamento daquele feito executivo, pois a garantia, nesses casos, tem de acontecer no contexto de uma Execução Fiscal (a antecipação do momento de prestá-la não infirma isso).

---

101. "Evidentemente, se tivermos a verdade das premissas, em um argumento logicamente válido, teremos inevitavelmente a verdade da conclusão (...) Se as premissas forem falsas, uma que seja, não teremos a garantia de uma conclusão verdadeira..." (ALVES, Alaôr Caffé. *Lógica:* pensamento formal e argumentação. 5ª ed., São Paulo: Quartier Latin, 2011, p. 118).

Até porque, nesse tipo de ação (cautelar de antecipação de garantia) não se questiona o crédito tributário, isto é, tal demanda é totalmente acessória daquele feito executivo (onde se abre a possibilidade de oferta de Embargos à Execução Fiscal) e, portanto, dele dependente (o conflito motivador desta demanda cautelar não guarda direta relação com a obrigação tributária – não se questiona, em referido feito, sua regularidade formal e/ou material – mas sim com questão mediata, qual seja, direito do contribuinte cessar os efeitos de cobranças indiretas com a oferta de garantia).

Insista-se, no contexto apresentado (crédito tributário devidamente constituído, não atingido por outra norma que lhe traga ineficácia), a marcha da exigibilidade caminharia até o ajuizamento da ação executiva, citando o contribuinte para pagar o débito ou garanti-lo no prazo pertinente. Ora, se antecipo o momento para oferta desta garantia, para preservar o direito do contribuinte de acesso a certificado de regularidade fiscal (art. 206, CTN), evidente que a marcha da exigibilidade tem de prosseguir, ainda que parcialmente (ou seja, no que diz respeito, apenas, à cobrança direta), até aquele usual marco temporal (citação do executado), momento em que ele poderá, uma vez que já se encontra garantida a obrigação tributária, instaurar um conflito mediante propositura de Embargos à Execução Fiscal.[102]

A conclusão anteriormente apresentada, portanto, não é correta, pois nesse cenário a premissa "iii" tem de ser alterada (e com isso a conclusão também será outra), ou seja, nessa especial situação não podemos falar em suspensão da exigibilidade do crédito tributário, pois não serão todas as normas voltadas à cobrança do crédito que estarão suspensas, apenas aquelas

---

102. Utilizaremos, neste subitem, apenas esta modalidade de ação antiexacional (Embargos à Execução Fiscal), mas o raciocínio nos parece ser o mesmo perante a instauração do conflito através de outras modalidades (como, por exemplo, Ação Anulatória), mormente pelo reconhecimento jurisprudencial de havendo concomitância, de Embargos à Execução Fiscal e Ação Anulatória, estar presente o fenômeno da litispendência (vide nota de rodapé n. 34 deste trabalho).

pertinentes a cobranças indiretas do crédito tributário (a permitir, por exemplo, o acesso a certificado de regularidade fiscal).

Logo, estar-se-á diante de garantia em dinheiro que, em sentido estrito, não gera suspensão da exigibilidade, pois parte das normas de cobrança poderão ser positivadas (haverá ineficácia, tão somente, às normas de cobrança indireta).

Insista-se, a ineficácia produzida pela garantia em dinheiro feita neste contexto (ação cautelar) atingirá apenas as normas de cobrança indireta (não só terá direito a certificado de regularidade fiscal como, também, fará jus a ter seu nome excluído do CADIN e, ainda, poderá sustar, ou cancelar, protesto – interpretação extensiva do comando existente no art. 206 do CTN), já que em relação às normas de cobrança direta do crédito tributário, ter-se-á normal marcha da exigibilidade, até que haja a instauração de conflito, via Embargos à Execução Fiscal.

A Portaria PGFN 33/2018 (art. 8º, parágrafo único[103]) reforça isso ao regrar que a garantia administrativa, que também ocorre de forma antecipada (nos mesmos moldes da ação cautelar anteriormente descrita), impede que o Fisco adote as medidas de cobrança indiretas, dispostas no art. 7º da mesma Portaria (artigo transcrito na nota de rodapé n. 57 deste trabalho).

E não há dúvida de que tal garantia administrativa (que pode se dar em dinheiro – art. 9º, inciso I, da mesma Portaria[104]) não impedirá o ajuizamento da respectiva Execução Fiscal, pelo contrário, expressamente não trará aquele

103. Portaria PGFN 33/2018:
"Art. 8º - Notificado para pagamento do débito inscrito em dívida ativa, o devedor poderá antecipar a oferta de garantia em execução fiscal.
Parágrafo único – A oferta antecipada de garantia em execução fiscal, apresentada no prazo do art. 6º, II, suspende a prática dos atos descritos no art. 7º até o montante dos bens e direitos ofertados."

104. Portaria PGFN 33/2018:
"Art. 9º. O devedor poderá apresentar, para fins de oferta antecipada de garantia em execução:
I – depósito em dinheiro para fins de caução;
(...)."

efeito suspensivo da exigibilidade (art. 13 da Portaria PGFN 33/2018).[105]

Frise-se, mesmo havendo garantia em dinheiro, no montante integral da exação (hipótese expressa de suspensão da exigibilidade do crédito tributário), em decorrência do contexto em que ela se deu, qual seja, em ação cautelar (ou em procedimento administrativo), não é crível afastar (sustar) a positivação de normas voltadas à cobrança direta (ligadas à Execução Fiscal) deste crédito. Aquela garantia dar-se-ia, via de regra, após o ajuizamento da Execução Fiscal, logo a permissão de antecipá-la não pode impedir o atingimento de tal momento (existência da ação exacional).

E ainda que não ocorra de forma antecipada, a garantia mediante depósito integral da exação, por si só, não pode sustar *ad eternum* a marcha da exigibilidade, isto é, não se terá tal efeito sempre que presente aquela espécie de garantia.

Pensemos na postura do contribuinte que, citado da existência de um executivo fiscal ajuizado em seu desfavor, realiza o depósito integral do valor do débito. Essa garantia prestada, por expressa disposição legal, traz suspensão da exigibilidade do crédito tributário. Entretanto, se nada mais faz o executado, isto é, se não instaura um conflito quanto à validade, ainda que parcial, daquela relação obrigacional (via Embargos à Execução Fiscal), até quando perdurará essa situação de ineficácia técnico-normativa gerada pela garantia (depósito) que prestou?

Aqui percebemos que em determinadas hipóteses de suspensão da exigibilidade do crédito tributário, o conflito diretamente ligado à relação obrigacional é condição necessária, se não de instauração da ineficácia técnico-normativa, de sua manutenção.

---

105. Portaria PGFN 33/2018:
"Art. 13. A aceitação da oferta antecipada de garantia em execução fiscal não suspende a exigibilidade dos créditos inscritos em dívida ativa, mas viabiliza a emissão da certidão de regularidade fiscal, desde que em valor suficiente para garantia integral dos débitos garantidos, acrescidos de juros, multas e demais encargos exigidos ao tempo da propositura da ação de execução fiscal."

Assim, havendo a efetivação do depósito integral na Execução Fiscal já se tem a suspensão da exigibilidade do crédito tributário, todavia ela só se manterá se houver a instauração do conflito (oferta de Embargos à Execução Fiscal), caso contrário, ultrapassados os trinta dias[106] sem qualquer insurgência do contribuinte em face ao crédito executado, incabível perdurar aquela ineficácia técnico-normativa (a conversão de referido depósito em renda do Fisco será consequência lógica).

E, por expressa disposição legal (regra de cunho processual), tanto a fiança bancária quanto o seguro garantia devem seguir o mesmo raciocínio, pois foram equiparados a depósito em dinheiro (art. 835, § 2º, CPC)[107] e, portanto, as observações acima (atinentes ao depósito) se aplicam integralmente aqui, inclusive nos casos em que tais garantias são oferecidas antes da existência da Execução Fiscal (antecipação de garantia) ou em ações antiexacionais.[108] Essas espécies de garantia (real –

---

106. LEF:
"Art. 16. O executado oferecerá embargos, no prazo de 30 (trinta) dias, contados:
I – do depósito;
II – da juntada da prova da fiança bancária;
III – da intimação da penhora.
§ 1º. Não são admissíveis embargos do executado antes de garantida a execução.
(...)."

107. "...entendemos que o direito concedido no § 2º do art. 835 do CPC/2015 traz equiparação dos efeitos destas garantias (isto é, os mesmos efeitos atribuídos ao depósito em dinheiro devem ser observados, agora, à fiança bancária e ao seguro garantia), inclusive a suspensão da exigibilidade do crédito tributário (com a necessária revisão do entendimento de ser taxativa a lista constante no art. 151 do CTN)." (CASTRO, Danilo Monteiro de. Os efeitos dos Embargos à Execução Fiscal e o Código de Processo Civil de 2015. In: CONRADO, Paulo Cesar [Coord.]. Processo Tributário Analítico. Vol. 3. São Paulo: Noeses, 2016, p. 296).

108. "...poder-se-ia lançar, como objeção à posição proposta, que o Juízo da anulatória e/ou da declaratória, admitida a fiança e/ou o seguro, teria, com o insucesso do contribuinte, que 'executar' tais garantias, o que o colocaria na indevida posição de 'Juízo de execução fiscal'. Pensemos pragmaticamente: não há, em rigor, nenhuma diferença entre 'executar' a garantia prestada sob a forma de depósito, ordenando sua conversão em renda, e 'executar' aqueloutras garantias, ordenando o depósito, pelo banco ou seguradora, do correspondente valor para, na sequência, promover-se sua conversão. Fossem esses atos (tendentes à satisfação do crédito tributário) privativos do 'Juízo de execução fiscal', não faria sentido que se autorizasse, no bojo da anulatória e/ou declaratória, que se ordenasse a conversão de anterior depósito

ou fidejussória – em ambiente conflituoso) serão objeto de especial atenção na Parte II deste estudo (Capítulo 2).

Concluímos, até aqui, que o depósito do montante integral do tributo traz (como expressamente previsto no art. 151, II, CTN) suspensão de sua exigibilidade. Essa regra, entretanto, comporta exceções e, por isso, necessária a presença de conflito em torno da exigibilidade (ou passível de ser instaurado).

1.3.5.4 Observações finais do subitem

Oferta de dinheiro em ambiente não conflituoso (ou que perdeu essa característica) é pagamento, isto é, implicará a extinção do crédito tributário (art. 156, VI, CTN), hipótese presente quando plenamente eficaz a marcha da exigibilidade.

Garantia em dinheiro prestada de forma assecuratória (em ação cautelar ou procedimento administrativo) tem de sofrer classificação diversa da de depósito, pois não gera suspensão da exigibilidade. Normas de cobrança direta serão postas, para se atingir aquele usual estágio processual a permitir instauração do conflito: citação do executado, em contexto onde já se tem garantia prestada (agora passível de enquadra-se como depósito), momento em que se atingirá aquele efeito (suspensão da exigibilidade), mantido pela posterior propositura de Embargos à Execução Fiscal.

Como discordamos da pretensa taxatividade (fruto da interpretação literal exigida no art. 111 do CTN) da lista existente no tão citado art. 151 do *Codex* Tributário, o raciocínio acima tem de ser o mesmo quando a garantia prestada for fidejussória, já que tais modalidades foram, por lei, equiparadas ao depósito.

em renda, automática e infalivelmente, como prescreve a Lei 9.703/1998." (CONRADO, Paulo Cesar. O "novo" art. 151, II, do Código Tributário Nacional: o impacto do art. 835, § 2º, do novo Código de Processo Civil em relação à suspensão, via depósito, da exigibilidade do crédito tributário. *Revista de Direito Tributário Contemporâneo* n. 1. São Paulo: RT, 2016, p. 173/174).

Em suma:

[i] há clara relação entre garantia prestada e suspensão da exigibilidade do crédito tributário (temos hipóteses onde a ocorrência daquela gera este efeito);

[ii] essa não é, todavia, uma consequência obrigatória, pelo contrário, comum a existência de garantia prestada sem a presença de suspensão da exigibilidade;

[iii] mais do que isso, os efeitos previstos no art. 206 do CTN não estão, necessariamente, atrelados à suspensão da exigibilidade (a garantia prestada pode não gerar suspensão da exigibilidade, mas impor aplicação dos efeitos dispostos no art. 206 do CTN); e

[iv] é preciso analisar essa relação, entre garantia e suspensão da exigibilidade, de modo mais profundo, pois:

> [iv.1] não basta a forma como a garantia se deu (dinheiro, por exemplo) para termos aquele efeito (suspensão da exigibilidade), é preciso analisar o contexto em que ela se encontra (sem conflito posto, ou de ocorrência próxima, não é possível sustar a marcha da exigibilidade, especialmente em relação às normas de cobrança direta – situação presente quando da antecipação de garantia, quer mediante ação cautelar, quer por procedimento administrativo); e
>
> [iv.2] a legislação processual influi na interpretação dos comandos materiais a justificar ampliação das hipóteses de suspensão da exigibilidade (fiança bancária e seguro garantia, a depender do contexto em que são prestados, devem gerar aquele efeito).

CAPÍTULO 2 - GARANTIA OBRIGACIONAL

2.1 Do que estamos falando?

Pela forma como o tema foi abordado, ainda que superficialmente, no Capítulo anterior, é possível ter uma ideia de que a garantia objeto deste estudo não é tão ampla quanto esse termo pode sugerir, mormente em contextos jurídicos diversos.

Por exemplo, o termo garantia, empregado neste trabalho, não possui qualquer relação com a maioria dos sentidos atribuídos à mesma palavra encontrada, amplamente, no texto constitucional, que muitas vezes a trata como sinônimo de valor (garantias fundamentais - Título II da CF/88), de salvaguarda (art. 23, II, CF/88), de direito (art. 95 da CF/88), de compromisso (art. 208 da CF/88), entre outros.

Interessante notar que há, na Carta Constitucional, uma passagem que aparenta muita proximidade com o sentido utilizado nesse estudo, já que utiliza a mesma expressão: "... *garantia do cumprimento das obrigações*" (parte final do inciso XXI, do art. 37 da CF/88).[109]

---

109. CF/88:
"Art. 37. (...)
XXI - ressalvados os casos especificados na legislação, as obras, os serviços, as compras e alienações serão contratados mediante processo de licitação pública que assegure igualdade de condições a todos os concorrentes, com cláusulas que estabeleçam obrigações de pagamento, mantidas as condições efetivas da proposta, nos

Analisando todo o enunciado deste inciso XXI, porém, percebe-se que a garantia ao cumprimento das obrigações, no contexto de referida regra, não guarda relação com o patrimônio do sujeito passivo para saldá-las em caso de inadimplência, mas sim com exigências de sua qualificação técnica e/ou econômica em processos de licitação, ou seja, a preocupação deste comando constitucional é impor um mínimo de exigência técnica, operacional ou econômica ao sujeito passivo (necessária à qualidade do contratado pelo Poder Público), sem que isso permita distorções capazes de gerar concorrências desleais (mediante inserção de exigências que poucos podem cumprir).

Não é esse tipo de garantia que abordamos.

Aqui o termo garantia tem sua significação relacionada com uma obrigação inadimplida, ou passível de se tornar inadimplida (vir a ser); mais precisamente, o sentido de garantia encontra seu fundamento no instituto da responsabilidade patrimonial.

Logo, ela pressupõe: [i] patrimônio e [ii] relação obrigacional inadimplida (ainda que potencialmente).[110] Aquele é necessário, sempre, à satisfação desta e, portanto, quando se fala de obrigação, ter-se-á patrimônio envolvido. A diferença é que, em alguns casos, há um destaque desse patrimônio especificamente para satisfazer determinada obrigação (se instaurada, ou mantida, a crise de inadimplência). É isso que chamamos garantia.[111]

---

termos da lei, o qual somente permitirá as exigências de qualificação técnica e econômica indispensáveis à garantia do cumprimento das obrigações."

110. A crise de inadimplência de uma relação obrigacional só desaparece com a sua extinção (o que ocorre, normalmente, via pagamento). Não havendo tal extinção ter-se-á crise de inadimplência: concreta (após o transcurso, *in albis*, do prazo para o cumprimento da obrigação); ou potencial (antes do transcurso do prazo para o cumprimento da obrigação).

111. "A doutrina entende que a garantia é uma função jurídica (Gorla, Gino. Le garanzie reali dell'obbligazione – Parte generale. Milano: Giuffrè, 1935. P. 3). A garantia geral das obrigações é o patrimônio do devedor, por suas dívidas pretéritas, presentes e futuras. Garantir é prestar segurança de solvabilidade, de modo que esta função afeta um bem determinado (posição jurídica subjetiva ativa) ao adimplemento de

Há, no texto constitucional, situação regrada cujo termo garantia lá empregado se aproxima dessa significação (art. 74, III, da CF/88), mas em geral o sentido que se espera, quando do emprego de referida palavra, não é esse (isso se repete em outros textos legais, o que enseja problemas interpretativos, inclusive em ambiente tributário – voltaremos ao tema, no subitem 2.4.1, Parte I).

De toda sorte, garantia para as pretensões deste trabalho guarda relação com a satisfação forçada de um crédito (mediante agressão ao patrimônio do devedor, ou de terceiros) se, e somente se, instaurada for a crise de inadimplência.

Esse conceito é bem claro na definição de alguns civilistas e, por não se vislumbrar diferença justificadora da elaboração de outro conceito em ambiente tributário (o que se tem de diferente aqui são alguns efeitos, que nada afetam a definição do conceito de garantia ao cumprimento de uma obrigação), adotaremos a construção deles, esclarecendo, também, a importância do instituto da responsabilidade patrimonial a tal definição, e os conflitos em torno do mesmo.

2.2 Evolução do tema no direito privado

A relação jurídica, inclusive obrigacional, já era regrada[112] na Roma antiga, onde se vislumbra, no próprio direito

---

uma dada obrigação. Esta função decorre, na sistemática da relação jurídica, da necessidade de meios jurídicos coercitivos para adimplemento dos deveres cogentes. Não seria suficiente confiar na palavra do devedor se não houvesse maneiras concretas de realizar a promessa feita, de modo que os direitos de garantia destacam bens do patrimônio do devedor ou de terceiros para fazer com que sejam cumpridas as obrigações." (PONTES DE MIRANDA, Francisco Cavalcanti. *Tratado de direito privado*. Vol. XX [atualização Nelson Nery Jr. e Luciano de Camargo Penteado]. São Paulo: RT, 2012, p. 67).

112. "A jurisprudência romana desenvolveu-se numa ordem jurídica que, na prática, correspondia apenas a um quadro regulativo geral. A legislação restringia-se, por seu lado, tanto na época da República, quanto na do Principado, à regulação de matérias muito especiais." (FERRAZ JUNIOR, Tercio Sampaio. *Introdução ao estudo do direito:* técnica, decisão e dominação. 6ª ed., São Paulo: Atlas, 2011, p. 32/33).

romano, uma evolução em face da responsabilidade do devedor, que passa de pessoal para patrimonial.[113]

Essa responsabilidade patrimonial traz à tona a importância do tema aqui em estudo, qual seja, garantir patrimonialmente a realização daquele dever assumido por alguém em detrimento de outrem.

Frise-se, todo e qualquer patrimônio, do devedor ou de terceiros, destinado a satisfazer uma relação obrigacional pecuniária, por força da responsabilidade patrimonial a ela jungida, será tido como garantia.

Entretanto, tal responsabilidade patrimonial somente se faz presente no momento da inadimplência da obrigação, isto é, quando o credor pode se valer do Estado-Juiz (cobrança, em sentido estrito) para, mediante atos de expropriação patrimonial do devedor, ver satisfeito o seu direito.

Todavia, é sabido que temos em nosso ordenamento jurídico (como já existia na Roma antiga[114]) situações que trazem, ao credor, prévia garantia à relação obrigacional firmada (em verdade, à relação de responsabilidade patrimonial em potencial), ou seja, independentemente de inadimplência, já há o estabelecimento de uma outra relação jurídica (acessória àquela obrigacional)[115] onde se tem: [i] o prévio destaque de

---

113. "Voltando, agora, ao conceito de obrigação (*obligatio*), se o devedor deixar de solver sua obrigação, o credor tem uma *actio in personam* contra ele para forçá-lo à execução. Tal execução, nas origens, era pessoal: o devedor respondia com sua pessoa, até com seu corpo (podia ser retalhado em pedaços pelos credores, conforme disposição das XII Tábuas). Mais tarde, a responsabilidade do devedor passou a ser patrimonial, respondendo ele com seus bens." (MARKY, Thomas. *Curso elementar de direito romano.* 8ª ed., São Paulo: Saraiva, 1995, p. 108).

114. "Ao contrário do que ocorre modernamente, as garantias pessoais, no direito romano, eram muito mais utilizadas do que as reais. Daí, certas falhas no sistema romano de garantias reais, que hoje se nos afiguram graves – assim, por exemplo, a constituição de hipoteca mediante simples convenção; a falta de segurança na publicidade da hipoteca; a admissibilidade de hipoteca sobre todos os bens, presentes ou futuros, de uma pessoa -, não terem acarretado maiores problemas em Roma." (MOREIRA ALVES, José Carlos. *Direito romano.* Vol. 1. 10ª ed., Rio de Janeiro: Forense, 1996, p. 349/350).

115. "A hipoteca, como os demais direitos reais de garantia, é pacto acessório de

patrimônio (penhor / hipoteca) do devedor, ou de terceiro; ou [ii] a indicação de um terceiro que assegurará, com todo o seu patrimônio, tal adimplemento (fiança).

Insista-se, referidas garantias não dependem da existência de inadimplência, podem ser, inclusive, condição à realização do negócio. Sua finalidade, portanto, é ampliar as chances de satisfação da relação jurídica obrigacional se houver a inadimplência (responsabilidade patrimonial).

Por partir destas mesmas premissas (relacionando garantia, patrimônio e obrigação), deveras pertinente à definição ao conceito de garantia trazida por Luciano de Camargo Penteado:[116]

> Todo vínculo jurídico obrigacional consiste em uma relação que adstringe devedor a comportamento determinado ou determinável. Ordinariamente, os vínculos obrigacionais apresentam valor econômico. Daí se retira o princípio geral da patrimonialidade da obrigação, o qual, entretanto, comporta exceções. A relação jurídica obrigacional pode ser contemplada de acordo com uma análise dualista, ou seja, como uma estrutura compósita de dois níveis, o nível crédito e débito e o nível garantia e responsabilidade. De acordo com o primeiro, contrapõe-se o poder de exigir do sujeito ativo contra o dever de prestar do sujeito passivo. Mas de nada adiantaria esta composição se o credor não tivesse meios de realizar o conteúdo econômico do crédito.
>
> Estes meios variaram conforme épocas e os sistemas jurídicos, sendo hoje vigorante o princípio da responsabilidade patrimonial ou pecuniária do devedor. De acordo com referido princípio, os bens do devedor, nas hipóteses de incumprimento da obrigação, respondem pela dívida. Daí que a garantia da obrigação, a que corresponde à responsabilidade do devedor seja o seu próprio patrimônio e se possa afirmar o *bona debitoris, non corpus,*

uma dívida, cujo resgate visa assegurar. É um direito real criado para assegurar a eficácia de um direito pessoal. Sendo acessório, a hipoteca segue a sorte do contrato principal, extinguindo-se quando este se extingue, contaminando-se com a nulidade de que porventura o mesmo esteja eivado. Não vive, portanto, a hipoteca isolada da obrigação principal a que se destina garantir." (SHIMURA, Sérgio. *Título executivo.* São Paulo: Saraiva, 1997, p. 301).

116. PENTEADO, Luciano de Camargo. *Direito das coisas.* São Paulo: RT, 2008, p. 430/431.

> *obnoxium esse pecuniae creditae*, ou seja, que os bens do devedor, e não o seu corpo, respondem pelo débito pecuniário.
>
> Garantia consiste, deste modo, na possibilidade de realizar o conteúdo do crédito, forçadamente, sobre determinados bens ou conjunto de bens. É a garantia que atribui segurança para o cumprimento das obrigações.

Nessa pequena passagem doutrinária, é possível constatar exatamente a significação ao termo garantia que se utiliza neste estudo (o conceito cunhado pelos civilistas nos é pertinente): *obrigação pecuniária pressupõe patrimônio do devedor a ser atingido; há casos, corriqueiros frise-se, onde se destaca fatia desse patrimônio, inclusive antes de qualquer inadimplência, para a satisfação daquela obrigação; é essa fatia destacada de patrimônio, pois, que chamamos garantia.*[117]

Dito o mesmo, de forma mais simples, garantia é consequência da responsabilidade patrimonial que se instaura com a crise de inadimplência de uma obrigação, lembrando que a mera possibilidade desta crise já permite sua realização.

Em decorrência da finalidade da garantia (satisfazer uma relação obrigacional inadimplida), alguns autores a classificam como de natureza processual, e não substancial (ou material), mesmo quando ocorrida antes da inadimplência. Silvio Rodrigues[118] traz essa questão:

> As segundas e mais sérias objeções, provenientes de pensadores italianos, principalmente de Carnelutti, noticiadas, entre nós, por Alfredo Buzaid, que as admite, sustentam que o penhor e

---

117. "Ligada *à* ideia de patrimônio (desenvolvida no n. 67, supra, volume I) está a noção de garantia. O patrimônio da pessoa responde pelas suas obrigações. A noção é singela e exata. Pelos débitos, assumidos voluntariamente ou decorrentes da força da lei, respondem os bens do devedor, tomado o vocábulo "bens" em sentido genérico, abrangentes de todos os valores ativos de que seja titular." (PEREIRA, Caio Mário da Silva. *Instituições de direito civil.* Vol. IV [atualização Carlos Edson do Rêgo Monteiro Filho]. 18ª ed., Rio de Janeiro: Forense, 2004, p. 321).

118. RODRIGUES, Silvio. *Direito civil* – Direito das Coisas. Vol. 5. 25ª ed., São Paulo: Saraiva, 1999, p. 319.

a hipoteca são institutos de direito processual, e não de direito substantivo.

Mas, na sequência, a afasta ao argumento de que: "...*o penhor e a hipoteca existem antes e independentemente de qualquer relação litigiosa, surgindo, a meu ver, como direito subjetivo que se caracteriza a despeito de qualquer relação processual.*"[119]

Parece-nos acertado o raciocínio acima, pois quando estabelecida esta outra relação jurídica, ligada à garantia, inexiste responsabilidade patrimonial do devedor, em sentido estrito (apenas em nível de possibilidade), isto é, não possui o credor, ainda, o direito de, através do Estado-Juiz, agredir o patrimônio do devedor. Há, tão somente, a delimitação prévia de qual bem será atingido (ou se terceiro poderá responder pela dívida) se, e somente se, restar presente aquela condição (inadimplência) ao surgimento de uma responsabilidade patrimonial.

Haverá, reconhecemos desde já, garantias estabelecidas tão somente em ambiente processual (mesmo assim, jungidas a uma relação de cunho material, qual seja, de responsabilidade patrimonial – voltaremos a esse tema, logo adiante). Mas, no caso em análise neste momento (garantia estabelecida em momento anterior à inadimplência), queremos crer que a natureza desta relação jurídica é, inquestionavelmente, de cunho material.

As garantias são, classicamente, divididas em reais ou pessoais (fidejussórias).

2.2.1 A importância da dicotomia garantia real e garantia pessoal (ou fidejussória), e os esclarecimentos pertinentes às premissas aqui adotadas

Essa classificação nos parece muito pertinente, pois evidencia bem dois grandes conjuntos: [i] as garantias ligadas a

---

119. RODRIGUES, Silvio. *Direito civil* – Direito das Coisas. Vol. 5. 25ª ed., São Paulo: Saraiva, 1999, p. 319.

bens, do devedor ou de terceiro; em detrimento do [ii] terceiro a figurar como garantidor (com todo o seu patrimônio).

Dito de outro modo, mas com exclusivo foco no terceiro, quando este dá um bem em garantia (hipoteca, por exemplo) será referido bem, em caso de inadimplência da obrigação principal, o objeto de uma posterior expropriação (inclusive via reversão em benefício do credor – adjudicação). Entretanto, quando se compromete como garantidor, quaisquer dos bens que integram o seu patrimônio poderão ser atingidos.

Essa classificação, portanto, toma como diferença específica entre os elementos do conjunto "garantias" o fato desta ser pessoal (não há um bem específico dado em garantia, mas sim uma pessoa estranha à relação a garantir, com a totalidade do seu patrimônio, aquela obrigação) ou real (um específico bem, quer do próprio devedor, quer de terceiro).

O problema terminológico está contido na palavra "real", tomada pela doutrina civilista não da forma conotada acima (bem, ou bens, devidamente identificados, quer do patrimônio do devedor quer de terceiro), mas fruto de uma relação jurídica entre pessoa e coisa (direito real) em detrimento à relação entre pessoas (direito das obrigações).[120]

Essa premissa não é por nós adotada. Filiamo-nos à corrente doutrinária que defende estar, o direito, limitado à regulação de condutas intersubjetivas, isto é, pressupõe-se, sempre, a existência de uma relação entre pessoas (ainda que de número indeterminado) para termos um comando prescritivo.

---

120. "...enquanto no direito real encontramos uma relação entre pessoa e coisa, no direito obrigacional a relação se estabelece entre duas pessoas." (RODRIGUES, Silvio. Direito Civil – Parte Geral das Obrigações. Vol. 2. 26ª ed., São Paulo: Saraiva, 1998, p. 7). "Já foi dito que o direito obrigacional é um direito pessoal, pois sua ínsita relação jurídica vincula somente duas (ou mais) pessoas. Os direitos reais, que têm sua maior expressão no direito de propriedade, incidem diretamente sobre a coisa. Como se nota, ambos os campos enfocados possuem um conteúdo patrimonial." (VENOSA, Sílvio de Salvo. *Direito civil* – Teoria Geral das Obrigações e Teoria Geral dos Contratos. Vol. 2. 10ª ed. São Paulo: Atlas, 2010, p. 7).

Vejamos, nesse sentido, os ensinamentos de Lourival Vilanova:[121]

> Mas, como o vira Ferrara (*Tratatto di diritto civile italiano*, p. 297), o outro termo da relação é também pessoal: é outro sujeito-de-direito. A relação jurídica, em sentido estrito, é interpessoal. Direitos, faculdades, autorizações, poderes, pretensões, que se conferem a um sujeito-de-direito estão em *relação necessária* com condutas de outros sujeitos-de-direito, portadores de posições que se colocam reciprocamente às posições do primeiro sujeito-de-direito, condutas qualificadas como deveres jurídicos em sentido amplo. Para se marcar tais posições, reciprocamente contrapostas, denominam-se sujeito-de-direito ativo e sujeito-de-direito passivo.
>
> A interpersonalidade da relação jurídica não se altera, quer nas relações jurídicas *obrigacionais*, quer nas relações jurídicas *reais*. Os termos-sujeitos podem ser um ou vários, individuais ou coletivos (pessoas jurídicas), de direito privado ou de direito público, de direito interno ou de direito das gentes. Pode haver determinação ou individualização de ambos, ou indeterminação de um sujeito, ficando pelo menos um dos termos da relação individualizado. Na promessa de recompensa, o promitente é o sujeito passivo determinado, e indeterminado o sujeito ativo. No direito real de propriedade, indefinido está o sujeito passivo. Essa *indeterminação* não equivale à inexistência. A relação jurídica de posse é-o em face da coisa imóvel, mas sem as relações com os demais sujeitos que têm o dever negativo, a relação se converte em relação física, ou, mais amplamente, em relação fáctica. A relação *imediata* com o objeto não elimina a relação *mediata* com a universalidade dos sujeitos passivos, que se individualizam com conduta impediente do exercício do direito possessório. Em rigor, a relação imediata é de sujeito individualizado com a universalidade dos sujeitos passivos: a coisa no direito real faz a relação jurídica ser relação a três termos, sendo, ainda, *intersubjetiva*. V. A. E. Cammarata, *Formalismo e sapere giuridico* (sobre a "qualificação normativa"), p. 245-293 e 389-426.[122]

---

121. VILANOVA, Lourival. *Causalidade e relação no direito*. 4ª ed., São Paulo: RT, 2000, p. 121/122.

122. No mesmo sentido: "Aspecto que merece considerado, no âmbito do conceito de relação jurídica, é a circunstância de ser um vínculo entre pessoas, reflexão que abriu margem a intermináveis disputas acadêmicas. Prevalece hoje, contudo, sobre o fundamento da essencial bilateralidade do direito, a tese da necessidade impostergável de, pelo menos, dois sujeitos para que se possa configurar o liame jurídico." (CARVALHO, Paulo de Barros. *Curso de direito tributário*. 24ª ed., São Paulo:

Aqui, portanto, a classificação das garantias em reais ou pessoais não ignora que, em ambas, há relação jurídica que, por conseguinte, tem de ser intersubjetiva.

As garantias reais são subdivididas em: hipoteca, penhor e anticrese (art. 1.419 do Código Civil). Há, todavia, quem inclua a alienação fiduciária como uma quarta espécie.[123]

Abordaremos, neste momento, apenas o penhor e a hipoteca (que, grosso modo, diferem-se pelo tipo de bem dado em garantia: se móvel ter-se-á penhor; se imóvel hipoteca), espécies mais comuns e que podem ser vislumbradas facilmente no direito tributário.[124]

O principal aspecto da garantia real é a preferência, decorrente da destinação do produto de sua venda judicial à quitação da dívida que garantiu, sem concorrer com outros credores (art. 1.422 do Código Civil). Se houver sobras (no produto da venda judicial), estas serão destinadas aos demais credores. Se faltar, concorrerá o credor em igualdade de condições com os demais perante outros bens que eventualmente o devedor possua.[125]

Saraiva, 2012, p. 355/356).

123. "Há uma nova modalidade de direito de garantia que é, sem dúvida, a alienação fiduciária. Com a amplitude que a legislação mais recente deu para esse negócio jurídico tanto para os móveis como para os imóveis, haverá, sem dúvida, menor utilização do penhor e da hipoteca." (VENOSA, Sílvio de Salvo. *Direito civil – Direitos Reais*. Vol. 5. 10ª ed., São Paulo: Atlas, 2010, p. 533).

124. Até mesmo em questões de direito privado a anticrese é pouco utilizada: "Instituto obsoleto, vai, pelos inconvenientes que oferece às partes, aos poucos desaparecendo da vida dos negócios, sendo inexorável, ao que parece, o seu perecimento." (RODRIGUES, Silvio. *Direito civil* – Direito das Coisas. Vol. 5. 25ª ed., São Paulo: Saraiva, 1999, p. 316).

125. "O fato do crédito ser assegurado por penhor ou hipoteca não significa que o bem dado em garantia constitua a garantia única do credor. Seu crédito continuará a ser também assegurado por todo o patrimônio do devedor, mas principal e preferencialmente pelo bem que constitui a garantia. Se, excutido o penhor ou executada a hipoteca, o produto obtido em praça não bastar para o pagamento da dívida, o credor continuará a ser credor do saldo; apenas, quanto a esta parte, a sua condição será a de quirografário." (RODRIGUES, Silvio. *Direito civil* – Direito das Coisas. Vol. 5. 25ª ed., São Paulo: Saraiva, 1999, p. 318).

Evidentemente que referida preferência comporta exceções, como prevê o parágrafo único do art. 1.422 do Diploma Civil: "*excetuam-se da regra estabelecida neste artigo as dívidas que, em virtude de outras leis, devam ser pagas precipuamente a quaisquer outros créditos.*"

A regra é que a garantia real seja prestada pelo próprio devedor (destacando do seu patrimônio bem que o compõe – móvel ou imóvel – para garantir obrigação que assumiu). Entretanto, como já sinalizado alhures, é perfeitamente possível que terceiro oferte garantia real. Tal possibilidade, inclusive, encontra previsão expressa no *Codex* Civil (art. 1.427), restando lá ressalvado que se perecer (deteriorar ou desvalorizar) o bem dado, por terceiro, em garantia, este não está obrigado a substitui-lo ou reforçá-lo.[126]

O principal ponto da garantia real prestada por terceiro é que este não assume a condição de responsável pelo débito, isto é, apenas o bem dado terá esse papel. Se não for suficiente para tanto, será o patrimônio do devedor que arcará com eventual saldo remanescente.

Situação diversa se faz presente na garantia pessoal ou fidejussória. Aqui o terceiro assume a responsabilidade por débito que não lhe pertence. Todo o seu patrimônio (e não apenas parte dele), na proporção do débito, poderá ser futuramente atingido se o devedor se tornar inadimplente.

Nesse momento, falamos da fiança convencional, e não da fiança judicial,[127] isto é, aquela prestada por terceiro em

126. "Terceiro poderá dar coisa que lhe pertence em garantia de dívida de outrem, por razões de amizade ou interesse. Esse terceiro ficará alheio à obrigação, não sendo codevedor nem fiador. Com isso não estará, exceto se houver cláusula expressa, obrigado a substituir ou a reforçar a garantia, quando o bem gravado se deteriorar ou desvalorizar sem culpa sua. Mas, se culposamente vier a deteriorar o bem gravado, terá responsabilidade de substituí-lo ou de reforçá-lo." (DINIZ, Maria Helena. *Código Civil Anotado.* 13ª ed., São Paulo: Saraiva, 2008, p. 971).

127. "A fiança judicial constitui-se na garantia prestada por um terceiro, por termo nos autos ou mesmo por escritura pública, em favor de uma das partes envolvidas, pelos eventuais riscos do processo." (SHIMURA, Sérgio. *Título executivo.* São Paulo: Saraiva, 1997, p. 40).

momento anterior à inadimplência do devedor e, por conseguinte, à existência de processo judicial de cobrança. Ambas, porém, darão ao credor a faculdade (direta ou subsidiária, a depender da renúncia, ou não, ao benefício de ordem – art. 828 do Código Civil) de agredir bens deste terceiro se aquela condição (inadimplência da obrigação pelo devedor) se consumar.

A regra, na garantia fidejussória, é de que os bens do devedor devem responder primeiro, somente sendo atingidos os bens do terceiro (fiador) se aqueles não forem suficientes à satisfação do crédito (art. 827 do CC). Na prática, contudo, é muito comum a existência de renúncia a esse benefício de ordem, ou seja, imposição do credor à celebração do negócio se ele for garantido por terceiro com referida renúncia.

Nesse contexto, é interessante que teremos (em caso de inadimplência do devedor) uma ação judicial de cobrança a ser demandada contra duas distintas pessoas, devedor e fiador, a primeira responsável com débito (figura no polo passivo da relação obrigacional descumprida) a segunda, responsável sem débito.

É essa divisão, entre débito e responsabilidade, que passamos a analisar de forma mais aprofundada, inclusive para tentar identificar onde se situa o instituto da garantia ao cumprimento de uma obrigação: como tema afeto a direito substantivo; processual; ou ambos?

2.2.2 A responsabilidade patrimonial

Como dito no tópico anterior, a garantia ao cumprimento de uma obrigação tem a exclusiva função de permitir, em caso de inadimplência, a efetivação de atos de expropriação, isto é, de quitação daquela dívida através do patrimônio do devedor (art. 789, CPC) ou de terceiros.

Assim, o inadimplemento da obrigação faz surgir o que restou cunhado pela doutrina alemã (no final do século XIX, início do século XX) como "responsabilidade patrimonial", onde se separa o débito - *Schuld* (atinente ao dever de cumprir a prestação assumida) da responsabilidade - *Haftung* (fruto do inadimplemento daquele dever, a permitir que se agrida o patrimônio do devedor, ou de terceiros).[128]

Insista-se, para essa corrente doutrinária (chamada de dualista), a obrigação subdivide-se em duas relações, uma atinente ao débito e a outra ligada à responsabilidade patrimonial. Em contraponto, há outra linha de pensamento (teoria monista ou unitarista), superada atualmente, onde a obrigação é una, não havendo razão para tal repartição.[129]

A teoria dualista facilita a explicação do problema ventilado ao final do tópico anterior, qual seja, de termos pessoa a figurar no polo passivo de uma ação de cobrança, mesmo sem ter participado da relação obrigacional inadimplida (responsável sem débito).

O fiador, por exemplo, não é devedor do credor, em sentido estrito, pois não figura como parte na relação obrigacional inadimplida. Entretanto, como assumiu a condição de garantidor de tal adimplemento (em caráter subsidiário ou não) poderá figurar no polo passivo da ação de cobrança e o seu patrimônio ser atingido à satisfação de dívida de terceiro.[130]

---

128. "Os escritores alemães que formularam esta doutrina designaram os dois mencionados elementos com as palavras Schuld e Haftung. A distinção foi acenada primeiramente para o direito romano por Brinz (Der Begriff Obligatio, 1874) e para o antigo direito germânico por Amira (Nordgermanisches Obligationenrecht, 1882) e aplicada depois ao direito moderno por numerosos civilistas e comercialistas alemães, Puntschart, Gierke, Isay, Duemchen, Strohal, Bekker, Siber, Pappenheim etc." (LIEBMAN, Enrico Tulio. *Processo de execução.* São Paulo: Saraiva, 1980, p. 33, nota de rodapé n. 23).

129. "Orosimbo Nonato oferece abrangente reporte sobre o embate doutrinário travado entre o que se convencionou chamar de corrente monista (partidários da tese de que a obrigação é una) e corrente dualista (defensores da tese de que a obrigação cinde-se nos distintos conceitos de dívida e responsabilidade)." (MELLO, Rogerio Licastro Torres de. *O responsável executivo secundário.* São Paulo: Quartier Latin, 2006, p. 81).

130. "...resta demonstrado como o desquite entre os conceitos de dívida e responsabilidade (em termos de titularidade subjetiva dos dois fenômenos) repercute sobre a esfera processual, em que revela a responsabilidade como definidora da sujeição passiva executiva e autorizadora de constrição executiva sobre patrimônio de responsáveis não devedores, que, neste raciocínio, indubitavelmente são sujeitos executivos passivos." (MELLO, Rogerio Licastro Torres de. *O responsável executivo secundário.* São Paulo: Quartier Latin, 2006, p. 92).

Frise-se, a regra é termos a mesma pessoa no polo passivo destas relações (de débito e de responsabilidade). Entretanto, casos há onde não se verá essa identidade (responsabilidade patrimonial sem dívida ou dívida sem responsabilidade patrimonial).[131]

Assim, referida corrente dualista esclarece bem o fenômeno do atingimento do patrimônio do devedor para satisfação da dívida inadimplida e, por conseguinte, de bens de terceiro para tal fim, já que este figura no polo passivo da relação jurídica de responsabilidade patrimonial, mesmo não participando daquela outra relação jungida ao débito (relação obrigacional em sentido estrito).

Neste primeiro momento, e olhando apenas para as garantias constituídas antes da "crise de inadimplência", isto é, antes de instaurada a relação jurídica de responsabilidade patrimonial (presente, aqui, apenas como possibilidade), não temos dúvida, como já afirmado no tópico anterior, que estamos diante de temas afetos a direito substantivo (material).

O problema, então, aflora quando vislumbramos a garantia realizada após aquela "crise de inadimplência", pois parte significativa da doutrina defende ser a relação de responsabilidade patrimonial jungida ao direito processual.[132]

---

131. Alguns autores afirmam que a Fazenda Pública na condição de devedora é exemplo de dívida sem responsabilidade patrimonial, pois o credor não poderá, mesmo que mediante intervenção do Estado-Juiz, satisfazer seu crédito inadimplido através de expropriação patrimonial. Terá, por imposição do texto constitucional pátrio, que tomar as medidas pertinentes ao recebimento através de precatório judicial, ou requisição de pequeno valor (RPV).

132. "...a responsabilidade, ao invés de ser elemento da relação jurídica obrigacional, como sustenta a doutrina acima referida, é vínculo de direito público processual, consistente na sujeição dos bens do devedor a serem destinados a satisfazer o credor, que não recebeu a prestação devida, por meio da realização da sanção por parte do órgão judiciário." (LIEBMAN, Enrico Tulio. *Processo de execução*. São Paulo: Saraiva, 1980, p. 37). "A responsabilidade, como sujeição dos bens do devedor à sanção, submetendo-se à expropriação executiva, é noção ligada ao terreno processual." (SHIMURA, Sérgio. *Título executivo*. São Paulo: Saraiva, 1997, p. 53).

Insista-se, resta hoje superada a discussão em torno das correntes monista e dualista, prevalecendo esta em detrimento daquela. Todavia, ainda perdura a discussão em torno da natureza jurídica da responsabilidade patrimonial (uma das relações presentes na teoria dualista), se material ou processual.

A questão, nos parece, advém do seguinte contexto: [i] de um lado, temos a responsabilidade patrimonial, como definição dos sujeitos aptos a terem o seu patrimônio atingido pelo inadimplemento da dívida (devedor e/ou terceiro), situação ligada, facilmente, ao direito substantivo; e [ii] de outro, temos as técnicas de expropriação deste patrimônio para a satisfação daquela dívida, tema afeto, tudo indica, ao direito processual.

Sendo assim, qual a natureza da garantia constituída após a "crise de inadimplência", direito material ou processual?

Filiamo-nos à corrente que entende estar a responsabilidade patrimonial, e, por conseguinte, a garantia constituída em decorrência desta responsabilidade, afeta ao direito material. Nesse sentido, vejamos os ensinamentos de Leonardo Greco:[133]

> O Direito Civil distingue em toda obrigação dois elementos: o débito e a responsabilidade. O débito é o dever de cumprir a prestação. A responsabilidade é a destinação dos bens a garantir a satisfação coativa do direito do credor.
>
> Ambos os elementos integram o direito material. Ao incidir sobre os bens do devedor, a execução nada mais faz do que atuar sobre o patrimônio que o direito material sujeitou como garantia ao pagamento da dívida ou ao cumprimento da prestação, em conformidade com esse mesmo direito.[134]

---

133. GRECO, Leonardo. *O processo de execução.* Vol. 2. Rio de Janeiro: Renovar, 2001, p. 7/8.

134. No mesmo sentido: "Uma regra sobre responsabilidade patrimonial, ao determinar qual é o sujeito que deve responder pelo cumprimento da obrigação, é uma regra de Direito material. Cuida de regular o processo obrigacional, definindo as posições jurídicas que os sujeitos devem assumir em determinada relação jurídica. Serve ao órgão jurisdicional como diretriz para a tomada de suas decisões. É o Direito material que determina quem é o responsável pela obrigação. Uma norma de direito material é uma norma de decisão: serve para solução do problema jurídico posto à apreciação do órgão

O direito processual serve para compor os conflitos instaurados em relações jurídicas de cunho material. Se alguém se comprometeu a uma determinada obrigação e não cumpriu, o direito processual será o caminho necessário para impor, coercitivamente, aquela obrigação. Isso, num primeiro momento, sinaliza ser a garantia ao cumprimento da obrigação, tema afeto ao direito processual, já que próximo à realização jurisdicional do direito (é mediante expropriação do patrimônio do devedor, ou de terceiros, que se dá essa satisfação forçada da dívida inadimplida).

Ocorre que o direito material vai sempre estar próximo do processual, já que este serve para impor a realização daquele, quando isso não acontecer de forma espontânea (quando houver o descumprimento das regras de cunho material). Definir quem é o responsável pela dívida inadimplida é questão de cunho material, pois antes de ser parte numa relação triádica (norma secundária ou processual), o sujeito tem de ser classificado como sujeito-de-direito, isto é, figurar numa relação de cunho material, exatamente como ocorre na relação jurídica de responsabilidade patrimonial.[135]

---

jurisdicional. E as regras sobre responsabilidade patrimonial têm essa função." (DIDIER JR., Fredie; CUNHA, Leonardo Carneiro da; BRAGA, Paula Sarno; e OLIVEIRA, Rafael Alexandria de. *Curso de direito processual civil* – Execução. Vol. 5. 5ª ed., Salvador : Juspodivm, 2013, p. 267). "É o direito material, nesse sentido, que se ocupa de regular em que condições pode haver a distinção entre débito e a responsabilidade, e, na medida em que esta dicotomia for transportada para o plano processual, a tutela jurisdicional executiva será requerida e, desse ponto de vista, concretizada em face de um ou de ambos, consoante haja, ou não, pedido especificamente formulado para tanto." (BUENO, Cassio Scarpinella. *Curso sistematizado de direito processual civil.* Vol. 3. 8ª ed., São Paulo: Saraiva, 2019, p. 307). "Particularmente, com o devido respeito, contrariando grandes processualistas que se debruçaram sobre o estudo do processo de execução, acreditamos que na relação obrigacional, além do dever de cumprimento da obrigação, há também a responsabilidade patrimonial que vincula os bens do devedor para garantir o direito do credor à custa desses bens." (ABELHA, Marcelo. *Manual de execução civil.* 6ª ed., Rio de Janeiro: Forense, 2016, p. 74/75).

135. "Antes de ser sujeito-de-direito em relação processual, é-se sujeito-de-direito. Não coincidem necessariamente as duas posições de sujeito. É o sistema que diz que dada a subjetividade de direito material deva ser a possibilidade de pretensão à tutela jurisdicional." (VILANOVA, Lourival. *Causalidade e relação no direito.* 4ª ed., São Paulo: RT, 2000, p. 200).

Isso porque, o terceiro responsável (fiador, por exemplo) pode, notificado extrajudicialmente sobre a inadimplência do devedor, pagar o débito independentemente de figurar no polo passivo de uma ação de cobrança (sendo certo que, tal atitude, jamais poderá ser interpretada como um pagamento indevido, ante sua condição de terceiro, já que estranho à relação jurídica de débito, mas não à relação de responsabilidade patrimonial – caberá a ele, tão somente, voltar-se contra o devedor mediante ação de regresso).

E, é importante frisar, a relação de responsabilidade patrimonial vai além da definição pessoal dos responsáveis, pois também determina que seus bens garantirão a satisfação coativa do direito do credor.

Tudo que restou afirmado anteriormente não infirma a importância do direito processual no que diz respeito às técnicas voltadas à expropriação patrimonial, pelo contrário, o tema da garantia ao cumprimento da obrigação alcança estes dois "mundos" do direito (material e processual). O que se quis enfatizar é que a responsabilidade patrimonial é tema pertencente ao recorte material do direito, não se distanciando a garantia nela inerente de tal origem.[136]

Evidente que a penhora, por exemplo, pode ser vista como espécie de garantia ao cumprimento da obrigação, mas também pode ser tomada como uma das etapas que compõe as técnicas voltadas à expropriação patrimonial do devedor. Lá sobressai o viés material, aqui o viés processual.[137]

---

136. "...a responsabilidade patrimonial é um instituto criado pelo legislador, de ordem pública, previsto no direito material, mas com um fim instrumental e de garantir, para proteger o credor, que, se o devedor inadimplir a obrigação ou o dever legal, seu patrimônio responderá por isso (...) E, frise-se, tanto é um direito material que tal situação pode ser tutelada por intermédio de técnicas processuais." (ABELHA, Marcelo. *Manual de execução civil.* 6ª ed., Rio de Janeiro: Forense, 2016, p. 76/77).

137. A possibilidade de expropriação administrativa, quando o credor for o Estado (situação em discussão no Legislativo em relação ao crédito tributário – a nota de rodapé 27 dispõe sobre esse tema), fortalece a divisão que fizemos, pois as próprias "técnicas voltadas à expropriação patrimonial do devedor" deixam, nesse contexto, de terem tal viés processual, passando a mero procedimento administrativo, ante a

O corte que fizemos, portanto, toma a penhora como espécie de garantia ao cumprimento da obrigação (direito material, ainda que formalizado em ambiente processual), figurando como técnicas voltadas à expropriação (direito processual) questões outras, como: prevalência de certos bens em detrimento de outros (ordem preferencial de bens para expropriação, em conjunto com a menor onerosidade do devedor); técnicas de valoração de bens, a impedir a expropriação por preço vil; regras voltadas ao praceamento ou a adjudicação do bem constrito; requisitos à concessão de autorização de prévia garantia (cautelares), a impedir abusos (por quaisquer das partes, inclusive aquela imparcial) etc.

Em suma, garantia ao cumprimento da obrigação é tema ligado ao direito substantivo, ao passo que as técnicas voltadas à sua concretização e realização são, por atual opção legislativa, afetas ao direito processual.

Vejamos, então, como questões processuais (ou dispostas em ambiente legislativo processual, mas de cunho material – ante a classificação aqui adotada) influem no tema garantias obrigacionais:

2.3 Repercussões no campo do direito processual civil

O direito processual existe para criar condições à realização dos comandos presentes no direito material, quando isso não acontece voluntariamente, ou seja, havendo um conflito (ou ameaça de sua existência) em torno de uma relação de direito material, ele será dirimido em ambiente processual (relação triádica), com regras próprias para tanto.

---

simples ampliação da autoexecutividade administrativa (abarcando não só a constituição do crédito tributário como, também, o seu cumprimento forçado). Evidente que, nesse cenário, restará ao sujeito passivo da relação tributária o direito de acionar o Estado-Juiz, se vislumbrar abusos (efetivos ou em vias de concreção) em tal função administrativa.

O direito material estabelece, então, as regras de responsabilidade patrimonial: quem figurará como tal (responsável) e, principalmente, que será o patrimônio deste(s) sujeito(s) o atingido para a satisfação forçada do débito inadimplido. O direito processual, por sua vez, traz as regras necessárias à concretização deste direito material (do credor avançar sobre o patrimônio do responsável, mediante intervenção estatal).[138]

Assim, o direito processual irá dispor, quando estivermos diante de "crise de inadimplência" (relação jurídica material – de responsabilidade patrimonial), sobre: [i] os requisitos e formalidades necessários ao exercício do direito de pretensão, pelo autor; [ii] os requisitos e formalidades ao exercício do direito de oposição (resistência), pelo réu; e [iii] o desenvolvimento da atividade jurisdicional exercida pelo Estado-Juiz.[139]

Mais do que isso, a depender da forma como se deu essa relação obrigacional atingida pela "crise de inadimplência", se refletida em um título passível de pronta execução (título executivo extrajudicial),[140] a intervenção do Estado-Juiz voltar-se-á não à constatação da existência do débito e de sua

---

138. "Quem tem autoridade e legitimidade para impor o cumprimento das prescrições derivadas do 'plano material' é o próprio Estado, que, historicamente, reservou para si esse poder, sempre na facilitada e didática perspectiva histórica aqui apresentada, o monopólio da força física. O objeto de estudo do direito processual civil preocupa-se com a atuação estatal destinada a atingir aquela finalidade." (BUENO, Cassio Scarpinella. *Curso sistematizado de direito processual civil.* Vol. 1. 9ª ed., São Paulo: Saraiva, 2018, p. 41).

139. "Ao direito processual cabe a disciplina das atividades que são desempenhadas por quem pode figurar num dado processo, numa dada relação processual: autor, réu e juiz, basicamente." (CONRADO, Paulo Cesar. *Introdução à teoria geral do processo civil.* 2ª ed., São Paulo: Max Limonad, 2003, p. 36).

140. "Jurisdição, já vimos, é atividade estatal voltada à composição de conflitos de interesses verificados no bojo de relações de direito material.
No mais das vezes, essa atividade desemboca na edição de provimento veiculador de norma individual e concreta, substitutiva da vontade divergente das partes litigantes.
A par de tal possibilidade, pode ocorrer que essa norma já esteja contida num documento ao qual o ordenamento outorga força executiva e que, por isso mesmo, autoriza a execução do que nele se contém, independentemente da emissão, pelo Estado-juiz, de um pronunciamento declarativo e/ou constitutivo." (CONRADO, Paulo Cesar. *Execução fiscal.* 3ª ed., São Paulo: Noeses, 2017, 13).

inadimplência (função cognitiva dos atos judiciais), mas sim à imposição imediata das regras de direito material descumpridas (ante a presunção de liquidez, certeza e, por conseguinte, exigibilidade daquele débito), mediante o emprego da força para, se preciso for, invadir a esfera jurídica do executado e, então, quitar o débito não pago.[141]

Estes atos executivos, via de regra, são fruto de norma processual voltada à efetivação do comando normativo, de direito material, que impõe responsabilidade patrimonial ao devedor (ou a terceiro).

Assim, nos interessa essas regras "processuais" (muitas delas de cunho material, ante a classificação adotada no subitem anterior) que guardam direta relação com a garantia ao cumprimento da obrigação descumprida, quer para constituí-la (exemplo clássico: penhora) quer para efetivar, forçadamente, o débito inadimplido (mediante atos de expropriação).

2.3.1 A constituição de garantia no processo de execução

Pelas disposições constantes do Código de Processo Civil (em especial seu art. 797) é a penhora que dá ao exequente o direito de preferência sobre o bem constrito em detrimento aos demais credores.

Referida regra, que deve ser interpretada em conjunto com outras que trazem comandos diversos sobre preferência do crédito e/ou concurso universal de credores (a mitigar o disposto no supracitado art. 797 do CPC), sinaliza ser o termo penhora, no *Codex* Processual, empregado como gênero das garantias possíveis de se concretizar nos autos de uma ação de execução.

Isso fica evidente pela regra prevista no art. 835 do CPC, que lista os bens passíveis de penhora (ordem preferencial de

141. "Claro está que, sob muitos aspectos, o ato executivo compartilha a disciplina dos atos processuais em geral (v.g., quanto à forma ou quanto ao agente); entretanto, há distância considerável de conteúdo e de efeitos." (ASSIS, Araken de. *Manual da execução.* 20ª ed., São Paulo: RT, 2018, p. 108).

sua ocorrência), onde se verifica como espécies desse gênero: [i] o dinheiro (art. 835, I e § 1º); e, também, [ii] a fiança bancária e o seguro-garantia (art. 835, § 2º). Veremos, adiante, que a legislação especial (Lei de Execuções Fiscais – LEF) deu diversa classificação às garantias prestadas em conflito tributário e, por essa razão, adotaremos neste trabalho, aquela classe sinalizada na LEF, com alguns importantes ajustes e complementos.

Além da classificação em torno da penhora, a garantia obtida no sistema geral (do CPC) não estipula regra preferencial de oferta pelo devedor, pois ele é citado para pagar a dívida em três dias, não mais possuindo a alternativa de, em vez de adimplir, garantir.

O credor, de saída, já indicará quais bens quer atingir (vide art. 798, II, "c", CPC). Há, é verdade, situação excepcional onde a penhora poderá recair sobre bens apresentados pelo executado, em detrimento daqueles indicados pelo credor, mas para tanto é preciso restar provado que tal constrição lhe será menos onerosa e, também, não trará prejuízos ao credor (art. 829, § 2º, CPC).

Tivemos, num passado não tão distante, regras processuais diversas, onde o devedor era citado para pagar ou garantir a execução geral (regrada no CPC).[142] Tal cenário ainda perdura na LEF, situação que, veremos, dá contornos diversos à garantia ao cumprimento da obrigação tributária em Execução Fiscal.

Voltando ao comando existente no art. 829, § 2º, CPC (que tenta compor menor onerosidade ao devedor com ausência de prejuízos ao credor) é preciso destacar a dificuldade na sua aplicação, especialmente quando estivermos diante de garantias de diversa liquidez. Como autorizar a penhora de um bem

142. "Alterações produzidas pela Lei 11.382/2006 [no CPC/1973]: Conforme se viu nos comentários ao art. 652 o executado não é mais citado para pagar ou nomear bens à penhora. Assim, o novo art. 655 passa, diretamente, a estabelecer a ordem preferencial dos bens que se sujeitarão à penhora." (VIGLIAR, José Marcelo Menezes. *Código de Processo Civil Interpretado* [Coord. Antonio Carlos Marcato]. 3ª ed., São Paulo: Atlas, 2008, p. 2.115).

imóvel (indicado pelo devedor) em detrimento de valores em espécie apontados pelo credor como existentes, sem trazer prejuízos ao credor (quanto maior a liquidez, por óbvio, maior as chances de satisfação do débito inadimplido)?

Ademais, o § 1º do art. 835 do CPC impede alteração da lista preferencial em relação ao dinheiro (quanto às demais hipóteses de garantia, tem o Juiz, tal faculdade, a depender do caso concreto; mas em relação ao dinheiro, não). O § 2º do mesmo dispositivo, entretanto, traz possibilidade de substituição do dinheiro constrito por fiança bancária ou seguro-garantia (esse comando normativo, como veremos, é de suma importância ao presente estudo), mas em relação a outras espécies de garantia (ou penhora, como classifica o *Codex* Processual), há expressa vedação.

Portanto, resta mitigado, no contexto geral (do CPC), o direito à oferta de garantia pelo devedor. Essa não é uma crítica a referido cenário processual, apenas uma constatação das alterações lá implementadas (ainda na vigência do CPC/1973), que almejavam maior efetividade da execução. Todavia, tais alterações não atingem a Execução Fiscal, pelo menos não integralmente. Faremos o devido cotejamento no momento oportuno.

Ponto pertinente a ser abordado, ainda neste subitem, diz respeito à impenhorabilidade de certos bens. Note que pelo conceito de responsabilidade patrimonial (direito substantivo), o devedor (ou responsável) deverá ter a totalidade do seu patrimônio atingido, se preciso for, para o adimplemento forçado da dívida não paga (as técnicas e atos para tanto cabem ao direito processual).

Entretanto, parcela do patrimônio, em certas e determinadas condições impostas por lei, não pode ser alcançada por aqueles atos de força, em prevalência de outros valores a justificar tal manutenção patrimonial, ainda que implique a perpetuação do descumprimento de norma individual e concreta.[143]

---

143. "Por exceção, a lei exclui certos bens do devedor da responsabilidade patrimonial, enfraquecendo a garantia natural do credor e sobrepondo ao seu interesse o

Segundo Fredie Didier Jr, Leonardo Carneiro da Cunha, Paula Sarno Braga e Rafael Alexandria de Oliveira,[144] tal restrição já possui um viés processual (descolando-se do direito material inerente à responsabilidade patrimonial), pois limitador à função jurisdicional voltada a expropriação:

> As regras que estabelecem *limitações* à responsabilidade patrimonial, impedindo que determinados bens sirvam à garantia da obrigação, são, porém, *regras processuais*, pois servem de controle ao exercício da função jurisdicional executiva. Uma regra é processual quando serve para definir o *modo* pelo qual o poder pode ser exercido. Ao impedir a penhora sobre determinado bem, a regra jurídica funciona como regra de Direito processual.

As hipóteses de impenhorabilidade de bens estão no art. 833 do CPC, bem como em leis especiais (como a Lei n. 8.009/1990, que dispõe sobre o bem de família), sendo certo que em conflitos tributários, a impenhorabilidade tem de ser respeitada (art. 10 da LEF).

2.3.2 A constituição cautelar de garantia, no processo de conhecimento ou de execução

A constituição de garantia em ambiente processual, todavia, não se dá apenas como etapa prévia a atos de expropriação patrimonial (penhora, tomada aqui como gênero).[145]

---

interesse público, a preservação do mínimo necessário à sobrevivência condigna do devedor ou certos interesses de terceiros ou do próprio devedor, que o direito qualificou como tanto ou mais relevantes do que o do exequente.
Essas exclusões devem ser interpretadas restritivamente, porque derrogam a regra geral da sujeição de todos os bens do devedor ao cumprimento das suas obrigações (CPC[1973], art. 591).
Se forem muito amplas, podem abrir ao devedor largas possibilidades de eximir-se da responsabilidade pelo pagamento de suas dívidas, locupletando-se às custas do credor". (GRECO, Leonardo. *O processo de execução.* Vol. 2. Rio de Janeiro: Renovar, 2001, p. 9).

144. DIDIER JR., Fredie; CUNHA, Leonardo Carneiro da; BRAGA, Paula Sarno; e OLIVEIRA, Rafael Alexandria de. *Curso de direito processual civil* – Execução. Vol. 5. 5ª ed., Salvador: JusPodivm, 2013, p. 267.

145. Entendemos estar a penhora jungida à responsabilidade patrimonial e, portanto,

Pode ocorrer para assegurar aquela pretensão futura, quer no corpo do próprio processo de execução quer, também, em momento que lhe antecede (nos autos do processo de conhecimento). Mas nem sempre foi assim:

No Código de Processo Civil de 1973, e com total influência na doutrina italiana de Francesco Carnelutti e Enrico Tulio Liebman, a cautelar era classificada como uma terceira espécie de processo, juntamente com os processos de conhecimento e execução.[146] Isto é, o provimento cautelar deveria acontecer em processo autônomo (ainda que acessório a um outro processo – de conhecimento ou execução).

Esse cenário é alterado com a vigência do CPC/2015, já que o *Codex* atual não mais caracteriza a cautelar como um *tertium genus,* pelo contrário, a aborda como um mero pronunciamento não exauriente (técnica processual) que, juntamente com a

---

adstrita a direito substantivo. Todavia, é ato muito próximo das subsequentes etapas de expropriação (direito processual): "Por se tratar de um ato executivo preparatório do ato expropriatório final, pode-se dizer que a penhora é um degrau importantíssimo nessa escalada rumo à expropriação, pois fixa qual o bem do patrimônio que a ela estará sujeito. Não é a penhora que expropria, mas é ela que identifica e coloca à disposição do juízo o bem a ser expropriado (...). O fato de a penhora ter uma função conservativa do bem penhorado até o ato final de expropriação não lhe retira a natureza de ato executivo, tampouco lhe outorga a natureza de ato cautelar." (ABELHA, Marcelo. *Manual de execução civil.* 6ª ed., Rio de Janeiro: Forense, 2016, p. 318). "*A sua natureza é a de um ato executório de garantia. O primeiro efeito da penhora é a individualização dos bens sobre os quais recairão os demais atos executórios.*" (GRECO, Leonardo. *O processo de execução.* Vol. 2. Rio de Janeiro: Renovar, 2001, p. 306). Há, porém, autores que classificam a penhora como medida cautelar: "Chama-se, no nosso direito, 'penhora' (têrmo semelhante, embora não idêntico, à 'saisie' francesa e ao 'pignoramento' italiano) a uma providência cautelaria consistente no empossar-se materialmente de bens do devedor, em caráter preventivo, a fim de assegurar de antemão a eficácia da execução." (COUTURE, Eduardo J. *Fundamentos do direito processual civil* [tradução Rubens Gomes de Souza]. São Paulo: Saraiva, 1946, p. 388).

146. "A concepção de identificar as medidas cautelares como uma terceira espécie de processo – ao lado daqueles de conhecimento e execução – foi engendrada por Francesco Carnelutti, sendo essa uma de suas mais incisivas contribuições à linha teórica italiana sobre o tema. Defendida também por Enrico Tulio Liebman, essa diretiva norteou a estruturação do Código de Processo Civil de 1973." (SCARPARO, Eduardo. A supressão do processo cautelar como tertium genus no Código de Processo Civil de 2015. In: BOECKEL, Fabricio Dani de; ROSA, Karin Regina Rick; e SCARPARO, Eduardo [Coords.]. *Estudos sobre o novo Código de Processo Civil.* Porto Alegre: Livraria do Advogado, 2015, p. 107).

tutela antecipada, pode dar-se em processos de conhecimento ou de execução (insista-se, pelas atuais regras processuais, o provimento cautelar não ocorre mais em processo autônomo, mas sim no próprio processo de conhecimento ou de execução).

O vigente Diploma Processual, portanto, afasta-se do pensamento de Carnelutti e Liebman, aproximando-se dos ensinamentos do também italiano Piero Calamandrei,[147] onde a cautelar é mero provimento, e não um terceiro tipo de processo.

É certo que pontos importantes da doutrina de Calamandrei não foram incorporados em nosso ordenamento,[148] mas essa questão em particular (ausência da qualificação da cautelar como processo) traz um novo cenário decorrente da classificação da tutela cautelar (juntamente com a tutela antecipada) como um mero provimento provisório (não exauriente), a ser proferido nos processos de conhecimento ou de execução.[149]

Assim, salvo exceções (veremos pelo menos duas delas ao longo deste trabalho), não se fala mais em processo cautelar,

---

147. "Além da assaz evidente não previsão de um processo cautelar como tertium genus, nota-se esta outra marca do pensamento de Piero Calamandrei na sistemática instituída na nova legislação: a provisoriedade é a caracterização fundamental que o título do quinto livro do CPC/2015 e o caput do seu art. 294 atribuem às cautelares e à prestação jurisdicional satisfativa antecipada." (SCARPARO, Eduardo. A supressão do processo cautelar como *tertium genus* no Código de Processo Civil de 2015. In: BOECKEL, Fabricio Dani de; ROSA, Karin Regina Rick; e SCARPARO, Eduardo [Coords.]. *Estudos sobre o novo Código de Processo Civil.* Porto Alegre: Livraria do Advogado, 2015, p. 127).

148. Para Calamandrei, por exemplo, a tutela antecipada é mera espécie do gênero cautelar: "*...qui, in questo terzo grupo, il provvedimento cautelare consiste proprio in una decisione anticipata e provvisoria del merito, destinata a durare fino a che a questo regolamento provvisorio del rapporto controverso non si sovrapporà il regolamento stabilmente conseguibile attraverso il più lento processo ordinario.*" (CALAMANDREI, Piero. *Introduzione Allo Studio Sistematico dei Provvedimenti Cautelari.* Pádua: CEDAM, 1936, p. 38/39).

149. "É correto entender a tutela provisória, tal qual disciplinada pelo CPC/2015, como o conjunto de técnicas que permite ao magistrado, na presença de determinados pressupostos, que gravitam em torno da presença da 'urgência' ou da 'evidência', prestar tutela jurisdicional, antecedente ou incidentalmente, com base em decisão instável (por isto, provisória) apta a assegurar e/ou satisfazer, desde logo, a pretensão do autor." (BUENO, Cássio Scarpinella. *Manual de direito processual civil.* 2ª ed., São Paulo: Saraiva, 2016, p. 247).

mas sim em provimento cautelar passível de ser concedido em processos de conhecimento ou de execução.

De toda sorte, e para os objetivos deste trabalho, importa analisar a constituição cautelar de garantias ao cumprimento de uma obrigação.

Para tanto, as regras do CPC exigem demonstração da probabilidade do direito, bem como do risco ao resultado útil do processo (art. 300), isto é, se houver um direito material conflituoso, cuja tensão a ser dirimida guarda relação com responsabilidade patrimonial, é possível a obtenção de um provimento cautelar para preservar a manutenção de patrimônio em nome do devedor (ainda que réu em processo de conhecimento) e, por conseguinte, à satisfação da dívida do credor, se demonstrados aqueles requisitos.

Insista-se, havendo a comprovação de que o devedor (mesmo que réu em ação de conhecimento) está dilapidando o seu patrimônio (se desfazendo do mesmo a ponto de tornar-se insolvente), bem como havendo elementos fortes de probabilidade de êxito da ação proposta, pode o credor (autor de referida demanda) obter provimento jurisdicional provisório que impeça a produção de efeitos à futura alienação destes bens, agora gravados por uma ordem judicial cautelar.

Interessante que referido provimento provisório, salvo disposição expressa nesse sentido, não impede a venda (sequer a penhora registrada na matrícula traz essa indisponibilidade ao bem),[150] mas dá ao terceiro a necessária informação

---

150. "...consiste em imprimir a responsabilidade na coisa apreendida de forma tal que a coisa continua sujeita à execução, quaisquer que sejam os atos realizados pelo executado a seu respeito: em outras palavras a alienação total ou parcial do bem (ou a constituição de direito de garantia sobre o mesmo) não pode ser oposta ao exequente e não pode impedir o prosseguimento da execução, permanecendo a sujeição daquele bem ao poder executório do órgão público, qualquer que seja o direito adquirido por terceiro sobre o mesmo bem. A penhora impõe, pois, sobre a coisa um vínculo de caráter processual que, sem afetar os direitos do executado, sujeita a mesma ao poder sancionatório do Estado para servir à satisfação do exequente; vínculo que permanece invariado quaisquer que sejam as modificações que possam ocorrer na condição jurídica da coisa. O direito do executado sobre ela coexiste, intacto em sua essência,

(publicidade) de que pode ser desfeito o negócio que irá celebrar se, no futuro, for preciso valer-se deste bem para satisfazer aquela dívida, situação que, inclusive, prescinde da prova de insolvência do devedor (fraude à execução, constatada pela alienação do bem gravado).[151]

O CPC/1973 regrava, pontualmente, várias ações cautelares chamadas típicas, deixando regras gerais para as atípicas. No contexto do CPC/2015 (onde a cautelar deixa de ser uma ação), não se tem mais tais comandos específicos, todavia no art. 301, o legislador menciona alguns destes institutos.[152]

A medida que nos interessa, já que o foco deste estudo é a obrigação de dar quantia certa, é o arresto. Sobre ele, afirma Sérgio Shimura:[153]

> Pode-se conceituar o arresto como sendo a medida cautelar de garantia da futura execução por quantia certa, através da qual apreendem-se judicialmente bens indeterminados do devedor.

---

com o vínculo público processual que o ato de penhora impôs sobre a mesma; qualquer forma de exercício daquele direito é permitido, em quanto praticamente possível, mas não altera este vínculo. Se a execução por qualquer motivo for desfeita, o terceiro que adquiriu eventualmente algum direito sobre os bens penhorados poderá pretender satisfazê-lo; mas, enquanto a execução continuar, nada poderá fazer que prejudique o exequente ou outros credores concorrentes." (LIEBMAN, Enrico Tulio. *Processo de execução.* São Paulo: Saraiva, 1980, p. 126/127).

151. "...avulta notar que, na alienação do bem penhorado, arrestado ou sequestrado, prescinde-se da prova da insolvência." (ASSIS, Araken de. *Manual da execução.* 20ª ed., São Paulo: RT, 2018, p. 392).

152. "A grande inovação do novo Código de Processo Civil consiste na adoção, como regra, do poder geral de cautela. Não se preocupa mais o legislador em regulamentar espécies de tutela cautelar e os respectivos procedimentos. Limita-se apenas a apontar de modo não exaustivo algumas espécies de medidas conservativas, conferindo ao juiz o poder de conceder qualquer outra com aptidão para afastar o perigo de dano. Para qualquer delas, os requisitos são os mesmos e o procedimento é único. A menção feita pelo legislador a determinadas cautelares nominadas não significa devam elas submeter-se ao regime do Código revogado. A referência visa apenas a exemplificar com cautelares conservativas existentes no sistema anterior. Mas elas, como qualquer outra tutela de urgência, antecipada ou cautelar, encontram na nova lei as regras relativas aos requisitos e ao procedimento." (BEDAQUE, José Roberto dos Santos. *Comentários ao Código de Processo Civil* [Coord. Cassio Scarpinella Bueno]. Vol. 1, São Paulo: Saraiva, 2017, p. 938).

153. SHIMURA, Sérgio Seiji. *Arresto cautelar.* 2ª ed., São Paulo: RT, 1997, p. 66/67.

> (...) Pontes de Miranda define como sendo "*o processo de inibição (constrição) de bens suficientes para segurança da dívida até que se decida a causa.*"
>
> (...) A dívida deve corresponder a *crédito monetário,* pois se a futura execução for para *entrega de coisa,* e não por quantia certa, outras espécies de tutela cautelar existem (*v.g.* sequestro, busca e apreensão e arrolamento de bens). O crédito deve ser de *dinheiro,* ou que *em crédito possa se converter.*
>
> (...) Portanto, cabe o arresto se originalmente o crédito for monetário, se a obrigação de dar coisa certa se convolar em crédito indenizatório, ou se envolver crédito oriundo de obrigação de entregar coisa fungível.

A pretensão deste provimento cautelar, até porque este é um dos requisitos necessários à sua concessão, é garantir o resultado do processo de execução (que pode sequer ter sido ajuizado neste momento) e, por isso, comum as expressões "garantia da futura execução" ou, até mesmo, "garantia do juízo". Todavia, tal ato judicial também pode (em nosso sentir deve) ser vislumbrado como constitutivo da garantia ao cumprimento da obrigação, isto é, via recorte de fatia do patrimônio do devedor em decorrência da responsabilidade patrimonial (direito substantivo) que lhe é inerente.

O arresto pode, insista-se, ser requerido em processo de conhecimento e, também, nos próprios autos da execução. Essa última hipótese é muito utilizada quando a demora na citação e posterior efetivação de penhora é tempo bastante para não mais localizar bens suficientes do devedor para satisfação do crédito em cobro (ciência, por exemplo, de assembleia de quotistas onde a alienação de quotas – patrimônio do devedor – é um dos temas da pauta).

Ao próprio Oficial de Justiça é dada a prerrogativa de arrestar bens do executado, tantos quantos bastem para garantir a execução, se não encontrar (não conseguir citar) o executado (art. 830 do CPC – há similar regra na LEF).[154]

---

154. "...entendeu o legislador que a dificuldade de encontrar o devedor para ser citado deve ser presumida como uma tentativa de embaraçar o processo de execução,

Note que, aqui, o arresto é diferente, pois não depende daqueles requisitos à concessão de uma tutela provisória cautelar, mais do que isso, sequer precisa de requerimento por parte do exequente.

Evidenciado, então, que a constituição de garantia ao cumprimento da obrigação (direito material) encontra guarida em regras gerais de processo civil (possibilitando, inclusive, sua ocorrência mediante tutela cautelar), passamos aos atos voltados à satisfação daquela relação obrigacional através destas garantias (atos de expropriação).

2.3.3 Atos de expropriação no CPC

Uma vez garantida a obrigação e já em andamento a ação de execução decorrente do não pagamento espontâneo do débito, ela (garantia do cumprimento da obrigação) se converterá em penhora (se não foi constituída já com tal roupagem) que, como vimos, nas regras gerais de processo civil, é gênero das garantias constituídas, ou convertidas, nessa fase executória (na LEF, frise-se, temos denominação diversa). Passo seguinte, então, é a efetiva expropriação destes bens para liquidação da dívida.

O art. 825 do CPC lista os caminhos possíveis para tal liquidação, mediante expropriação: [i] adjudicação; [ii] alienação; e [iii] apropriação de frutos e rendimentos de [iii.1] empresa; [iii.2] estabelecimento; ou [iii.3] outros bens.

A adjudicação consiste na faculdade dada ao credor de, por preço não inferior ao da avaliação do bem, adquiri-lo pela dívida (art. 876 e seguintes do CPC), isto é, se a avaliação for inferior à dívida, a execução continuará pelo valor remanescente; se a avaliação for superior à dívida, o credor terá de complementar a diferença em juízo para adjudicar o bem. Se

---

antes mesmo de ser citado, e, por isso antecipa uma medida constritiva – arresto de seus bens – antes mesmo de ele ter ciência da execução contra si instaurada." (JORGE, Flávio Cheim; e ABELHA RODRIGUES, Marcelo. *Comentários ao Código de Processo Civil* [Coord. Cassio Scarpinella Bueno]. Vol. 3, São Paulo: Saraiva, 2017, p. 627).

for de idêntico valor (dívida e avaliação do bem constrito – situação de difícil ocorrência), extinta estará a execução, tão somente com a adjudicação.[155]

Na adjudicação, portanto, o credor recebe o próprio bem como pagamento, e não o produto de sua alienação em hasta pública ou particular. Na vigência do CPC/1973 (em sua redação original, isto é, antes das reformas lá ocorridas em 2006), a adjudicação só era possível se fosse infrutífera a alienação judicial do bem. Essa regra caiu, outorgando ao credor o direito de, no início, fazer uso desta via expropriatória (que pode ser requerida em outros momentos, ou seja, não há prazo para o seu exercício – basta penhora do bem e incontroversa avaliação). Na LEF, há peculiaridades próprias (como será visto na Parte II deste estudo - subitem 3.5.2).

Além do exequente, temos outros legitimados ao exercício da adjudicação, como dispõe os §§ 5º e 6º do art. 876 do CPC, fortemente ampliado, desde a reforma processual ocorrida, em 2006, no CPC/1973, ante a revogação de várias hipóteses de remição.[156]

---

155. "O meio expropriatório preferencial do CPC de 2015 – tanto quanto no CPC de 1973 após as modificações a ele trazidas pela Lei 11.382/2006 – é a adjudicação (arts. 825, I; 876, *caput*, e 880). Essa técnica expropriatória deve ser compreendida como a possibilidade de o próprio exequente e de outros legitimados adquirirem o bem penhorado por valor não inferior à avaliação com vistas à extinção (total ou parcial) do crédito exequendo." (BUENO, Cassio Scarpinella. *Curso sistematizado de direito processual civil*. Vol. 3. 8ª ed., São Paulo: Saraiva, 2019, p. 380). "Na conceituação trazida por Liebman, a adjudicação consiste na transferência da propriedade do bem, pertencente ao executado, ao próprio exequente, consentindo esse último em receber como pagamento coisa que não seja dinheiro, em substituição à prestação que originalmente lhe era devida." (GIANNICO, Maurício. *Expropriação executiva*. São Paulo: Saraiva, 2012, p. 171).

156. "No sistema original do CPC de 1973, permitia-se apenas ao exequente, ao credor hipotecário e aos credores concorrentes que penhoraram o mesmo imóvel requerer a adjudicação (art. 711, § 1º). Com a modificação introduzida pela Lei n. 11.382/2006, ampliou-se o rol dos legitimados a requerê-la, para contemplar também familiares do executado: cônjuge, descendentes ou ascendentes (art. 685-A, § 2º). Essas pessoas eram autorizadas a livrar o bem da execução, após a arrematação ou adjudicação, por meio da remição de bens (art. 787, CPC/73), revogada pela Lei n. 11.382/2006.
O art. 876, § 5º, do CPC amplia ainda mais o rol do art. 685-A, § 2º, do CPC de 1973, para indicar como legitimados a adjudicar os credores concorrentes que hajam

Importante salientar que a propositura, pelo executado, de Embargos à Execução, se não lhes for atribuído efeito suspensivo, não impede a efetivação da adjudicação, pelo contrário, mesmo que sobrevenha decisão de procedência de tais Embargos, se posterior à lavratura do auto de adjudicação, não modificará aquele ato tido como perfeito e acabado (interpretação conjunta do art. 903 e § 1º do art. 877, ambos do CPC).

Nesse caso, restará ao executado a reparação pelos prejuízos sofridos em face do exequente (art. 776 do CPC). Já adiantamos que, em ambiente tributário, as regras são um pouco diversas (apesar de haver indefinição em relação a esse tema: adjudicação ocorrida na existência de Embargos à Execução Fiscal pendente de final julgamento – trataremos disso na Parte II deste trabalho, subitem 3.5.2.).

A segunda modalidade de expropriação (mais presente, inclusive, no dia a dia forense) é a alienação judicial do bem, que pode se dar por iniciativa particular ou em leilão judicial (art. 879, CPC).

Nela, busca-se a conversão em dinheiro dos bens constritos, isto é, se estou diante de uma obrigação de dar quantia certa, nada mais lógico que transformar, coativamente, o patrimônio do devedor em espécie (dinheiro) para satisfazer tal obrigação (entregando ao credor a quantia certa que lhe é devida).

---

penhorado o mesmo bem, o cônjuge, o companheiro, os descendentes, os ascendentes do executado e os titulares de direitos sobre o bem penhorado, relacionados no art. 889, II a VIII, do CPC: o coproprietário, caso o bem seja indivisível; o titular de usufruto, uso, habitação, enfiteuse, direito de superfície, concessão de uso especial para fins de moradia ou concessão de direito real de uso; o Proprietário do terreno submetido ao regime de direito de superfície, enfiteuse, concessão de uso especial para fins de moradia ou concessão de direito real de uso, quando penhorados tais direitos; o credor pignoratício, hipotecário, anticrético, fiduciário ou com penhora anteriormente averbada; o promitente comprador, desde que registrado o compromisso de compra e venda; o promitente vendedor, quando ainda não finalizado o pagamento e a penhora recair sobre direito aquisitivo derivado de promessa de compra e venda registrada; a União, o Estado e o Município, no caso de bem tombado." (BARIONI, Rodrigo. *Comentários ao Código de Processo Civil* [Coord. Cassio Scarpinella Bueno]. Vol. 3, São Paulo: Saraiva, 2017, p. 725).

Por essa razão, tal espécie de ato expropriatório foi tomado, em determinado momento histórico pelas regras gerais de processo, como forma prioritária em detrimento à adjudicação. Posteriormente, entendeu-se que era preferível a efetividade da satisfação da obrigação inadimplida (ainda que por forma diversa da pactuada se, e somente se, essa fosse a vontade do credor), do que priorizar a transformação do bem em pecúnia.

Assim, pelas regras processuais gerais em vigor, para a ocorrência de alienação judicial, seja por iniciativa particular, seja em leilão judicial, é necessário ausência de interesse na adjudicação, ou que essa por algum motivo não possa se consumar (na LEF, adiantamos, o cenário é outro).

A alienação por iniciativa particular (preferencial à alienação em leilão judicial – vide art. 881, CPC) foi reintroduzida em nosso sistema processual com as reformas de 2006, ainda sob a égide do CPC/1973.[157] No atual Diploma processual, seus regramentos estão no art. 880, dividindo-se em: [i] alienação por iniciativa do próprio exequente; ou [ii] alienação por intermédio de corretor ou leiloeiro público, credenciado perante o Judiciário.

A ideia dessa alternativa à alienação judicial (diversa da hasta pública) é trazê-la mais próxima das relações, não coativas, de compra e venda destes mesmos bens, sejam eles móveis ou imóveis, ou seja, ainda que aqui tenhamos esse diferencial (imposição judicial da alienação – onde a vontade do seu proprietário, executado, é irrelevante), o melhor, até mesmo para o próprio executado, é que o bem seja negociado por alguém acostumado a isso, inclusive em relações distantes de um processo executivo (menor burocracia e, por conseguinte, correta valoração na alienação).[158]

---

157. "A alienação por iniciativa particular estava prevista no art. 973 do CPC de 1939 (...) Na versão inicial do CPC de 1973, essa previsão foi suprimida e o instituto reintroduzido pela Lei n. 11.382/2006, que previa esse meio expropriatório em seu art. 685-C..." (BARIONI, Rodrigo. *Comentários ao Código de Processo Civil* [Coord. Cassio Scarpinella Bueno]. Vol. 3, São Paulo: Saraiva, 2017, p. 734).

158. "A alienação por iniciativa do particular não é um contrato privado; não é uma simples compra e venda, até mesmo porque seus contornos são determinados pelo

No primeiro caminho possível de alienação particular (por iniciativa do exequente), o credor arcará com todos os custos deste ato, inclusive comissão de eventual corretor que utilizar (nesse caso, ele não precisa estar credenciado perante o órgão Judiciário). Insista-se, em tal cenário, o próprio exequente pode alienar o bem a terceiros, observando apenas os seguintes pontos a serem fixados pelo juiz (art. 880, § 1º): [i] prazo para ocorrência da alienação; [ii] forma de sua publicidade; [iii] preço mínimo; [iv] condições de pagamento; e [v] garantias.

Já no outro caminho previsto, a alienação particular acontece mediante intervenção de um corretor ou leiloeiro público, credenciado perante o Judiciário. Pode o exequente indicar um corretor credenciado de sua preferência, mas aqui não suportará o ônus da sua comissão (além dos itens descritos no parágrafo anterior, nesse segundo caminho, o juiz fixará, também, a comissão de corretagem, a ser paga pelo comprador).

Ponto de suma importância, a se enfatizar, é que a escolha pela alienação particular cabe ao credor, e não ao devedor, ainda que argumente lhe ser, tal caminho, menos oneroso.[159]

Feita a alienação, por iniciativa própria do exequente ou por intermédio de corretor ou leiloeiro público credenciado, sua formalização dar-se-á por termo nos autos, com assinatura do juiz, exequente, adquirente e, se estiver presente, executado. Na sequência, será expedida a carta de alienação e o

---

juiz, que, inclusive, fiscaliza a sua execução. É uma venda judicial (alienação coativa, expropriação) da coisa penhorada, semelhante à hasta pública, com procedimento mais simples, pois a busca de compradores é feita pelo próprio exequente, sem a participação obrigatória do aparelho estatal." (DIDIER JR., Fredie; CUNHA, Leonardo Carneiro da; BRAGA, Paula Sarno; e OLIVEIRA, Rafael Alexandria de. *Curso de direito processual civil* – Execução. Vol. 5. 5ª ed., Salvador: JusPodivm, 2013, p. 651).

159. "...a alienação por iniciativa particular somente poderá ser implementada por meio de requerimento por parte do credor, o qual naturalmente tem a prerrogativa de escolher, dentre os diversos meios de execução presentes em nossa legislação, qual a melhor forma de solver seu crédito. Não se admite que o próprio executado, ao argumento de ser o meio menos gravoso a si, requeira seja o bem alienado mediante tal método expropriatório." (GIANNICO, Maurício. *Expropriação executiva*. São Paulo: Saraiva, 2012, p. 205).

mandado de imissão na posse (quando se tratar de bem imóvel) ou ordem de entrega ao adquirente (quando for bem móvel).

Ausente o interesse do credor pela alienação particular (ou inexistindo corretor ou leiloeiro credenciado na respectiva localidade - § 4º, do art. 880, CPC), dar-se-á por hasta pública (leilão judicial), onde o bem poderá ser arrematado.

Sobre a arrematação, esclarece Araken de Assis[160] que:

> ...o vocábulo "arrematar" se sujeitou a alteração semântica. Originariamente, "arrematar" traduzia o ato de dar por vendidos os bens que iam à hasta pública, em decorrência do costume de o meirinho, feito o último pregão, proclamar: "Há quem mais dê? Senão, remato". Disso surgiu a palavra "remate", o que se põe por último, o que se acaba. Daí se evoluiu à significação atual do verbo: "Arrematar é tornar último o lanço que se fez".
>
> (...)
>
> Por meio da alienação forçada, o meio executório utilizado na execução das obrigações pecuniárias, a única racionalidade específica ante a ampla fungibilidade do objeto da prestação, oferece ao público o bem penhorado, a quem mais der, para obter dinheiro e, com "o produto dos bens alienados", ou o dinheiro obtido por outros meios (*v.g.*, a penhora de frutos e rendimentos), conforme reza o art. 905, *caput*, satisfaz-se o exequente. A alienação não desfaz a penhora: o produto da alienação pertence ao executado (...). Enquanto o produto da alienação não for distribuído, subsistem os efeitos da constrição...

Na arrematação, portanto, um terceiro (ou, até mesmo, o próprio credor em concorrência com terceiros), adquirirá o bem pelo maior lance, desde que a oferta não represente preço vil. O art. 891 do CPC traz as regras atinentes à configuração do preço vil (lance inferior ao mínimo estipulado pelo juiz e constante do edital ou, não havendo tal estipulação, inferior à 50% do valor da avaliação).[161]

---

160. ASSIS, Araken de. *Manual da execução*. 20ª ed., São Paulo: RT, 2018, p. 1.104/1.105.

161. "Não importa, nesse ponto, se o lance for oferecido em leilão eletrônico ou presencial, tampouco em primeiro ou segundo leilões. Permite-se em qualquer deles a arrematação por preço inferior à avaliação, desde que o preço não seja vil.

A avaliação do bem, em quaisquer das hipóteses de expropriação acima tratadas, é de suma importância. Será ela realizada pelo próprio Oficial de Justiça, ou por avaliador nomeado pelo Juiz, se forem necessários conhecimentos especializados para tanto (art. 870, CPC). No particular caso da arrematação, como já sinalizado alhures, a avaliação será o marco para verificação de eventual nulidade do ato por preço vil (abaixo de 50% do valor da avaliação, se não houver, o Juiz, fixado valor mínimo diverso).

O leilão, via de regra, será por meio eletrônico (art. 882, CPC), com a necessária publicação prévia de edital atinente ao referido ato (art. 886, CPC). A arrematação será considerada perfeita, acabada e irretratável quando da assinatura do auto de arrematação (momento em que se expede a respectiva carta de arrematação). Após a expedição da carta de arrematação, somente ação autônoma poderá invalidá-la (§ 4º do art. 903, CPC).

Por fim, ainda versando sobre espécies do gênero expropriação patrimonial, temos a apropriação de frutos e rendimentos: [i] da empresa; [ii] do estabelecimento; ou [iii] de outros bens.

(...) O art. 891 do CPC inova, ao trazer critérios seguros para configurar o preço vil: aquele inferior ao estabelecido pelo juiz ou, na ausência de fixação, o inferior a 50% do valor da avaliação. Significa dizer que não há abertura para considerações de conveniência: deve-se verificar objetivamente se a arrematação ocorreu ou não por preço inferior àquele fixado pelo juiz ou a 50% da avaliação." (BARIONI, Rodrigo. *Comentários ao Código de Processo Civil* [Coord. Cassio Scarpinella Bueno]. Vol. 3, São Paulo: Saraiva, 2017, p. 751/752). "...somente haverá dualidade de leilões se a sua realização for presencial e, mesmo assim, quando não houver interessados no primeiro (art. 886, V). Isso porque a regra é que o leilão seja realizado preferencialmente de forma eletrônica, cuja dinâmica é diversa, com possibilidade de oferta de lance por determinado período de tempo, a ser indicado no edital respectivo (art. 886, IV). É correto entender, por isso, que a vedação de lance inferior ao que é considerado preço vil aplica-se desde logo, e não, como no CPC atual [1973], somente quando for negativo o primeiro leilão. Isso porque incide, na hipótese, a regra do art. 885 e do inciso II do art. 886, em que o juiz fixará, no edital de leilão, 'o valor pelo qual o bem foi avaliado [e] o preço mínimo pelo qual poderá ser alienado, as condições de pagamento." (BUENO, Cassio Scarpinella. *Novo Código de Processo Civil Anotado*. São Paulo: Saraiva, 2015, p. 542).

Essa espécie é de difícil implementação prática, mas se viável pode trazer efetividade à execução, pois diferentemente das outras espécies de expropriação (adjudicação e alienação), aqui nem sempre é relevante atos prévios àquelas (como os de avaliação: presente na apropriação dos frutos; jamais na dos rendimentos), pois a penhora é direcionada aos frutos e rendimentos oriundos daquele bem, e não diretamente a ele.

Exemplificando, na apropriação de frutos e rendimentos, o credor receberá a safra de determinado período, atinente à atividade do devedor (plantio de laranjas, por exemplo), no percentual necessário à quitação de seu débito. O imóvel onde se dá aquele plantio não é atingido, tão somente os frutos, ou os rendimentos, dele decorrentes.

Já na realização da penhora, opta-se pela subsequente espécie de expropriação (aqui estas fases estão muito próximas), pois a penhora de frutos e rendimentos só poderá se consumar (expropriação) pela apropriação destes frutos e rendimentos (o deferimento daquele ato instrumental já pressupõe esta espécie de expropriação).[162]

É claro que, na prática, temos normalmente a penhora do bem (quotas sociais, por exemplo) e, também, dos frutos e rendimentos por este gerado (maior garantia à satisfação do crédito – se estes não forem suficientes, ainda temos aquele). Mas, do ponto de vista teórico, a penhora, nesse caso, deveria recair, tão somente, sobre os frutos e rendimentos se, aparentemente, estes forem suficientes à liquidação do crédito.

Um dos pontos que eleva a complexidade desta espécie de ato expropriatório é a necessidade de nomeação de administrador-depositário (art. 868, CPC), com os poderes necessários

162. "Ao cuidar da técnica instrumental (penhora) o legislador também tratou da técnica final (apropriação dos frutos e rendimentos). Portanto, decide-se por esta forma de expropriação em momento antecedente à adjudicação ou alienação, justamente porque desde à penhora se deve identificar a possibilidade de realizar esta técnica de apropriação de frutos e rendimentos." (JORGE, Flávio Cheim; e ABELHA RODRIGUES, Marcelo. *Comentários ao Código de Processo Civil* [Coord. Cassio Scarpinella Bueno]. Vol. 3, São Paulo: Saraiva, 2017, p. 614).

a gerir o bem a ponto de que seus frutos e rendimentos aconteçam da melhor forma a satisfazer o crédito executado.

O art. 869 do *Codex* processual autoriza a nomeação, como administrador-depositário, tanto do exequente quanto do executado, desde que com a anuência da parte contrária (salvo pontuais exceções, nos parece inviável – contrária à eficiência maximizada que se espera de um processo de execução - deixar tal gestão a cargo do executado).

A penhora de faturamento (regrada no art. 866 do CPC), muito presente nos executivos fiscais, se aproxima da penhora de frutos e rendimentos (no momento oportuno trataremos dela, mas como meio à obtenção de constrição de dinheiro: depósito).

2.4 Aproximações, materiais e processuais, atinentes ao Direito Tributário

A questão da responsabilidade patrimonial como tema afeto ao direito material é de fácil constatação em âmbito tributário. A figura do responsável tributário, que pode se enquadrar como sujeito passivo de uma relação jurídica tributária, isto é, ter um crédito tributário lançado em seu desfavor (lhe sendo garantido, inclusive, o direito de defesa na esfera administrativa), evidencia o viés material desta relação de responsabilidade patrimonial.[163]

---

163. "A análise do tema 'obrigação e responsabilidade tributárias' pressupõe a necessária distinção entre duas facetas do fenômeno obrigacional que, apesar de relacionados, diferem-se pela amplitude semântica (e, por via de consequência, também pragmática), a saber: a primeira, de índole eminentemente teórico-geral, diz com o conceito de 'responsabilidade patrimonial (tributária)', na forma como concebida pela chamada teoria dualista da obrigação; a segunda, de viés estritamente jurídico-positivo, diz com o conceito de responsabilidade tributária, na forma como definida pelo art. 121, inciso II, do CTN." (DALLA PRIA, Rodrigo. O incidente de desconsideração da personalidade jurídica (IDPJ) e seu cabimento na execução fiscal. In: ARAUJO, Juliana Furtado Costa; e CONRADO, Paulo Cesar [Coords.]. *Inovações na cobrança do crédito tributário*. São Paulo: RT, 2019, p. 301). "Sempre que não se enquadrar no conceito de obrigado, o responsável tributário encaixar-se-á, à perfeição, no conceito de responsável segundo definido pela teoria dualista da obrigação, que, em uma primeira acepção, analisa o vínculo que se estabelece entre os

Não adentraremos na complexidade desta discussão (atinente à responsabilidade tributária). Nesse momento interessa, tão somente, a sinalização que referido tema traz à responsabilidade patrimonial (seu viés substancial) e, por conseguinte, à oferta de garantia.

Inexistem dúvidas quanto à possibilidade de oferta de garantia, em ambiente tributário, mesmo sem crise de inadimplência (responsabilidade patrimonial como mera possibilidade). Exemplo comum é a exigência de tal expediente (garantia) no parcelamento. Sua concretização finda aquela crise (tanto que gera, por si só, suspensão da exigibilidade do crédito tributário parcelado), todavia é comum a exigência de garantia à concessão do parcelamento, isto é, se reestabelecida a crise de inadimplência, já se tem parcela do patrimônio do contribuinte, ou de terceiros, destacada para tanto.

Inquestionável, assim, a proximidade entre as regras atinentes ao direito civil quando vislumbramos a garantia prestada em ambiente tributário, onde inexiste crise de inadimplência e, por conseguinte, ausência de discussão em torno da natureza deste ato (se material ou processual).

De toda sorte, é preciso um aprofundamento maior em torno do tema ainda em relação ao direito substantivo, mormente pela existência de regras próprias ao instituto da garantia positivadas no Código Tributário Nacional para, só então, adentrarmos nos comandos processuais específicos (Lei das Execuções Fiscais - LEF) que também o atingem.

---

sujeitos de uma relação obrigacional para nele entrever dois elementos diversos, a que nomeia débito/responsabilidade, atribuindo ao primeiro caráter pessoal e ao segundo caráter patrimonial." (CANTANHEDE, Luís Claudio Ferreira. O redirecionamento da execução fiscal em virtude do encerramento irregular da sociedade executada e o incidente de desconsideração da personalidade jurídica. In: CONRADO, Paulo Cesar; ARAUJO, Juliana Furtado Costa [Coords.]. *O Novo CPC e seu impacto no direito tributário*. 2ª ed., São Paulo: Fiscosoft, 2016, 48).

2.4.1 Garantias ao crédito no Código Tributário Nacional

Os arts. 183 a 185-A do CTN tratam da garantia ao cumprimento da obrigação tributária. Isso motiva alguns autores a vislumbrar, em decorrência destes enunciados, conceito próprio ao instituto quando ocorrido em contexto tributário.

Já sinalizamos, anteriormente, nossa opção por adotar a definição do conceito de garantia jungida ao direito civil, mormente por não haver qualquer dissonância a justificar adaptações àquele conceito quando da ocorrência de garantia em ambiente tributário[164] (a diferença que temos, aqui, está adstrita aos efeitos que, frise-se, não necessariamente afetam sua conceituação).

Vale reforçar: garantia ao cumprimento de uma obrigação pecuniária, inclusive de natureza tributária, decorre da responsabilidade patrimonial jungida a toda e qualquer relação jurídica desse tipo, melhor dizendo, se alguém deve pagar a outrem determinado valor, o não cumprimento desta obrigação faz nascer outro vínculo, a permitir que o credor agrida, mediante intervenção estatal, o patrimônio do devedor (responsabilidade patrimonial) e, assim, todo e qualquer bem, do devedor ou de terceiros, destinado a esta satisfação, previamente ou não à crise de inadimplência, será tido como garantia.

Garantia é tema afeto à responsabilidade patrimonial, mas tão somente em relação ao destaque de bens, do devedor ou de terceiros, para satisfação de obrigação inadimplida (ainda que potencialmente). Logo, os caminhos adotados a essa satisfação (cobrança direta ou indireta; pretensões de ampliação do polo passivo; etc.) estão próximos do instituto da garantia, mas com ele não se confundem.

---

164. "A sujeição do patrimônio do devedor à satisfação do crédito tributário – a exemplo do que se dá, em regra, com quaisquer créditos – é disposta no art. 184 do Código Tributário Nacional." (AMARO, Luciano. *Direito tributário brasileiro.* 13ª ed., São Paulo: Saraiva, 2007, p. 471).

Essa ampliação ao conceito de garantia,[165] todavia, é presente em alguns autores que tratam do tema, muito provavelmente por partirem de premissas diversas das que aqui se adota. Por exemplo, não concordamos com a inclusão das regras de responsabilidade tributária como espécie do gênero garantias.[166]

Assim como também não nos parece correto classificar a preferência (ou privilégio), que o crédito tributário possui em detrimento de outros (em concurso de credores), como alcançada pelo conjunto "garantias".[167]

Vejamos alguns pontuais dispositivos do CTN, sua relevância e aplicação às garantias ao cumprimento da obrigação tributária:

2.4.1.1 O art. 185 do CTN e a importância da averbação pré-executória

O art. 185 do CTN é extremamente relevante às nossas pretensões (guarda estrita relação com o conjunto garantias que trabalhamos), em especial após as alterações que sofreu com a Lei Complementar 118/2005. Basicamente, antecipa o marco temporal da presunção de fraude à execução quando da alienação de bens, pelo devedor tributário, que levá-lo à insolvência se, referido débito, já estiver inscrito em dívida ativa.

---

165. "O conceito amplo ou amplíssimo de 'garantia do crédito tributário' permitiria, com o perdão da palavra, colocar todo o direito tributário dentro do conceito de garantia. Afinal, praticamente todas as regras que versam a instituição (regra-matriz de incidência tributária), fiscalização (deveres instrumentais, dever de colaboração), arrecadação (substituição tributária) e cobrança de tributos visam à garantia do crédito tributário." (DINIZ, Marcelo de Lima Castro. *Garantias e privilégios do crédito tributário.* São Paulo: Tese de doutoramento na Pontifícia Universidade Católica de São Paulo. 2012, p. 115/116).

166. Em sentido diverso: "...como entender a extensão da responsabilidade tributária ao adquirente do estabelecimento (artigo 133) senão como uma garantia do crédito tributário?" (SCHOUERI, Luis Eduardo. *Direito tributário.* São Paulo: Saraiva, 2011, p. 707).

167. Em sentido diverso: "O direito ao crédito tributário necessita de certas garantias para que possa valer contra os créditos pertencentes a outras pessoas..." (TORRES, Ricardo Lobo. *Curso de direito financeiro e tributário.* 13ª ed. Rio de Janeiro: Renovar, 2006, p. 317).

Permite, pois, o desfazimento de determinadas operações entre particulares (compra e venda, por exemplo) para recompor o acervo patrimonial do devedor a fazer frente ao débito fiscal que possuir.

Insista-se, há, em ambiente tributário, momento diverso para se presumir fraude à execução: não será a alienação de patrimônio após a existência de processo judicial de cobrança que trará essa presunção, mas sim quando tal ato ocorrer após a inscrição do crédito tributário em dívida ativa (momento, portanto, anterior ao aplicado em outras searas do direito).

Inquestionável, assim, o fortalecimento da garantia ao cumprimento da obrigação tributária, pois ampliadas as chances de se desfazer operações atreladas ao patrimônio do contribuinte-devedor (para recompô-lo) e, então, majorar o acervo de bens apto a ser atingido pelo credor tributário.

Entretanto, se a fraude é presumida neste momento (alienação após a inscrição do crédito tributário em dívida ativa), como garantir ao terceiro adquirente do bem a segurança necessária para tal aquisição? Dito o mesmo de forma diversa, como dar a esse terceiro adquirente acesso a essa informação, relacionada a possível débito do vendedor inscrito em dívida ativa?

No plano geral, o cuidado que se impõe, àquele que pretende adquirir um bem (mormente imóvel) é verificar se há, ou não, processos ajuizados em desfavor do vendedor (ainda que referido bem não figure como garantia de determinada obrigação inadimplida, por já existir cobrança judicial, tal aquisição poderá ser desfeita).

Para questões tributárias, porém, tal cautela não é suficiente, já que o vendedor pode ainda não possuir Execuções Fiscais em seu desfavor, porém já ter débitos inscritos em dívida ativa, situação a motivar a decretação de fraude (presunção legal) sobre referida aquisição.

Portanto, além de requerer certidão negativa junto ao Cartório Distribuidor dos vários órgãos do Poder Judiciário (Justiça Estadual; Justiça Federal; Justiça do Trabalho; etc.) o pretenso comprador tem, também, que obter certidão negativa junto aos entes tributantes.

Olhando tão somente para a União, ou até mesmo para os Estados e o Distrito Federal, é possível exigir essa precaução do pretenso adquirente, tudo a enaltecer sua boa-fé. Quando, porém, analisamos a questão pelo prisma dos Municípios (são mais de 5 mil em todo o país), é totalmente inviável essa exigência que, infelizmente, traz total insegurança na aquisição de bens em solo brasileiro, cenário chancelado pelo STJ, em recurso repetitivo.[168]

Exemplificando, se adquiro um imóvel em São Paulo/SP, de proprietário também residente em São Paulo/SP, essa operação pode ser desfeita (por fraude à execução) se este possui dívida tributária junto ao Município de Timon/MA, cujo patrimônio restante após a venda não é suficiente para saldá-la. É razoável exigir do comprador precaução junto aos entes tributantes federais, estaduais e municipais ligados ao local do imóvel e de residência do vendedor (no exemplo dado: União; Estado de São Paulo e Município de São Paulo), mas impossível que o faça perante todos os entes tributantes do país.

Nesse contexto que a exigência desta informação (quanto à existência de débitos inscritos em dívida ativa em desfavor do proprietário), nos órgãos de registro de bens, evita a

---

168. "Conclusivamente: (a) a natureza jurídica tributária do crédito conduz a que a simples alienação ou oneração de bens ou rendas, ou seu começo, pelo sujeito passivo por quantia inscrita em dívida ativa, sem a reserva de meios para quitação do débito, gera presunção absoluta (jure et de jure) de fraude à execução (lei especial que se sobrepõe ao regime do direito processual civil); (b) a alienação engendrada até 08.06.2005 exige que tenha havido prévia citação no processo judicial para caracterizar a fraude de execução; se o ato translativo foi praticado a partir de 09.06.2005, data de início da vigência da Lei Complementar n.º 118/2005, basta a efetivação da inscrição em dívida ativa para a configuração da figura da fraude; (c) a fraude de execução prevista no artigo 185 do CTN encerra presunção jure et de jure, conquanto componente do elenco das "garantias do crédito tributário"; (d) a inaplicação do artigo 185 do CTN, dispositivo que não condiciona a ocorrência de fraude a qualquer registro público, importa violação da Cláusula Reserva de Plenário e afronta à Súmula Vinculante n.º 10, do STF." (STJ. 1ª Seção. Recurso Especial n. 1.141.990/PR. Ministro Relator Luiz Fux. DJe 19/11/2010).

perversidade em desfavor do terceiro adquirente, decorrente da regra esculpida no art. 185 do CTN.

Surge, então, a importância da chamada "averbação pré-executória", como veículo capaz de trazer essa informação (publicidade) a terceiros adquirentes de bens nos respectivos órgãos de registro (se implementada for por todos os entes tributantes, e não apenas pela União – esse, infelizmente, é o cenário atual).

Essa ferramenta (averbação pré-executória) foi inserida em nosso ordenamento jurídico pela Lei ordinária federal 13.606/2018, que acrescentou o art. 20-B à Lei ordinária federal 10.522/2002. Tal comando normativo, importante frisar, não buscava essa mera publicidade aos débitos inscritos em dívida ativa, para que terceiros adquirentes tivessem referida informação prévia e, então, pudessem adquirir bens sem o risco do seu desfazimento (por alegada fraude à execução – art. 185, CTN). O comando lá prescrito era outro, qual seja, de efetivamente constituir uma garantia assecuratória, a gerar indisponibilidade ao bem (ou bens) do contribuinte-devedor.

Tivemos a oportunidade de discorrer sobre isso, em artigo feito em coautoria com Rodrigo Dalla Pria:

> No que tange, especificamente, à averbação pré-executória, objeto deste estudo, o primeiro ponto que merece destaque é a completa ausência, no texto regulamentador, do termo 'indisponibilidade'.
>
> Essa omissão, numa leitura apressada, poderia sinalizar que a regulamentação foi aquém do disposto em lei, isto é, que o sistema de averbação instituído pela Portaria PGFN 33/2018 seria similar àquele estabelecido pelo CPC para fins de cobrança do débito privado, que é justamente o de mero instrumento de publicidade da dívida, sem implicar restrição aos direitos de propriedade do devedor, inclusive o direito de dispor do bem.
>
> Tal conclusão, queremos crer, é equivocada, pois a despeito de não utilizar o termo "indisponibilidade", a Portaria PGFN 33/2018 traz dispositivos que evidenciam a emanação de tais efeitos (indisponibilidade) como consequência da averbação pré-executória. É exatamente o caso do dispositivo (art. 27 da Portaria PGFN 33/2018) que regulamenta a impugnação do débito

> pelo terceiro 'pretenso-adquirente' do bem sobre o qual recai a averbação, que expressamente dispõe que a aquisição do bem (via registro, do novo proprietário, nos órgãos pertinentes) pelo terceiro depende, necessariamente, do cancelamento da averbação, o que indica efetiva restrição ao direito de propriedade do devedor tributário (e não mera publicidade).
>
> A indisponibilidade, portanto, é consequência da averbação pré-executória, e a Portaria PGFN 33/2018 não infirma essa conclusão.[169]

O comando existente, mesmo após a sua regulamentação pela Portaria PGFN 33/2018, não se aproximava da averbação regrada em ambiente processual geral (art. 828, CPC), voltado exclusivamente à publicidade do débito, a alertar terceiros de eventual risco na aquisição de bens (se capaz de levar o devedor à insolvência). Ele ia além, para impor indisponibilidade a referido bem (ou bens), como efetivo destaque patrimonial que, no momento oportuno, seria convolado em garantia executiva (exatamente a função da garantia assecuratória, como será tratado no Capítulo 4 da Parte II deste estudo). A própria Portaria PGFN 33/2018 sinalizava essa convolação de espécies de garantia (de assecuratória para a garantia executiva).[170]

Inquestionável, portanto, que a indisponibilidade mencionada no art. 20-B da Lei 10.522/2002 (inserido pela Lei 13.606/2018) distanciava essa ferramenta da mera averbação (apesar do nome que lhe foi dado), tornando-a espécie de garantia ao cumprimento da obrigação tributária.

E, interessante ressaltar, estar-se-ia diante de uma garantia assecuratória ao cumprimento da obrigação tributária,

---

169. DALLA PRIA, Rodrigo; e CASTRO, Danilo Monteiro de. Objeções à constitucionalidade da averbação pré-executória instituída pela Lei 13.606/2018: possíveis razões para a invalidação das normas veiculadas pelos artigos 20-B e 20-E da Lei 10.522/2002. In: ARAUJO, Juliana Furtado Costa; e CONRADO, Paulo Cesar [Coords.]. *Inovações na cobrança do crédito tributário*. São Paulo: RT, 2019, p. 79.

170. Portaria PGFN 33/2018:
"Art. 36. (...)
§ 2º Os bens e direitos submetidos à averbação pré-executória serão indicados à penhora na petição inicial, com requerimento de conversão da averbação pré-executória em penhora."

capaz de ser imposta ao contribuinte (involuntária) sem intervenção do Estado-Juiz.

Por esse (garantia assecuratória imposta direta, e exclusivamente, pelo Estado-fisco) e outros motivos o STF, quando do julgamento de seis Ações Diretas de Inconstitucionalidade (5.881, 5.886, 5.890, 5.925, 5.931 e 5.932), ajuizadas em detrimento de referido dispositivo legal (art. 20-B, da Lei 10.522/2002), entendeu por manter em nosso sistema a averbação pré-executória, retirando, porém, a indisponibilidade como um de seus efeitos.[171]

Ao assim proceder, a Suprema Corte aproxima essa ferramenta da averbação geral (disposta no CPC), utilizada tão somente como mero procedimento informativo do débito (publicidade a terceiros) que, no contexto tributário, se justifica com a simples inscrição em dívida ativa, ante o teor do art. 185 do CTN.[172]

Como informação prévia a terceiros (adquirentes de bens), estamos diante de ferramenta interessante, mas que somente surtirá efeitos se implementada por todos os entes tributantes (e não apenas pela União), até porque o problema em relação a esse tema é gravíssimo perante débitos fiscais municipais (impossível um terceiro adquirente verificar, junto

171. "Inconstitucionalidade material da indisponibilidade de bens do devedor na via administrativa. A indisponibilidade tem por objetivo impedir a dilapidação patrimonial pelo devedor. Todavia, tal como prevista, não passa no teste de proporcionalidade, pois há meios menos gravosos a direitos fundamentais do contribuinte que podem ser utilizados para atingir a mesma finalidade, como, por exemplo, o ajuizamento de cautelar fiscal. A indisponibilidade deve respeitar a reserva de jurisdição, o contraditório e a ampla defesa, por se tratar de forte intervenção no direito de propriedade." (STF. Plenário. ADI 5.890/DF. Ministro redator do acórdão Roberto Barroso. DJe 05/04/2021).

172. "Constitucionalidade da averbação da certidão de dívida ativa em registros de bens e direitos em fase anterior ao ajuizamento da execução fiscal. A mera averbação da CDA não viola o devido processo legal, o contraditório e a ampla defesa, a reserva de jurisdição e o direito de propriedade. É medida proporcional que visa à proteção da boa-fé de terceiros adquirentes de bens do devedor, ao dar publicidade à existência da dívida." (STF. Plenário. ADI 5.890/DF. Ministro redator do acórdão Roberto Barroso. DJe 05/04/2021).

a todos os Municípios brasileiros, se o vendedor possui débitos fiscais inscritos em dívida ativa para, então, analisar se a alienação o levará à insolvência).

Por tudo isso, *não é mais possível classificar a "averbação pré-executória" como espécie do gênero garantias ao cumprimento da obrigação tributária, tornando-se, pela decisão do STF (em controle concentrado de constitucionalidade), mero procedimento informativo, a dar publicidade a terceiros.*

Por fim, necessário ressaltar que o art. 185-A do CTN também é de suma importância às nossas pretensões, já que explicita veículo próprio à obtenção de garantia (assecuratória) ao cumprimento da obrigação tributária. Todavia, como destinaremos a esse tema item próprio (4.4.), no Capítulo 4 da Parte II deste estudo, não aprofundaremos, neste momento, referido assunto.

2.4.1.2 O que realmente importa nos arts. 183 e 184 do CTN

Em contrapartida ao disposto no subitem anterior (importância dos arts. 185 e 185-A do CTN), para o instituto da garantia, poucas questões dispostas nos arts. 183 e 184 são relevantes, isto é, trazem comandos não possíveis de serem construídos sem a existência de referidos enunciados.[173] O parágrafo único do art. 183, inclusive, é muito criticado pela doutrina.[174]

---

173. *"O art. 184 assinala que responde pelo pagamento do crédito tributário a totalidade dos bens ou rendas do sujeito passivo, o que é óbvio."* (JARDIM, Eduardo Marcial Ferreira. *Manual de direito financeiro e tributário.* 4ª ed., São Paulo: Saraiva, 1999, p. 280).

174. "O Código anota que 'a natureza das garantias atribuídas ao crédito tributário não altera a natureza deste nem a da obrigação tributária a que corresponda' (art. 183, parágrafo único). É difícil imaginar o que teria pretendido o legislador com tal afirmação, pois é óbvio que o crédito de natureza tributária não passa a ser civil, comercial ou de qualquer outra natureza pelo só fato de estar garantido ou privilegiado." (AMARO, Luciano. *Direito tributário brasileiro.* 13ª ed., São Paulo : Saraiva, 2007, p. 470). "A formulação nos parece desnecessária, sobre conter, outra vez, a dualidade entre crédito e obrigação, que tantas questões pode levantar. Não faria senso admitir que o crédito tributário, assegurado por garantia real ou fidejussória, tivesse alterada a sua índole, perdendo o caráter inicial. Pior ainda imaginar que a modificação se operasse no próprio vínculo obrigacional em que irrompeu o direito subjetivo do credor, que chamamos de crédito." (CARVALHO, Paulo de Barros.

Vislumbram-se relevantes duas pontuais regras lá existentes, a saber: [i] quaisquer ônus gravados sobre o bem, em especial cláusulas de inalienabilidade e impenhorabilidade, seja qual for a data de sua constituição, não impedem que ele seja agredido pelo credor tributário (segunda parte do art. 184); e [ii] que a lei (ordinária), em função da natureza ou das características do tributo a que se refiram, pode tratar do tema garantias ao cumprimento da obrigação tributária (art. 183).

Quanto ao item "i", é importante salientar que a regra que dispõe sobre o alcance de bens gravados por ônus real é afeta mais ao instituto do privilégio da obrigação tributária, do que da garantia. Isso porque, a obrigação tributária terá prioridade em detrimento de outro crédito, ainda que este possua uma garantia pré-constituída em seu favor (ônus real).

Em relação às cláusulas de inalienabilidade e impenhorabilidade, ao inverso, estas se aproximam mais do instituto da garantia, do que do privilégio, pois estamos tratando de cláusulas formatadas pela vontade do devedor, que devem ser afastadas sempre que restar evidenciada sua pretensão de lesar credores (redução do patrimônio apto a fazer frente às dívidas, mediante mecanismos como este). O que se tem em matéria tributária (estendida pelo art. 30 da LEF à dívida ativa como um todo) é a presunção legal de que tal ônus implica essa lesão ao credor e, portanto, são superadas tais cláusulas sem qualquer dilação probatória.

Insista-se, não há um cotejo entre créditos a justificar a prevalência da obrigação tributária em detrimento de outras. O que se tem é a não observância de cláusulas contratuais postas pelo devedor, de inalienabilidade e/ou impenhorabilidade, como uma presunção legal de que estas implicam lesão ao credor tributário (ante pretensa mitigação à responsabilidade patrimonial).

Curso de direito tributário. 24ª ed., São Paulo: Saraiva, 2012, p. 646).

Se, porém, a impenhorabilidade decorrer da lei, o próprio art. 184 explicita que o credor, mesmo de uma obrigação tributária, não poderá atingir referido bem.[175]

O item "ii" anteriormente destacado merece uma análise mais cuidadosa, pois pode ser interpretado de forma restritiva, no sentido de que o tema (garantias ao cumprimento da obrigação tributária) é de competência do legislador complementar, cabendo apenas ao legislador ordinário regrá-lo se, e somente se, houver peculiaridades específicas do tributo a justificá-las. Não concordamos com essa construção!

2.4.1.3 Há necessidade de Lei Complementar para dispor sobre o tema "garantias ao cumprimento da obrigação tributária"?

O Código Tributário Nacional (lei com *status* de complementar) trouxe os comandos normativos gerais atinentes ao tema garantias ao cumprimento da obrigação tributária (tratados anteriormente) e, além disso, regrou ser possível a inserção, por cada ente tributante, de normas outras a ampliar tais garantias perante os tributos de sua competência.

O fez, é verdade, mediante enunciado com profunda vagueza (usual em linguagens técnicas, muito próximas do discurso ordinário, como a do Legislativo),[176] que permite construção a limitar essa faculdade do legislador ordinário a situações em que se fazem presentes certas peculiaridades,

---

175. "...bens absolutamente impenhoráveis a que se refere o art. 184 do CTN significam aqueles que decorrem direta e exclusivamente da lei, sendo independente de qualquer ato de vontade (...) Não se incluem na lista, portanto, os bens impenhoráveis e os inalienáveis por cláusulas contratuais." (CARVALHO, Paulo de Barros. *Curso de direito tributário.* 24ª ed. São Paulo: Saraiva, 2012, p. 655/656).

176. "As regras emanadas do Poder Legislativo, em razão de sua compostura heterogênea, decorrência inevitável da representatividade política, revela presença menor de termos com acepção precisa e predominância incontestável do linguajar comum." (CARVALHO, Paulo de Barros. *Direito tributário, linguagem e método.* 3ª ed., São Paulo: Noeses, 2009, p. 58).

ligadas à natureza ou às características do tributo a que se refiram.

Como afirmado alguns parágrafos acima, não nos parece ser essa interpretação, próxima à literalidade do texto, a mais adequada.

Isso porque, não há razão para imposição de limites. Se não estivermos diante de um comando geral a infirmar o regrado no CTN, há sim autonomia para o legislador ordinário dispor sobre o tema garantias ao cumprimento da obrigação tributária, mormente pela proximidade do assunto a questões processuais (já vimos isso neste Capítulo; e voltaremos a ele no subitem subsequente), cuja disposição compete ao legislador ordinário federal.

Tanto é assim que não lograram êxito questionamentos em torno de vícios formais à instituição da indisponibilidade de bens decorrentes da Ação Cautelar Fiscal, veiculada pela Lei ordinária federal 8.397/1992 (voltaremos nossas atenções à garantia gerada com essa Ação na Parte II deste estudo – mais especificamente no item 4.3).

Insista-se, não há problema formal pela disposição (inclusive ampliação) do legislador ordinário em relação à matéria "garantia a obrigação tributária" se, e somente se, tal regulação não figurar como regra geral substantiva e, principalmente, não infirmar disposições atinentes ao tema, direta ou indiretamente, já veiculadas por lei complementar.

E isso mesmo que se tenha tal inserção normativa a atingir, apenas, um dos entes tributantes, como autorizado pelo art. 183 do CTN. Note que todos poderão criar regras similares (insista-se, sem desrespeitar os comandos – gerais – existentes no CTN) e, assim, frágil a alegada desarmonia entre os entes, a exigir um comando geral e, por conseguinte, via lei complementar.[177]

---

177. Em sentido diverso: "...a necessidade de reserva de lei complementar decorre do fato de tratar-se de uma garantia do crédito tributário, o que demandaria um tratamento

Exemplo clássico desta permissão ao legislador ordinário de cada ente tributante encontra-se na exigência de garantia à concessão de parcelamento. É comum termos referida condição em determinado parcelamento, não presente em outros, de entes tributantes diversos, e ninguém questiona ser tal cenário criador de desarmonia entre eles, por promover desiguais garantias ao crédito tributário.

Note-se, ademais, que o exemplo acima (atinente à garantia como condição à concessão de parcelamento) também rechaça aquela construção restritiva de estar o legislador ordinário apenas autorizado a criar novas garantias se presentes peculiaridades próprias ao tributo de sua competência. A garantia exigida para o deferimento de parcelamento não guarda, por regra, qualquer relação com especificidades do tributo, normalmente sequer há segregação entre os tributos objeto do parcelamento (a garantia está adstrita ao valor inadimplido, e não a particularidades dos tributos componentes do todo em aberto).

Essa questão (veículo normativo apto a tratar do tema garantias ao cumprimento da obrigação tributária) é extremamente atual ante a criação da chamada "averbação pré-executória" pela lei ordinária federal 13.606/2018, anteriormente analisada, sendo que um dos questionamentos quanto à constitucionalidade de referida norma passou pelo seu veículo introdutor (lei ordinária, e não lei complementar), mas o desfecho dado pelo STF não reconheceu essa pecha formal.[178]

---

uniforme dos créditos tributários de todos os entes da Federação..." (RIBEIRO, Mellissa Freitas. O novo modelo de cobrança do crédito tributário da União: uma análise crítica sobre vantagens e retrocessos dos "novos" institutos criados pela Portaria n. 33/2018 da PGFN. In: *Revista Direito Tributário Atual* n. 43. São Paulo: IBDT, 2019, p. 299).

178. "Ausência de inconstitucionalidade formal. Matéria não reservada à lei complementar. Os dispositivos impugnados não cuidam de normas gerais atinentes ao crédito tributário, pois não interferem na regulamentação uniforme acerca dos elementos essenciais para a definição de crédito. Trata-se de normas procedimentais, que determinam o modo como a Fazenda Pública federal tratará o crédito tributário após a sua constituição definitiva." (STF. Plenário. ADI 5.890/DF. Ministro redator do acórdão Roberto Barroso. DJe 05/04/2021).

Em suma, regras de viés material que tratam da garantia ao cumprimento da obrigação tributária encontram no CTN disposições de cunho geral (poucas regras de especial relevância, insista-se, como destacado anteriormente), que podem ser ampliadas por lei ordinária (se não desrespeitarem tais comandos gerais veiculados por lei com *status* de complementar).

E é na legislação ordinária processual, que especificamente atinge o crédito tributário, que se encontram pontos importantíssimos à diferenciação dos efeitos da garantia prestada neste ambiente, em detrimento de outros.

2.4.2 A importância dos comandos processuais existentes na Lei de Execuções Fiscais – LEF

Quando voltamos atenção a comandos processuais tributários (sempre lembrando nossa inclinação ao viés substantivo da responsabilidade patrimonial, ainda que a garantia seja concretizada naquele contexto), em que pese a importância e influência da lei geral nos conflitos tributários, em especial nas Execuções Fiscais, visualizam-se pontuais diferenças de suma importância a este trabalho.[179]

Dito o mesmo de modo diverso, a Lei de Execuções Fiscais (LEF) traz comandos normativos, direta ou indiretamente, relevantíssimos a alguns dos peculiares efeitos às garantias prestadas em âmbito tributário, tanto relativos à sua

179. "Com efeito, não se pode, por exemplo, colocar num mesmo patamar a execução fiscal e aquela em que o credor é ente privado. A primeira não apenas é regida por processo próprio, mas apresenta peculiaridades de ordem operacional que a apartam da outra de maneira muito relevante; a começar dos mecanismos de cobrança e de recolhimento de tributos, passando pela formação do título executivo. Aliás, o peso que os executivos fiscais têm no volume total de feitos, mesmo sem aqui invocar estatísticas, explica os números impressionantes de processos pendentes de julgamento no Judiciário. Então, quando se fala dos problemas da execução civil, a execução fiscal é capítulo que merece tratamento separado." (YARSHELL, Flávio Luiz. *Ampliação da responsabilidade patrimonial:* caminho para solução da falta de efetividade da execução civil brasileira? In: ALVIM, Arruda; ARRUDA ALVIM, Eduardo; BRUSCHI, Gilberto Gomes; CHECHI, Mara Larsen; e COUTO, Mônica Bonetti [Coords.]. Execução Civil e temas afins (Do CPC/1973 ao Novo CPC) – Estudos em Homenagem ao Professor Araken de Assis. São Paulo: RT, 2014, p. 391).

constituição quanto, principalmente, aos posteriores atos de expropriação.

Tudo, diga-se, em total harmonia com as regras substantivas atinentes à matéria, em especial aquelas veiculadas pelo CTN. Vejamos:

2.4.2.1 A diferenciação classificatória trazida pela legislação especial

O primeiro destes pontos guarda relação com a não utilização, na LEF, do termo "penhora" como gênero dos quais outras garantias (tal qual o "depósito" ou a "fiança bancária") são espécies, como ocorre atualmente na legislação geral (CPC – vide subitem 2.3.1, desta Parte I).

A LEF explicita de forma transparente em seu art. 9º que em garantia da execução o devedor poderá: [i] efetuar depósito em dinheiro; [ii] oferecer fiança bancária ou seguro garantia; [iii] nomear bens à penhora; e [iv] indicar bens oferecidos por terceiros à penhora.

Difícil, então, partindo desse comando normativo, asseverar ser a penhora, em ambiente processual tributário, gênero do qual quaisquer outras modalidades de garantia são espécies.

É verdade que se pode afirmar ser tal diferenciação (depósito, fiança bancária ou seguro garantia e penhora, como espécies distintas de uma mesma classe) afeta, apenas, ao momento em que é dado ao executado o direito de oferecer garantia (situação que, como visto anteriormente, não se faz mais presente no cenário processual geral – CPC), isto é, quando temos uma constrição efetivada pelo Juízo, estar-se-ia diante de penhora (ainda que sobre dinheiro).[180]

---

180. "Conforme dito no item precedente, por vezes o legislador se refere à penhora, como nos arts. 11 e 15 da LEF, por vezes se refere à garantia do juízo, como nos arts. 8º, 9º e 10 do mesmo diploma legal. Aqui há uma sutil, mas importante distinção: as garantias à execução são oferecidas pelo executado, enquanto a penhora é ato judicial realizado por agentes públicos, como os oficiais de justiça ou os notários." (BECHO, Renato Lopes. *Execução fiscal:* análise crítica. São Paulo: Noeses, 2018, p. 34/35).

Essa é uma classificação possível (e plausível) a depender dos anseios do agente que analisa referido objeto (garantias em sede de execução fiscal). Como nossa pretensão é o estudo deste conjunto (garantias) pelos peculiares efeitos gerados em ambiente tributário, não nos é pertinente essa segregação, ou seja, irrelevante se a constrição se deu voluntariamente ou não (os efeitos são os mesmos) e, por isso, tomar o termo "penhora" como gênero daquela classe não nos é interessante.

Portanto, pertinente às nossas pretensões a sinalização classificatória oriunda do art. 9º da LEF, inclusive para constrições contrárias à vontade do devedor.

Assim, no contexto tributário, penhora é espécie do gênero garantia, a se filiar ao conjunto das garantias reais (jamais fidejussória) que se consuma (ato judicial necessário) em ambiente executivo fiscal, decorrente ou não de prévia oferta do executado, atinente a bens do devedor ou de terceiros (exceto dinheiro) e que, por fim, permite a provocação do Estado-Juiz para adoção dos próximos passos necessários à expropriação voltada à satisfação forçada do crédito tributário.

Paulo Cesar Conrado[181] reconhece a importância dessa distinção, de ser a penhora espécie do gênero garantias, juntamente com o depósito e as garantias fidejussórias (fiança bancária e seguro garantia):

> ...o pressuposto a que os processos executivos se vinculam não é propriamente a *penhora*, senão a *garantia da execução* (ou *garantia do cumprimento da obrigação exequenda*), sendo certo dizer, por isso, que penhora se apresenta como espécie de um gênero em cujo bojo se encontram, afora a própria penhora, o depósito, a fiança e o seguro garantia...

Logo, a segregação existente no art. 9º da LEF é uma sinalização interessante a permitir essa construção, qual seja, garantias como gênero do qual são espécies: [i] depósito, [ii] fiança bancária ou seguro garantia; e [iii] penhora.

181. CONRADO, Paulo Cesar. *Execução fiscal*. 3ª ed., São Paulo: Noeses, 2017, p. 198.

Veremos ao final deste Capítulo que referido conjunto (garantias ao cumprimento da obrigação tributária) comporta duas outras espécies importantíssimas, quando da segregação pelos efeitos gerados.

2.4.2.2 O direito de oferecer garantia (equiparação hierárquica das espécies)

O segundo ponto importante atinente às garantias existente na LEF, mas que não influi diretamente nos seus efeitos, diz respeito ao próprio direito do executado ofertar bens em garantia, antes de uma constrição judicialmente imposta.

Vimos que a legislação processual geral afastou essa regra, isto é, lá o executado é citado para pagar o débito e, se não o fizer, sofrerá atos de constrição que independem da sua vontade (não lhe é mais facultado o direito de oferecer prévia garantia). Aqui, na LEF, o executado é citado para pagar o débito ou nomear bens a garanti-lo, mediante depósito, fiança bancária ou seguro-garantia, ou, ainda, oferta de bens à penhora (inclusive de terceiros).

Esse é um interessante momento processual onde é possível afirmar inexistir hierarquia entre as garantias, pois se o legislador dá ao executado o direito de ofertar quaisquer delas, não pode o exequente se insurgir, por exemplo, contra o imóvel dado em penhora, tão somente porque prefere dinheiro (garantia com maior liquidez).[182]

Há, insista-se, equiparação hierárquica destas modalidades de garantia para fins executivos (o executado pode ofertar quaisquer delas, se respeitado o prazo previsto em lei). Cabe,

---

182. "...para fins de execução fiscal, a primeira fase procedimental vem marcada, em sua especialidade, por um regime de garantias que lhe é próprio: nesse regime, embora economicamente distintas (cada qual ostentando um nível de liquidez), as garantias são juridicamente equiparadas – todas servem, de igual modo, ao mesmo propósito." (CONRADO, Paulo Cesar. *O "novo" art. 151, II, do Código Tributário Nacional: o* impacto do art. 835, § 2º, do novo Código de Processo Civil em relação à suspensão, via depósito, da exigibilidade do crédito tributário. *Revista de Direito Tributário Contemporâneo* n. 1. São Paulo: RT, 2016, p. 171).

então, ao exequente demonstrar a baixa liquidez do bem ofertado (a inviabilizar os posteriores atos expropriatórios), ou seja, insurgir-se contra ele, e não em face da sua relação com outras espécies de garantia.[183]

De toda sorte, essa é uma situação importante para fins estratégicos à lesão patrimonial, pois cabe ao executado ofertar bens passíveis de liquidação (a minimizar as chances de insurgência por parte do exequente), porém de menor impacto ao seu patrimônio (na prática, alguns bens sofrem maior impacto com uma constrição do que outros). Todavia, isso em nada influi nos efeitos que tal garantia gera. Exemplificando, o fato de poder, o executado, ofertar um bem imóvel à penhora, em vez de depositar em juízo o valor da exação em cobro, não significa que os efeitos inerentes ao depósito serão transferidos para a constrição daquele bem imóvel, pelo contrário, este não trará suspensão da exigibilidade como o depósito.

Portanto, esse é um importante ponto às garantias ao cumprimento da obrigação tributária (num dado momento processual – diferentemente do que ocorre no ambiente geral, do CPC – o devedor poderá ofertar bens à garantia sem respeitar uma ordem pré-estabelecida), mas que em nada altera os efeitos delas decorrentes, mormente aqueles destacados neste trabalho como peculiares.

183. "Isso não significa, ressalte-se, que qualquer oferta é, na aludida fase, de aceitação compulsória: bens nomeados à penhora que são, por suas características, de difícil comercialização, podem ser perfeitamente recusados pelo credor, dado que não atendem ao propósito (econômico) da tutela executiva.
O que não se pode cogitar, porém, é que, em execução fiscal (justamente por conta das decantadas normas especiais, as dos arts. 8º e 9º), a Fazenda credora, ouvida sobre nomeação de garantia, a recuse sob o argumento de que o 'dinheiro vivo', sendo dotado de maior liquidez econômica, prepondera sobre as outras figuras." (CONRADO, Paulo Cesar. O "novo" art. 151, II, do Código Tributário Nacional: o impacto do art. 835, § 2º, do novo Código de Processo Civil em relação à suspensão, via depósito, da exigibilidade do crédito tributário. *Revista de Direito Tributário Contemporâneo* n. 1. São Paulo: RT, 2016, p. 171 – nota de rodapé n. 12).

2.4.2.3 A aplicação subsidiária do Código de Processo Civil e os impactos das mudanças ocorridas nesta legislação geral

E, por fim, temos a relevante influência que as normas processuais gerais (CPC) trazem às regras existentes na LEF, a justificar interpretações diversas, especialmente em relação aos efeitos gerados pela garantia prestada em conjunto com a instauração de conflito (Embargos à Execução Fiscal).

Isso tudo se deve em razão do comando presente no art. 1º da LEF que assevera ter, o Código de Processo Civil, aplicação subsidiária na regulação da Execução Fiscal. E como se sabe, o CPC sofreu significativas alterações nas regras atinentes à execução no ano de 2006 (através da Lei ordinária federal 11.382), especialmente em temas onde inexiste expressa previsão na LEF, isto é, instauraram-se grandes discussões em torno destes assuntos, mormente aqueles ligados ao efeito suspensivo aos Embargos à Execução Fiscal.

Antes de referida alteração promovida no CPC em 2006, o efeito suspensivo era consequência da oferta de Embargos à Execução, especialmente porque a garantia integral do débito era uma condição necessária à utilização daquele veículo (ação) de defesa tanto no contexto geral (CPC) quanto no especial (LEF).

Sendo assim, era correta a constatação de que a oferta integral de garantia (em quaisquer das modalidades possíveis: depósito; fiança ou seguro garantia[184]; e penhora) cumulada com a instauração do conflito (via de regra, mediante oferta de Embargos à Execução Fiscal) implicaria ineficácia técnico-normativa à marcha da exigibilidade (suspendendo-a), já que nenhum outro comando normativo voltado à satisfação do crédito poderia ser inserido no sistema, enquanto perdurasse aquele cenário (pendência de julgamento dos Embargos à Execução Fiscal).

Isso, inclusive, justificava a interpretação de ser, o art. 206 do CTN, comando complementar à suspensão da exigibilidade,

---

184. À época, havia grande controvérsia em torno da possibilidade de utilizar seguro garantia em Execução Fiscal, findada apenas em 2014 com alterações promovidas na LEF pela Lei 13.043.

atingindo amplamente as normas de cobrança (tanto os atos ligados à cobrança direta, quanto aqueles jungidos às indiretas, teriam de ser sustados, em razão da garantia prestada – por quaisquer das modalidades possíveis – ante a subsequente instauração do conflito via Embargos à Execução Fiscal).

Insista-se, antes das mudanças ocorridas em 2006 (pela Lei ordinária federal 11.382), era possível afirmar que a constituição integral de garantia em sede de executivo fiscal, somada a instauração de conflito (por Embargos à Execução Fiscal, ou até mesmo Ação Anulatória autônoma) trazia suspensão da exigibilidade, pois a penhora de um imóvel em valor igual ou superior ao do débito em cobrança, questionado por subsequentes Embargos à Execução Fiscal, trazia a consequência de impedir novos atos voltados à satisfação do crédito tributário (trava à marcha da exigibilidade), inclusive aqueles de cunho indireto (ante a regra presente no art. 206 do CTN).

Esse cenário, porém, não se faz mais presente.

Com as alterações legislativas promovidas em 2006, no contexto normativo processual geral, a oferta de Embargos à Execução deixa de estar vinculada a existência prévia de garantia, porém só será atribuído efeito suspensivo aos Embargos se: houver referida garantia (e de forma integral); e houver a presença dos requisitos necessários à concessão de uma decisão não exauriente (*periculum in mora* e *fumus boni iuris*).

Quando olhamos para a LEF temos: [i] regra exigindo prévia garantia (art. 16) à oferta de Embargos à Execução Fiscal; mas [ii] ausência de comando expresso atribuindo efeito suspensivo automático a tais Embargos.

Muitos defenderam, é verdade, posição no sentido de que esse efeito suspensivo era consequência lógica do contexto normativo especial (da LEF) que ainda exigia prévia garantia à oferta dos Embargos à Execução Fiscal.[185]

185. "Estou certo de que em sede fiscal os embargos deverão ser sempre recebidos no efeito suspensivo, ou seja, deverão suspender o curso normal da execução. Isto porque não se aplica a nova regra do Código de Processo Civil a respeito dos embargos, regra

O STJ, quando do enfrentamento desta matéria (inclusive no recurso repetitivo n. 1.272.827/PE), entretanto, optou por não seguir essa linha e, em razão das alterações promovidas pela Lei 11.382/2006 ao CPC, cumulado com as disposições existentes na LEF, construiu as seguintes interpretações (relatos vencedores, pelo menos até o presente momento):

[i] é necessário preencher os requisitos da lei geral para concessão de efeito suspensivo aos Embargos à Execução fiscal (não basta, portanto, a sua interposição, é preciso observar a disposição hoje constante no art. 919, § 1º, do CPC/2015);

[ii] A garantia continua sendo requisito obrigatório à oferta de Embargos à Execução Fiscal e, portanto, o prazo para interposição desta ação é aquele existente no art. 16 da LEF (não se aplica aqui o disposto na lei processual geral, onde o prazo para Embargos inicia-se com a citação do executado); e

[iii] Definiram-se certas regras atinentes aos atos expropriatórios na ausência de efeito suspensivo atribuído aos Embargos à Execução Fiscal, quando estes ainda estiverem em curso (ao invés de ser possível extinguir a execução com a entrega de valores ao exequente – como ocorre no regramento processual geral – os atos expropriatórios podem aqui correr, mas até determinado ponto, qual seja, quando tivermos garantia em dinheiro).

O último item é de suma importância a evidenciar que, com a interpretação prevalecente (relato vencedor no STJ), após as alterações promovidas pela Lei 11.282/2006, não é mais possível afirmar que toda e qualquer garantia constituída em executivo

---

que só pode florescer num sistema em que a garantia do juízo não seja obrigatória..." (CARMONA, Carlos Alberto. *Alterações do Código de Processo Civil e Execuções Fiscais.* Revista de Direito Tributário n. 107/108. São Paulo: Malheiros, 2009, p. 92). "Utilizando-se de interpretação sistemática dos arts. 16, 19, e parágrafo 2º do art. 32, percebe-se que a Lei de Execuções Fiscais é suficientemente clara quanto à concessão do efeito suspensivo quando da oposição de embargos. Em havendo disposição da LEF que regulamente a questão concernente à atribuição do efeito suspensivo aos embargos, por ser lei especial, ainda que anterior, é a que deve ser aplicada em detrimento às regras da Lei 11.382/06." (MARINS, James. As alterações do CPC promovidas pela Lei 11.382/06 e a Execução Fiscal. In.: ROCHA, Valdir de Oliveira [Coord.]. *Grandes questões atuais do direito tributário.* 12º Vol. São Paulo: Dialética, 2008, p. 301/302).

fiscal, ainda que se instaure conflito (via Embargos à Execução Fiscal), traz suspensão à exigibilidade do crédito tributário, pois a inexistência de automático efeito suspensivo àquela ação não sustará atos ligados à sua cobrança direta, logo, atos expropriatórios poderão ser adotados até que se tenha a conversão da garantia em dinheiro (ou que esta seja a garantia inicial).

Insista-se, o depósito (voluntário ou não) continua a impor trava à marcha da exigibilidade (suspensão desta), pois se ele for a garantia inicial, não há que se falar em atos de expropriação (irrelevante a atribuição de efeito suspensivo aos Embargos à Execução Fiscal quando a garantia prestada for depósito).[186] Se, porém, a garantia for outra (penhora, por exemplo), ter-se-ão tais atos expropriatórios até que haja mutação da garantia, de penhora para depósito (depósito em juízo do produto da arrematação de um bem em hasta pública, por exemplo), momento em que não mais será possível adotar medidas expropriatórias (suspensão da exigibilidade do crédito tributário – art. 151, II, CTN).

É verdade que no Recurso Especial n. 1.272.827/PE, o voto vencedor que explicita o raciocínio acima busca fundamento não no art. 151, II, do CTN, mas sim no art. 32 da LEF, em conjunto com a sistemática de pagamento mediante precatório, a afastar possível ressarcimento do contribuinte em caso de êxito nos Embargos à Execução Fiscal.[187]

---

186. "A garantia realizada mediante depósito do montante integral do débito exequendo, dada a força suspensiva da exigibilidade do crédito tributário que lhe atribui o art. 151, inciso II, do CTN, implica a retirada de um dos requisitos de exequibilidade do título (CDA) que aparelha a pretensão executiva, obstaculizando a continuidade do processo executivo fiscal. Em tais circunstâncias, a inexequibilidade provisória do débito perdurará até o trânsito em julgado da decisão que vier a julgar os embargos do executado." (DALLA PRIA, Rodrigo. *Direito processual tributário*. São Paulo: Noeses, 2020, p. 538).

187. "Uma das justificativas trazidas pelo Ministro Mauro Campbell Marques, na relatoria do REsp 1.272.827/PE, para validar seu argumento de que a LEF está em harmonia com a não automaticidade do efeito suspensivo quando da interposição de Embargos à Execução Fiscal, foi a interpretação conjunta do art. 21 cumulado com o § 2º do art. 32 da própria LEF que, no seu entender, permitem a 'marcha normal' da Execução Fiscal, mesmo que com a interposição de Embargos.

A preocupação com o rito dos precatórios, ante sua conhecida morosidade, é questão menor em relação ao problema tratado neste julgado (possível avanço da marcha da exigibilidade, com a alienação de bens, mesmo havendo Embargos do executado pendentes de final julgamento).

Em contrapartida, a fundamentação escorada no art. 32 da LEF (em especial no seu § 2º) é bem mais pertinente, principalmente por estar em harmonia com o inciso II do art. 151 do CTN, isto é, reforça aquele comando veiculado por lei ordinária a impossibilidade de se adotar atos de cobrança (inclusive os expropriatórios) quando se tem suspensão da exigibilidade do crédito tributário (ineficácia técnico-normativa à marcha da exigibilidade), mormente quando fruto de depósito. *Insista-se, a ratio fundada no art. 32 da LEF passa, obrigatoriamente, pelo art. 151, II, do CTN.*

Por fim, quer nos parecer que esses atos expropriatórios não mais podem ser adotados se a garantia existente for fiança bancária ou seguro-garantia. Ante a equiparação prevista no art. 835, § 2º, do CPC, os Embargos à Execução Fiscal, ainda que não se atribua efeito suspensivo, justificam a paralização de quaisquer atos expropriatórios por estarem atrelados a esse tipo de garantia (fidejussória em ambiente conflituoso) que, por equiparação processual, implicam aquele efeito material, qual seja, suspensão da exigibilidade do crédito tributário (veremos isso ainda neste Capítulo e, principalmente, no Capítulo 2 da Parte II).

Para tanto, assevera o Ministro: '...da própria LEF pode colher dispositivo expresso que evidencia a possibilidade de se conciliar a apresentação de embargos com o prosseguimento da execução até a alienação. Trata-se do art. 21 que disciplina a alienação antecipada dos bens penhorados (...) depositando-se o valor dos bens alienados no aguardo do desfecho do julgamento dos embargos do devedor, adotando-se, no âmbito federal, a sistemática prevista na Lei n. 9703/98, que disciplina os depósitos judiciais de tributos e contribuições federais, o que evitaria a necessidade de seguir o rito dos precatórios na constatação do indébito em sede de embargos'." (CASTRO, Danilo Monteiro de. Os efeitos dos Embargos à Execução Fiscal e o Código de Processo Civil de 2015. In: CONRADO, Paulo Cesar [Coord.]. *Processo tributário analítico*. Vol. 3. São Paulo: Noeses, 2016, p. 271/272).

2.5 Dos peculiares efeitos gerados pela garantia prestada em ambiente tributário

Feita essa evolução em torno do tema garantias ao cumprimento da obrigação, desde o direito privado, passando pelo direito processual e, então, adentrando às pontuais regras jungidas ao direito tributário (tanto as de cunho substancial quanto processual), é chegado o momento de aprofundarmos a pesquisa exatamente no tema central deste estudo, qual seja, peculiares efeitos gerados por este instituto, quando da sua ocorrência em ambiente tributário.

Já sinalizamos em outras passagens deste trabalho que tais peculiares efeitos guardam direta relação: [i] com a suspensão da exigibilidade do crédito tributário; e [ii] com os efeitos previstos no art. 206 do CTN que, frise-se, podem estar dissociados da suspensão da exigibilidade do crédito tributário.

No Capítulo anterior, trouxemos a demarcação do instituto da suspensão da exigibilidade do crédito tributário (a gerar ineficácia técnico-normativa à marcha da exigibilidade), inclusive com forte crítica à pretensa interpretação literal do art. 151 do CTN. Também, aclaramos a importante divisão da cobrança do crédito tributário em direta e indireta (esta última de suma relevância aos efeitos da regra constante no art. 206 do CTN).

O que destinamos para esse momento, então, foi: [i] reforçar a importância do conflito à presença da suspensão da exigibilidade quando decorrente da oferta de garantia; e [ii] evidenciar a necessidade de uma interpretação extensiva e, principalmente, sistemática do comando existente no art. 206 do CTN (a alcançar toda e qualquer cobrança indireta).

2.5.1 A importância do conflito (em torno da exigibilidade)

Parte das garantias possíveis de serem prestadas para o cumprimento da obrigação tributária terá o específico efeito de suspender sua exigibilidade se, e somente se, concretizada em ambiente conflituoso (ou que assim venha a se tornar, para que se mantenha, ou se instaure, aquela consequência).

Ao término do Capítulo anterior, discorremos sobre isso, mas cabe aqui o reforço, especialmente por vislumbrarmos, nessa especificidade, um importante critério classificatório que será adotado ao final deste Capítulo (item 2.7).

Não há dúvida de que o depósito do montante integral do tributo feito em uma Ação Anulatória, ou em um Mandado de Segurança repressivo traz suspensão da exigibilidade do crédito tributário, não só pela literalidade do art. 151, II, do CTN, mas principalmente pelo ambiente em que se deu: conflito em torno da exigibilidade.

Sustar a marcha da exigibilidade, pelo conteúdo do art. 151 do CTN (que, insista-se, não é taxativo), pressupõe:

[1] conflito em torno da validade, formal ou material, da exação, mediante:

[1.i] processo administrativo instaurado (art. 151, III, CTN);

[1.ii] concessão de tutela provisória em ambiente judicial (art. 151, IV e V, CTN); e

[1.iii] depósito do montante integral da exação em ambiente processual (art. 151, II, CTN); ou

[2] medidas voltadas ao pagamento (meios para este fim):

[2.i] moratória (art. 151, I, CTN); e

[2.ii] parcelamento (art. 151, VI, CTN)[188].

O depósito, como meio à suspensão da exigibilidade do crédito tributário deve dar-se em ambiente conflituoso, tornando desnecessário um juízo valorativo à concessão, ou não,

188. Esses dois institutos (moratória e parcelamento), inclusive, passam a ser de extrema importância à transação tributária (regrada pela Lei 13.988/2020), onde a garantia também é tema deveras pertinente. Discorremos sobre isso em: CASTRO, Danilo Monteiro de. A suspensão da exigibilidade do crédito tributário é um efeito sempre presente na transação? In.: CONRADO, Paulo Cesar; ARAUJO, Juliana Furtado Costa [Coords.]. *Transação tributária na prática da Lei n. 13.988/2020*. São Paulo: RT, 2020.

de tutela provisória para tanto[189] (é possível o depósito feito em conflito administrativo, mas nesse contexto haverá uma sobreposição de similares efeitos, fruto de fontes distintas, a gerar a mesma consequência, qual seja, sustação da marcha da exigibilidade tanto pelo depósito quanto pela mera instauração do conflito administrativo – trataremos desse tema, com maior profundidade, na Parte II deste estudo, em especial no subitem 1.6.1 -; pelo prisma exclusivamente prático, a função do depósito aqui é, tão somente, sustar os efeitos da mora).

E a justificativa para isso é muito simples: o depósito, para distanciar-se do pagamento, pressupõe conflito (depósito, voluntário ou não, sem conflito é pagamento, ante sua pronta conversão em renda).[190]

O conflito pode ser iminente, jungido à exigibilidade potencial do crédito tributário, a motivar sua suspensão via depósito em Ação Declaratória ou em Mandado de Segurança preventivo. Mas a ausência de conflito impede aquele efeito (suspensivo da exigibilidade do crédito tributário), mesmo presente a garantia em dinheiro.

É o que acontece quando o devedor, citado de Execução Fiscal promovida em seu desfavor, realiza depósito do

---

189. "Situação atípica é a insurgência ao ciclo de positivação do crédito tributário (devidamente constituído ou prestes a sê-lo), sem buscar o seu sobrestamento e, assim, sem evitar, dentre outras consequências/efeitos, medidas jurisdicionais de cunho expropriatórias, jungidas à execução fiscal.
Por isso alguns contribuintes, até mesmo para sustar quaisquer efeitos moratórios, optam pelo depósito espontâneo do valor integral da exação quando ingressam com ações antiexacionais. Essa é, portanto, uma faculdade do contribuinte, já que pode ou não realizar o depósito quando bem entender." (CASTRO, Danilo Monteiro de. A responsabilidade objetiva ante os prejuízos causados pela concessão de tutelas de urgência: análise do disposto no art. 302 do CPC/2015 perante as peculiaridades do direito tributário. In: CONRADO, Paulo Cesar; ARAUJO, Juliana Furtado Costa [Coords.]. *O novo CPC e seu impacto no direito tributário.* 2ª ed., São Paulo: Fiscosoft, 2016, 236).

190. "A conversão de depósito em renda não deixa de ser u'a modalidade de pagamento. Efetivada, extingue-se o dever jurídico cometido ao sujeito passivo, fazendo desaparecer, por correlação lógica, o direito subjetivo de que estivera investido o sujeito credor, decompondo-se a relação jurídica tributária." (CARVALHO, Paulo de Barros. *Curso de direito tributário.* 24ª ed., São Paulo: Saraiva, 2012, p. 553).

montante integral do tributo em cobro, porém nada mais faz, isto é, deixa transcorrer *in albis* o prazo para oferta de Embargos à Execução Fiscal (bem como não adota qualquer outra medida antiexacional). Ter-se-á suspensão da exigibilidade do crédito tributário com a efetivação do depósito na Execução Fiscal (conflituosidade extremamente potencial a justificar tais efeitos), mas condicionado à efetiva instauração do conflito (aqui o conflito efetivo é condição de manutenção, e não de instauração, da suspensão da exigibilidade do crédito tributário).

Não efetivado o conflito em torno da exigibilidade, evidente que não se pode mais falar em ineficácia técnico-normativa a impedir sua marcha. Referido depósito será convertido em renda, extinguindo o feito executivo e, principalmente, a relação jurídica de cunho material (obrigação tributária).

Situação similar acontece se a garantia se der de forma antecipada, onde em vez de aguardar o ajuizamento da Execução Fiscal para, só então, ofertá-la, adota o contribuinte medida antecipatória (judicial ou extrajudicial), especialmente para cessar os efeitos materiais atinentes à concretização da crise de inadimplência (art. 206, CTN).

Note que essa antecipação de garantia, ainda que mediante dinheiro, não pode ensejar ineficácia técnico-normativa à marcha da exigibilidade, impeditiva da positivação de normas outras voltadas à satisfação daquele crédito tributário, pois não há conflito em torno da exigibilidade daquela exação.

Evidente que haverá conflito outro (assim como temos conflito – crise de inadimplência – a motivar o ajuizamento da Execução Fiscal), justificador da medida cautelar antecipada, mas ele não guarda direta relação com a validade da obrigação tributária (conflito em torno da exigibilidade) e sim, quanto ao direito de, mediante garantia, afastar os negativos reflexos de cobranças indiretas.

Insista-se, a garantia ofertada nesse contexto dá-se através de instrumento acessório à futura ação exacional e, por isso, não se questiona a exigibilidade do tributo (inexiste conflito em torno dela), tão somente almeja-se garantir o cumprimento desta obrigação tributária para: [i] fazer jus aos efeitos do artigo 206 do CTN; e [ii] no momento oportuno, instaurar o conflito tributário em sentido estrito, se pertinente for ao contribuinte.

Portanto, referida antecipação de garantia, ainda que formalizada mediante dinheiro, não pode gerar, nesse período, ineficácia técnico-normativa à marcha da exigibilidade, *sob pena de jamais ser alcançado aquele "momento oportuno à instauração do conflito pelo contribuinte"* (mediante, via de regra, Embargos à Execução Fiscal que pressupõe: citação e garantia na Execução Fiscal concretizadas). Só então, com a presença destes requisitos necessários à oferta dos Embargos (citação e garantia concretizada no executivo fiscal, via convolação daquela garantia assecuratória de dinheiro em depósito), ter-se-á suspensão da exigibilidade deste crédito tributário, cuja manutenção dependerá da efetiva instauração do conflito (via oferta dos Embargos à Execução Fiscal).

Esse *"momento oportuno à instauração do conflito pelo contribuinte"* é a sua citação na Execução Fiscal, sendo um importante marco a justificar:

> [i] o reconhecimento da suspensão da exigibilidade mediante depósito concretizado na Execução Fiscal, cuja manutenção dependerá da efetiva instauração de conflito em torno dela (exigibilidade);
>
> [ii] ausência deste instituto (suspensão da exigibilidade), em momento anterior a esse marco, mesmo havendo garantia em dinheiro por ter sido formalizada antecipadamente (via ação cautelar ou procedimento administrativo); e
>
> [iii] a observância, nesse último cenário (alínea "ii"), das mesmas conclusões dispostas na alínea "i" (efeitos, inclusive procedimentos à manutenção destes) quando atingido referido marco temporal/processual (a implicar a convolação daquela garantia assecuratória de dinheiro em depósito).

Nas alíneas "i" e "iii", a não instauração do conflito em torno da exigibilidade implicará a conversão em renda do depósito (conflito como condição de manutenção do peculiar efeito suspensivo da exigibilidade).

Já na alínea "ii" aguardar-se-á aquele *"momento oportuno à instauração do conflito pelo contribuinte"* e, por isso, não é possível falar, ainda, em suspensão da exigibilidade (por ser necessário positivar normas ligadas à cobrança direta do crédito tributário para o atingimento daquele marco temporal/processual). Aqui somente as normas indiretas de cobrança terão sua marcha sustada em razão da garantia assecuratória (art. 206 do CTN).

Similar raciocínio dar-se-á com a fiança bancária ou o seguro-garantia. Ambas, em nosso entender, são garantias a trazer suspensão da exigibilidade do crédito tributário (interpretação do art. 151, II, CTN à luz do art. 835, § 2º, CPC) se, e somente se, constituídas em (ou mantidas por) ambiente conflituoso.

Em suma, o ambiente conflituoso em torno da exigibilidade da obrigação tributária é condição necessária para que depósito e garantias pessoais gerem, por si só, sua suspensão. Ausente aquele requisito (conflito em torno da validade, formal ou material, da obrigação tributária, ainda que potencial), poder-se-á falar em mera cautelaridade (a trazer, mesmo em ambiente não conflituoso, os efeitos do art. 206 do CTN).

2.5.2 A necessária interpretação extensiva do art. 206 do CTN

Como sinalizado no Capítulo anterior, não vislumbramos, no art. 206 do CTN, um adicional às hipóteses suspensivas da exigibilidade, pelo contrário, temos aqui um reflexo diverso, cabível independentemente daquela condição.

Sua própria redação aponta que os efeitos ali estipulados devem ser percebidos quando estivermos diante de [i] suspensão da exigibilidade; ou [ii] tenha sido efetivada penhora em cobrança executiva.

Latente a importância desse art. 206 ao nosso estudo, pois a garantia ao crédito tributário poderá gerar aquele peculiar efeito, tanto no cenário "i" (suspensão da exigibilidade decorrente de prestação de garantia) quanto no cenário "ii".

Entretanto, precisamos construir o sentido deste comando normativo, cuja redação advém do texto original da Lei 5.172/1966, para afastar algumas pretensas limitações sinalizadas em seu suporte físico que, no contexto normativo atual (interpretação deste dispositivo em conjunto com outros existentes em nosso sistema jurídico) não são possíveis.

A primeira destas pretensas limitações advém da expressão *"em curso de cobrança executiva"*, que poderia sinalizar a incidência do art. 206 do CTN apenas a créditos tributários executados. Sabemos, entretanto, que referido regramento atinge, também, créditos tributários que não figuram em cobrança executiva. Exemplo clássico é a impugnação ao lançamento (que traz suspensão da exigibilidade do crédito tributário – art. 151, III, CTN), onde o contribuinte não mais terá acesso à certidão negativa de débitos (art. 205, CTN), mas sim à certidão positiva de débitos com efeitos de negativa, exatamente por aplicação do art. 206 do *Codex* Tributário.

Diz-se o mesmo em relação ao parcelamento. Se formalizado antes da existência de uma Execução Fiscal, em decorrência da suspensão da exigibilidade que traz (art. 151, VI, CTN), também garantirá ao contribuinte acesso a certificado de regularidade fiscal com base no art. 206 do CTN.

Portanto, não é relevante, para fins de incidência deste comando legal, a existência de cobrança executiva do crédito tributário. Isso se reforça na segunda pretensa limitação abaixo explicitada:

Trata-se de sentido restritivo fruto da oferta de garantia, quando esta não gera suspensão da exigibilidade do crédito tributário. Parece-nos que o seu gênero, e não somente a espécie penhora (como sinaliza a redação do art. 206: *"em que tenha sido efetivada a penhora"*), deve se enquadrar neste comando.

Isso porque, como asseverado anteriormente, os efeitos desta regra de direito material (art. 206, CTN) independem da existência de Execução Fiscal (a penhora, por sua vez, pressupõe não só o ajuizamento de tal ação exacional como, também, a citação do executado – vide item 3.2 da Parte II deste estudo).

Ademais, o texto em análise é de 1966, onde talvez o termo "penhora" tenha sido tomado como gênero (das constrições possíveis), e não como espécie do conjunto garantias.

Mas o ponto central a chancelar a impossibilidade desta interpretação restritiva (de que somente garantias prestadas em ação exacional poderiam trazer a implicação do art. 206 do CTN) advém da construção doutrinária, aceita pela jurisprudência (inclusive do STJ), de ser possível antecipar garantia para obter exatamente os efeitos deste comando normativo (via ação cautelar de antecipação de garantia – trataremos disso, com mais vagar, no item 4.5 da Parte II deste trabalho).

E essa construção, que atribui referido efeito à garantia assecuratória provocada pelo contribuinte, tem de alcançar também aquelas buscadas pelo Fisco (não há razão para limitar tal efeito a uma específica modalidade de garantia assecuratória se, em verdade, todas resguardam, direta ou indiretamente, a efetividade da cobrança, em sentido estrito, do crédito tributário).

A aplicação desta regra, seja pelo Estado-fisco, seja pelo Estado-juiz, evidencia que a suspensão da exigibilidade ou a existência de garantia integral do crédito tributário pendente, inclusive antes do ajuizamento de Execução Fiscal, dão ao contribuinte o direito de perceber os efeitos inerentes ao art. 206 do *Codex* Tributário.

Fica, então, a pergunta central relativa a esse subitem: Quais são os peculiares efeitos atinentes a esse comando normativo?

Pela literalidade do art. 206 do CTN, seu efeito está atrelado à obtenção de certificado de regularidade fiscal, isto é, havendo suspensão da exigibilidade do crédito tributário ou a sua integral garantia, restará afastado aquele estímulo negativo (cobrança indireta) que impedia esse contribuinte de, por exemplo, contratar com o Poder Público; fazer jus a benefício fiscal; e/ou valer-se de uma recuperação judicial.

Dizendo o mesmo de forma diversa, o contribuinte com débitos fiscais em aberto, em plena exigibilidade e sem qualquer garantia ofertada, não tem direito a essa certidão negativa (ou com efeitos de negativa) e, portanto, sofre limitações na sua atividade empresarial / patrimonial. Tais limitações nada mais são do que estímulos negativos criados por lei para forçar o adimplemento espontâneo do débito.

Assim, o Código Tributário Nacional criou, em seu texto original, uma forma de cobrança indireta (única, em nosso sentir, presente naquele momento) e, também, situação em que restariam afastados tais negativos efeitos se presente: [i] hipótese de suspensão da exigibilidade do crédito tributário; ou [ii] sua integral garantia.

De lá para cá (de 1966 até os dias atuais), vimos um incremento considerável na instituição de medidas indiretas de cobrança (como relatado no Capítulo anterior – subitem 1.3.2.1), tentativas outras de, mediante estímulos negativos, ter o crédito tributário voluntariamente adimplido (sem a necessidade da cobrança direta – via Execução Fiscal).[191]

O que nos parece crível, por tratar-se da mesma classe de medidas (estímulos negativos – cobrança indireta), é que a sustação destes efeitos negativos, ante a suspensão da exigibilidade do crédito tributário ou, principalmente, perante sua integral garantia, alcance a todas, e não somente o literalmente disposto no tão citado art. 206 do CTN (acesso a certificado de regularidade fiscal).

---

191. "O mesmo se dá com o protesto de títulos executivos. Esse, por sinal, é incentivado por um órgão administrativo do Poder Judiciário, o Conselho Nacional de Justiça – CNJ. A posição desse Conselho ilustra o que estamos procurando demonstrar: a existência de uma política pública de incentivo aos meios coativos, apenas indiretos de cobrança, em desprestígio da execução forçada (o meio direto), que na esfera tributária significa o manuseio do processo de execução fiscal." (BECHO, Renato Lopes. *Execução fiscal:* análise crítica. São Paulo: Noeses, 2018, p. 266/267).

Não há razão em fornecer ao contribuinte tal documento (que atesta estar ele regular perante o Fisco, ainda que possua débitos) e, ao mesmo tempo, manter protesto em seu desfavor, ou mantê-lo inscrito em cadastros como o CADIN.[192]

Logo, através de uma interpretação finalística e, principalmente, sistemática do art. 206 do CTN, entendemos que presente causa de suspensão da exigibilidade, ou, principalmente, prestação de sua integral garantia, nenhum *estímulo negativo alheio à cobrança direta do crédito tributário* poderá persistir.

Corrobora com a construção acima a postura da própria Fazenda Nacional que, como já asseverado anteriormente, não permite a adoção de medidas indiretas de cobrança (listadas no art. 7º da Portaria PGFN 33/2018 – transcrito na nota de rodapé n. 57) quando o contribuinte oferta garantia antecipada, nos moldes do art. 8º da mesma Portaria (transcrito na nota de rodapé n. 103).

Essa situação, portanto, sinaliza o desacerto de alguns julgados que aplicam o art. 206 do CTN de forma literal para, presentes um de seus requisitos (hipótese de suspensão da exigibilidade ou garantia integral do débito), tão somente afastar a cobrança indireta jungida à não emissão de certificado de regularidade fiscal, permitindo a manutenção, por exemplo, do protesto.[193]

---

192. Em âmbito federal, e em harmonia com o que defendemos aqui, o art. 7º da Lei 10.522/2002 sinaliza pela impossibilidade de manutenção do contribuinte no CADIN se o débito estiver integralmente garantido (inciso I), ou com exigibilidade suspensa (inciso II). Todavia, essa é uma regra federal (e não nacional), que não é repetida ou aplicada por outros entes tributantes.

193. Exatamente nesse sentido o julgado abaixo, exarado pelo Tribunal de Justiça do Estado de São Paulo: "Medida cautelar. Pleito pelo benefício do art. 206 do CTN antes mesmo do ajuizamento da competente execução fiscal. Apresentação de seguro garantia para obter Certidão Positiva com Efeitos de Negativa e impedir o Fisco Estadual de protestar e inscrever o contribuinte no CADIN. Sentença de procedência. Mera garantia da futura execução fiscal não é capaz de impedir a inclusão do contribuinte no CADIN ou protesto, mas apenas admite a emissão de certidão de regularidade fiscal. Recurso parcialmente provido." (TJ/SP. 7ª Câmara de Direito Público. Apelação Cível n. 1000058-30.2018.8.26.0430. Desembargador Relator Fernão Borba Franco. DJe 10/10/2019).

Ora, se a garantia administrativamente ofertada, por si só, impede o protesto (como regrado pela supracitada Portaria PGFN 33/2018), resta evidente que tal construção judicial tem de ser atualizada, à luz do novo contexto em que vivemos, onde se tem um aumento das medidas de cobrança indiretas que, por isso, devem ser atingidas pelo art. 206 do CTN.[194]

Exemplificando o acima defendido, presentes uma das causas do art. 206 do CTN: [i] havendo protesto consumado, o mesmo tem de ser cancelado; [ii] em caso de inscrição do contribuinte no CADIN, seu nome tem de ser retirado de lá; [iii] a anterior certidão positiva de débitos, agora terá de ser complementada com a expressão "com efeitos de negativa"; [iv] o contrato celebrado com o Poder Público, rescindido em razão da existência de tal débito pendente, tem de ser reestabelecido, se as circunstâncias assim permitirem; [v] o mesmo em relação à perda de benefícios ou incentivos fiscais; [vi] dentre outros.

---

194. Os Tribunais possuem decisões bem variadas em relação ao tema. Em outro julgado, mesmo não acolhendo a tese aqui defendida de que seguro garantia e/ou fiança bancária geram suspensão da exigibilidade do crédito tributário, o Tribunal Regional Federal da 3ª Região concordou que a garantia prestada, por si só, impede protesto e inscrição no CADIN: "PROCESSUAL CIVIL. TRIBUTÁRIO. AGRAVO DE INSTRUMENTO. AÇÃO ANULATÓRIA. GARANTIA DO DÉBITO. SEGURO GARANTIA. POSSIBILIDADE. DESNECESSIDADE DE CONCORDÂNCIA DA FAZENDA PÚBLICA. IMPOSSIBILIDADE DE PROTESTO E INSCRIÇÃO NO CADIN. AGRAVO DE INSTRUMENTO PROVIDO. 1. A nomeação e a substituição dos bens penhorados constituem um dos privilégios da Fazenda Pública, mas a vontade do sujeito passivo será decisiva se o bem oferecido corresponder a depósito pecuniário, fiança bancária ou seguro garantia. 2. Com o advento da Lei nº 13.043/14, o seguro garantia foi incluído no rol das garantias elencadas no artigo 9º, da Lei de Execuções Fiscais, sendo também alterado o artigo 15, da Lei nº 6.830/80. 3. Por fim, o novo Código de Processo Civil conferiu o mesmo 'status' e ordem de preferência à penhora de dinheiro, à fiança bancária e ao seguro garantia, nos termos do artigo 835, §2º. 4. Portanto, não há óbice à nomeação de seguro garantia para garantir a dívida, não podendo o referido débito ensejar o protesto e a inclusão do nome da autora no CADIN. Por outro lado, não há que se falar em suspensão da exigibilidade nos termos do artigo 151, II, do CTN, que somente se aplica às hipóteses de depósito em dinheiro. Desta forma, referida garantia ficará à disposição do Juízo onde for proposta a ação de execução, independentemente da aquiescência da Fazenda Pública, desde que atendidas as condições formais específicas, previstas na Portaria PGF nº 440/2016. 5. Agravo de instrumento provido." (TRF3. 3ª Turma. Agravo de Instrumento n. 5001592-08.2019.4.03.0000. Desembargador Relator p/ o Acórdão Antonio Carlos Cedenho. e-DJF3 31/07/2019).

Estes casos, acima listados, se adequam à expressão "estímulo negativo alheio à cobrança direta do crédito tributário" e, por isso, devem ser afastados quando presente uma das causas do art. 206 do CTN. O mesmo não se diz em relação a estímulos negativos ligados à cobrança direta do crédito tributário.

Ninguém dúvida que a multa é uma forma de estímulo negativo ao pagamento espontâneo do débito (pague em dia para não sofrer aquela punição). Todavia, ela pertence ao crédito tributário, assim como os juros de mora e, também, o encargo legal previsto no Decreto-Lei 1.025/69 (para débitos fiscais federais). Estes estímulos negativos, componentes do crédito tributário,[195] não serão afastados pela incidência do art. 206 do CTN.

Outra questão importante a ser enfatizada é que, ao contrário do que ocorre com a marcha da exigibilidade quando presente hipótese de sua ineficácia técnico-normativa (o que foi positivado permanece, apenas novas normas voltadas à satisfação é que não poderão ser postas: se o crédito ainda não foi inscrito em dívida ativa não poderá sê-lo; se já inscrito, mas não ajuizado, permanece a inscrição, porém a distribuição da ação executiva não deve ocorrer; e assim por diante), em relação aos estímulos negativos distintos da cobrança direta, estes têm de ser cancelados, sob pena de ineficiência da medida. Não pode,

195. "A este respeito, convém rememorar as parcelas ou rubricas que compõem o crédito tributário: **Principal**: é valor do tributo devido ou da multa isolada devida; **Multa:** é o valor da multa devida quando atrelada ao principal, podendo ser de ofício, no caso de infração à legislação tributária, ou de mora, no caso de atraso no pagamento do principal; **Juros de Mora**: são os juros incidentes em razão de atraso no pagamento do principal (art. 161, § 1º, do CTN, atualmente SELIC, por força do art. 61, § 3º, da Lei n. 9.430/96); **Encargos**: demais encargos incidentes sobre a dívida. No caso dos débitos inscritos em Dívida Ativa da União incide o encargo legal previsto no art. 1º, do Decreto-Lei n. 1.025/69.
(...) Até o vencimento, o crédito tributário é composto apenas pelo principal. Após o primeiro dia de atraso, já há a incidência da multa de mora (art. 61, caput, da Lei 9.430/96). Depois de um mês de atraso, passa a haver a incidência também de juros de mora (art. 61, § 3º, da Lei 9.430/96). Após o encaminhamento para inscrição em Dívida Ativa da União, passa a incidir também o encargo legal do art. 1º, do Decreto-Lei n. 1.025/69" (STJ. 1ª Seção. REsp n. 1.251.513/PR. Ministro Relator Mauro Campbell Marques. DJe 17/08/2011).

por exemplo, perdurar o protesto, se a suspensão da exigibilidade, ou a integral garantia do débito, se deu em momento posterior à sua consumação. Esta impõe o cancelamento daquele (interpretação finalística e sistemática do art. 206 do CTN).

Insista-se, normas jungidas à cobrança direta do crédito tributário perduram se positivadas em momento anterior à presença de ineficácia técnico-normativa (suspensão da exigibilidade). O mesmo ocorre em relação a estímulos negativos componentes do crédito tributário (multa; juros de mora; e encargo).

Quanto às normas de cobrança indireta (que não integram o crédito tributário), o art. 206 do CTN traz um efeito adicional (já sinalizado no item 1.3.3 do Capítulo anterior), qual seja, não só impede que novas normas sejam inseridas como, principalmente, cancela as já postas (invalidação das normas, individuais e concretas, de cobrança indireta), quer pela presença de suspensão da exigibilidade, quer pela ocorrência de integral garantia do crédito tributário.

2.6 Classificações possíveis quanto à garantia ao cumprimento da obrigação tributária

Superado esse importante tema ao estudo aqui realizado, jungido aos peculiares efeitos oriundos da garantia prestada em ambiente tributário (que será retomado no item seguinte – 2.7, quando da apresentação da forma de dividir esse conjunto que mais nos interessa), passamos à análise do todo "garantias ao cumprimento da obrigação tributária", mediante algumas possíveis segregações clássicas.

Classificar é ferramenta inerente ao conhecimento. Método, muitas vezes inconsciente, de acesso ao objeto de estudo.[196] E não há limites a esse mister, que fica a cargo dos

196. "...tão logo se pretenda conhecer determinado objeto, a classificação se faz necessária. Aliás, a simples escolha do objeto de estudo enseja classificação: objeto estudado e objeto não estudado." (MOUSSALLEM, Tárek Moysés. *Classificação dos tributos (uma visão analítica)*. In: SANTI, Eurico Marcos Diniz de [Coord.]. *Tributação e processo*. São Paulo: Noeses, 2007, p. 601/602).

interesses (utilidade da classificação) daquele que se coloca diante do objeto a ser analisado, com os necessários cuidados para que de fato haja uma efetiva separação, pois de nada servirá a segregação de um todo se as justificativas para tanto permitirem confusão entre os elementos a figurar em suas classes ou subclasses.[197]

Esse ato (de classificar) dá-se por um procedimento lógico, onde qualidades (predicados) especificamente delimitadas justificam a divisão do gênero em espécies: todas as espécies possuem identidade (é isso que as une em um conjunto), mas também possuem diferenças, a permitir a segregação.[198]

Pelo que já dissemos neste Capítulo, várias são as possibilidades de classificação do todo "garantias ao cumprimento da obrigação tributária", ou seja, segregação dos elementos deste conjunto por especificidades que atingem uns em detrimento de outros.

Vejamos, então, algumas destas possibilidades:

2.6.1 Em relação ao objeto: real ou pessoal

A clássica separação das garantias, empregada no direito civil, em real e pessoal também pode ser utilizada diante das garantias à obrigação tributária, pois temos exemplos de ambas em nosso contexto.

197. "Realmente não existem limites à liberdade de fazer classificações que, no fundo, consubstanciam-se em separar em classes, em grupos, formando subclasses, subdomínios, subconjuntos. Ao sujeito do conhecimento é reservado o direito de fundar a classe que lhe aprouver e segundo a particularidade que se mostrar mais conveniente aos seus propósitos. Ressalvemos, porém, que se a conveniência prática é motivo suficiente para autorizar as principais demarcações de nossos objetos, a fortiori devemos estar atentos para a correção do processo de circunscrição, garantindo que os gêneros e as espécies sejam, efetivamente, gêneros e espécies." (CARVALHO, Paulo de Barros. *Direito tributário, linguagem e método.* 3ª ed., São Paulo: Noeses, 2009, p. 119).

198. "...é lícito enunciar: 'a espécie é igual ao gênero mais a diferença específica (E=G+De)'." (CARVALHO, Paulo de Barros. *Direito tributário, linguagem e método.* 3ª ed., São Paulo: Noeses, 2009, p. 118).

Via de regra, a garantia real é mais utilizada, tanto judicial como extrajudicialmente: bens do devedor (dinheiro; móveis; imóveis etc.), ou de terceiros, a figurar como tal.

Mas a garantia pessoal também acontece em âmbito tributário, numa interessante crescente nos últimos anos, inclusive com incrementos legislativos (de suma importância ao presente estudo, como já sinalizado alhures): terceiros (via de regra, Bancos ou Seguradoras – fiança bancária ou seguro-garantia) assumindo o encargo de garantidores, isto é, de responsáveis patrimoniais, ainda que não guardem direta relação com o débito.

Importante ressaltar que a distinção aqui não advém, apenas, da ligação do terceiro à garantia prestada (esse *discrimen* será objeto da classificação seguinte), mas sim da condição de garantidor pessoal: todo o seu patrimônio responderá pelo débito se o devedor não o quitar (tanto que a oferta de bem de terceiro está contida na classe das garantias reais,[199] e não pessoais).

Insista-se, na espécie real, temos um ou mais bens (devidamente individualizados), do devedor ou de terceiros, a garantir o débito. Se tal bem não for suficiente para tanto (expropriação, por exemplo, a gerar quantia menor que o valor da dívida), a responsabilidade patrimonial limitar-se-á ao devedor, ainda que outrora o bem dado em garantia fosse de um terceiro.

Em relação à espécie pessoal, como o terceiro não indica um ou mais bens para garantia, mas se coloca como o garantidor (com todo o seu patrimônio – bens não individualizados), figurará juntamente com o devedor (solidária ou subsidiariamente, a depender da relação firmada entre eles) como responsável patrimonial.

2.6.2 Em face do sujeito garantidor: devedor ou terceiro

Aqui, ao contrário do que vimos na classificação anterior, em que pese a relação de ambas com a figura do terceiro, a

199. Sobre as ressalvas empregadas neste trabalho à expressão "garantias reais", ver o subitem 2.2.1 deste Capítulo.

segregação não está ligada à responsabilidade patrimonial deste (a distingui-la da garantia real, ainda que formatada em bem de terceiro), mas sim à existência desta figura (terceiro) estranha à relação com o débito.

Portanto, nesta segunda classificação, é irrelevante a forma como se deu a garantia (se mediante bens individualizados, inclusive de terceiro, ou mediante a inclusão de outrem no rol dos responsáveis patrimoniais, a responder com todo o seu patrimônio), já que o *discrimen* vincula-se a quem a prestou.

Temos, então, duas classes: garantia a atingir patrimônio do devedor; e garantia a atingir patrimônio de terceiro. Na segunda espécie, vislumbramos tanto garantia fidejussória (terceiro se responsabilizando, com todo o seu patrimônio, pelo débito do devedor) quanto real (bem de terceiro dado em garantia).

Sobre essa última modalidade (garantia a atingir pontual patrimônio – garantia real – de terceiro), inclusive, há regra própria na Lei de Execuções Fiscais (isto é, quando ela se der em referida ação exacional), exigindo anuência do cônjuge quando o bem do terceiro dado em garantia for imóvel (art. 9º, IV e § 1º, LEF).

Inquestionável, assim, a pertinência dessa classificação diante de garantias prestadas em ambiente tributário.

2.6.3 Em relação à fruição do bem: com ou sem manutenção

Nesta terceira proposta de divisão do conjunto objeto do nosso estudo, a segregação acontece pela mantença, ou não, da fruição do bem dado em garantia por seu proprietário.

Via de regra, a fruição é preservada nas espécies de garantia, mormente na denominada pessoal ou fidejussória. Nas chamadas garantias reais, as chances de perda desta manutenção aumentam.

Expliquemos melhor: na garantia pessoal, o terceiro assume a condição de responsável patrimonial, sem perder o direito de fruir dos bens que integram seu patrimônio, pois serão atingidos (expropriados) se, e somente se, o credor não adimplir o débito, entretanto, até a consumação de atos expropriatórios, permanecerá usufruindo deles, inclusive lhe sendo destinados eventuais frutos ou rendimentos.

Há, todavia, e aqui se vislumbra a importância dessa divisão à análise ora desenvolvida, espécie de garantia que sempre implica perda da fruição. Isso se dá no caso do depósito, importante meio de garantia ao cumprimento da obrigação tributária, especialmente pelos efeitos a ele inerentes.

Insista-se, no depósito (voluntário ou não), aquela quantia deixa de estar sob controle, ou disponibilidade, do seu proprietário. Enquanto pender o litígio, referida importância não poderá ter qualquer outro destino, pior, não poderá ser alocada em fundo ou aplicação financeira com melhor rendimento que os proporcionados pelas Instituições Oficiais jungidas a essa modalidade de garantia, ou seja, inquestionável a perda desse direito por parte do seu titular (no nosso entender, ele mantém essa qualidade, de titular daquele valor, mas com pouquíssimos direitos sobre ele – talvez perdure, tão somente, o de ter retomada a disponibilidade sobre o mesmo se sagrar-se vencedor no litígio motivador do depósito).

Quanto a outros bens atingíveis pela chamada garantia real, também é possível termos a perda da fruição, total ou parcial. Por exemplo, havendo a penhora de um veículo, com a remoção do mesmo para que terceiro diverso do seu proprietário figure como fiel depositário, resta evidente a ausência completa de sua fruição pelo proprietário a partir de então (situação não presente se a ele fosse conferida a figura de fiel depositário, onde mesmo com a constrição a fruição continuaria incólume pelo devedor/proprietário).

Outro exemplo advém da penhora de frutos ou rendimentos. É possível termos, tão somente, a constrição sobre uma propriedade imobiliária (uma fazenda, por exemplo). Mas se ela for produtora (de café) a constrição poderá recair não só sobre o bem imóvel, mas, também, sobre esse fruto (safra de café). Nesse segundo cenário, resta evidente que o proprietário deixa de usufruir do bem em questão (exemplo claro de perda daquele direito atinente à propriedade, ainda que de forma parcial).

Essa é uma classificação importante, pois além da sua pertinência ao direito material de fundo que nos interessa (tributário), evidencia como determinadas garantias, ou o contexto em que elas ocorrem, trazem onerosidade mais elevada, normalmente ao devedor, que deve ser ponderada especialmente em pleitos de substituição de garantia em ambiente conflituoso, mormente quando demonstrada ausência de prejuízos ao credor.

2.6.4 Quanto à vontade do garantidor: voluntária ou involuntária

Esse quarto recorte é interessante, pois segrega a garantia entre aquelas concretizadas por oferta do garantidor em detrimento das impostas a ele. Atualmente, essa imposição (garantia involuntária) somente pode se dar mediante intervenção do Estado-Juiz (ou seja, por ordem judicial).[200]

Na prática, essa é uma importante distinção, especialmente pela equiparação hierárquica das espécies quando do exercício do direito ao oferecimento (voluntário) da garantia em

200. Como anteriormente afirmado (subitem 2.4.1.1 deste Capítulo), a averbação pré-executória, no formato sinalizado pela regra existente na Lei 13.606/2018, era espécie de garantia involuntária passível de ser constituída extrajudicialmente. Isso porque, o efeito originalmente previsto a essa "averbação", qual seja, de trazer indisponibilidade ao bem do devedor, a elevava a espécie de garantia assecuratória (nesse sentido ver: DALLA PRIA, Rodrigo; e CASTRO, Danilo Monteiro de. Objeções à constitucionalidade da averbação pré-executória instituída pela Lei 13.606/2018: possíveis razões para a invalidação das normas veiculadas pelos artigos 20-B e 20-E da Lei 10.522/2002. In: ARAUJO, Juliana Furtado Costa; e CONRADO, Paulo Cesar [Coords.]. *Inovações na cobrança do crédito tributário*. São Paulo: RT, 2019).
Como o STF (na ADI 5.890/DF) declarou a inconstitucionalidade desse efeito (indisponibilidade), não é mais possível classificá-la como tal (espécie de garantia ao cumprimento da obrigação tributária) e, assim, não mais presente em nosso ordenamento jurídico a garantia involuntária determinada pelo próprio Estado-Fisco.

sede de Execução Fiscal (vide subitem 2.4.2.2 deste Capítulo), não presente quando a mesma acontece involuntariamente.

A voluntariedade está sempre presente na garantia fidejussória, pois dependente da vontade do terceiro figurar como responsável patrimonial sem débito.

Necessário reforçar, por fim, que o termo "depósito", quando utilizado nesse trabalho, representa tanto aquele feito voluntariamente pelo contribuinte, quanto o oriundo de imposição estatal (conhecida "penhora *online*"), mas que pela pretensão classificatória desse subitem ensejaria elementos de classes diversas.

2.6.5 Em relação ao meio: judicial ou extrajudicial

Nesta outra possível classificação, os elementos componentes do conjunto garantias ao cumprimento da obrigação tributária são separados pelo local em que foram constituídos, se em processo judicial ou não.

A penhora, por exemplo, é espécie que, sempre, se dará em ambiente judicial. A garantia assecuratória, por sua vez, pode acontecer de forma extrajudicial.

Note que essa classificação, ao contrário da sétima que será apresentada (subitem 2.6.7 deste Capítulo), não aborda a existência de conflito como um de seus elementos. Ele estará sempre presente no conjunto garantias formalizadas perante o Judiciário (conflito em sentido *lato*, não necessariamente jungido à exigibilidade da obrigação tributária), mas na outra classe desta proposta, não há essa condição, pois podemos ter, em ambiente extrajudicial, garantias ligadas à relação de conflito ou não.

Exemplificando: o depósito feito em processo administrativo ocorre diante de uma relação conflituosa (instaurada com a impugnação ao lançamento), mas liga-se à classe das garantias prestadas extrajudicialmente. Um imóvel dado em garantia como condição à celebração de um parcelamento é espécie do mesmo conjunto (garantias prestadas extrajudicialmente), mas aqui não há conflito instaurado (e se havia tal conflito – crise de inadimplência -, deixou de existir com a formalização do parcelamento).

2.6.6 Ainda em relação ao meio: processo exacional ou antiexacional

Nesta sexta classificação, numa análise apressada, podemos acreditar que ela é um desdobramento (subclasse) da espécie "garantias prestadas judicialmente". Referida premissa é falsa, pois acreditamos que o processo administrativo tributário (instaurado mediante impugnação ao lançamento, e mantido via recurso aos Tribunais administrativos) é espécie de processo antiexacional.

Portanto, esta divisão independe da anterior, ainda que guarde com ela forte relação. Ora, quase[201] toda garantia prestada em ambiente judicial dar-se-á em um processo exacional ou antiexacional (aqui, portanto, temos a forte relação anteriormente afirmada). Todavia, tal ambiente judicial não é condição necessária a esse conjunto, por isso da independência desta classificação em relação àquela.

Quanto à condição de processo (e não mero procedimento já que atinente ao efetivo exercício de jurisdição) relativo ao litígio tributário a ser dirimido administrativamente, afirmam Paulo Cesar Conrado e Rodrigo Dalla Pria:[202]

---

201. Utilizamos esse termo ("quase"), pois essa é uma regra que comporta exceção, qual seja, não é possível vincular a ação cautelar de antecipação de garantia a um destes conjuntos (exacional ou antiexacional), pois referida ação tem a exclusiva pretensão de antecipar garantia que, normalmente, dar-se-ia em ambiente executivo fiscal. Insista-se, não há, nesta ação, qualquer insurgência em relação ao tributo constituído (o que lhe afasta do conjunto antiexacional), assim como não há qualquer pretensão arrecadatória, incompatível com o autor da demanda (a lhe impedir a classificação de exacional). Voltaremos a esse tema na Parte II do estudo, em especial no item 4.5.

202. CONRADO, Paulo Cesar; e DALLA PRIA, Rodrigo. *Aplicação do Código de Processo Civil ao processo administrativo tributário*. In: CONRADO, Paulo Cesar; ARAUJO, Juliana Furtado Costa [Coords.]. O Novo CPC e seu impacto no Direito Tributário. 2ª ed., São Paulo: Fiscosoft, 2016, 254/255.

> Superando antigo impasse (estabelecido principalmente no ambiente doutrinário), o Código de Processo Civil de 2015 parece ter definido como efetivamente jurisdicional a atividade desempenhada pelos órgãos administrativos de julgamento, neste conceito inseridos, por óbvio, os que integram o contencioso administrativo tributário.
>
> (...) Vale dizer: reconhecendo, primeiro, que "jurisdição" é atividade que se exerce a partir de "normas processuais", e, segundo, que o processo administrativo é instrumento regido por normas desse timbre, o Código acaba por vincular os dois conceitos, o de "jurisdição" e o de "processo administrativo", autorizando, por conseguinte, a conclusão: a segunda figura (a do processo administrativo) é expressão da primeira (jurisdição).
>
> Usando outro vocabulário: os órgãos de julgamento integrantes do contencioso administrativo tributário exercem, no desempenho de suas funções, atividade jurisdicional, e não propriamente administrativa; longe de construírem (ou reconstruírem) o crédito tributário administrativamente debatido, eles examinam a pretensão deduzida no instrumento de provocação que os impulsiona a agir (no mais das vezes, produzido pelo contribuinte). Sua atividade, antes de vinculada à arrecadação (nada tendo, portanto, com a noção de "cobrança"), é marcada pela premissa da antiexacionalidade, vocábulo forjado na intenção de definir os instrumentos processuais destinados a avaliar se a exigibilidade de dado crédito tributário deve ou não subsistir.

Ademais, é importante frisar que tanto as ações exacionais quanto as antiexacionais comportam subdivisões: preventivas e repressivas, sendo certo que a garantia se fará possível em quaisquer delas.

Nas ações preventivas, quando estivermos diante do conjunto "exacional", ela dar-se-á em Ação Cautelar Fiscal (trataremos dela na Parte II deste trabalho, – item 4.3). Quando, porém, o foco de análise for o conjunto "antiexacional", as ações preventivas serão: Ação Declaratória Tributária e Mandado de Segurança preventivo. Aqui, a espécie de garantia mais comum é o depósito, mas nos parece totalmente possível, a gerar quase os mesmos efeitos, a fiança bancária e o seguro-garantia.

Nas medidas repressivas-corretivas antiexacionais (Anulatória; Mandado de Segurança repressivo; ou Impugnação administrativa), no que diz respeito às garantias, o cenário é o mesmo em relação às preventivas: mais comum o depósito, mas totalmente possíveis a fiança bancária e o seguro-garantia.

Já nas ações repressivas exacionais (repressivas-reparadoras: Execução Fiscal) há mudança significativa, pois aqui é possível termos garantia mediante: depósito; fiança bancária ou seguro garantia; penhora (esta última, diga-se, só neste contexto pode ocorrer); e, ainda, constrições cautelares.

2.6.7 Nova hipótese de segregação ligada ao meio: contexto conflituoso (exigibilidade posta em dúvida) ou não

Como já sinalizado neste Capítulo (subitem 2.5.1), o contexto conflituoso atinente à exigibilidade da obrigação tributária é condição necessária à sua suspensão quando ligada, exclusivamente, à oferta de garantia.

Defendemos que tanto o depósito quanto a fiança bancária ou seguro-garantia geram aquele efeito de suspender a exigibilidade do crédito tributário se, e somente se, formalizada nesse tipo de ambiente conflituoso.

Isso porque, a suspensão da exigibilidade do crédito tributário é fenômeno a gerar ineficácia técnico-normativa à marcha da exigibilidade, ou seja, presente hipótese de suspensão, a marcha da exigibilidade deve ser sobrestada (nenhuma nova norma jungida a tal ciclo pode ser positivada – ineficácia da norma, geral e abstrata, que lhe daria fundamento de validade).

Todavia, aquelas espécies de garantia (depósito, fiança bancária ou seguro garantia), quando formalizadas em ambiente não conflituoso relativo à exigibilidade da obrigação tributária (por exemplo, em ação cautelar de antecipação de garantia), não podem gerar esse efeito, sob pena da Execução Fiscal nunca vir a ser ajuizada (a antecipação destas garantias, portanto, deve gerar tão somente os efeitos do art. 206 do CTN; trazendo apenas suspensão da exigibilidade quando convolada em constrição no executivo fiscal e, posteriormente, mantido tal *status* se ofertado Embargos à Execução Fiscal).

De toda sorte, o ambiente conflituoso é condição necessária à suspensão da exigibilidade do crédito tributário garantido, porém não é condição suficiente. Isso porque é possível termos garantia formalizada em Execução Fiscal devidamente embargada que não trará, por si só, aquele efeito (ineficácia técnico-normativa). Exemplo clássico disso é a penhora.

A penhora, portanto, é espécie que sempre integrará o conjunto das garantias constituídas em ambiente conflituoso (em sentido *lato*), ainda que não traga o efeito suspensão da exigibilidade do crédito tributário. E essa constatação (ausência de referido efeito) não se altera com a mera instauração de litígio em torno da exigibilidade, o que normalmente acontece mediante Embargos à Execução Fiscal.

2.7 Classificação adotada neste trabalho (pelos efeitos percebidos quando da oferta de garantia em ambiente tributário)

As classificações acima sugeridas, é importante frisar, serão utilizadas na Parte II deste estudo para evidenciar características das classes que adotaremos como integrantes do todo "garantias ao cumprimento da obrigação tributária". Todavia, tais distinções não foram utilizadas como critérios à divisão que mais interessa às nossas pretensões.

Isso porque, o relevante às investigações aqui pretendidas são os peculiares efeitos presentes na garantia ao cumprimento obrigacional tributário e, por isso, eles (efeitos) serão a diferença específica a justificar a divisão do conjunto.[203]

---

203. "Ora, qual é a vantagem ou propósito especial que pode levar um cientista a preferir um esquema de classificação a um outro? A finalidade do cientista é o conhecimento, não apenas deste ou daquele fato particular, mas das leis gerais a que esses fatos obedecem e de suas correlações causais. Do ponto de vista do cientista, um esquema de classificação é melhor do que o outro, à medida que se torna mais fértil na sugestão de leis científicas e mais prestável na formulação de hipóteses explicativas." (COPI, Irving M. *Introdução à lógica* [tradução: Álvaro Cabral]. 2ª ed., São Paulo: Mestre Jou, 1978, p. 414).

Optamos, portanto, por segregação diversa, enaltecida pelo contexto em que a garantia ao cumprimento da obrigação tributária ocorre, pois os peculiares efeitos aqui presentes motivam essa análise. Dizendo o mesmo de diferente forma: *o ato garantir, em ambiente tributário, depende do contexto em que se deu para, só então, sabermos o seu desempenho (efeitos).*[204]

Assim, temos claramente uma preocupação com a dimensão pragmática deste fenômeno (de garantir o cumprimento da obrigação tributária), e isso se torna evidente quando os efeitos (a exigir uma análise contextual[205]) são parte importante da investigação. Mas não se limitam a ela.

As outras dimensões do fenômeno semiótico (sintática e semântica) são igualmente relevantes às nossas conclusões, até porque essa redução a apenas uma delas não se faz possível,[206] mesmo no exclusivo plano didático essa separação é tarefa extremamente difícil.[207]

---

204. "1) O conceito de ato: percebe-se que a linguagem não serve só, nem primeiramente, nem sobretudo, para representar o mundo, mas que ela serve para realizar ações. Falar é agir (...) 2) O conceito de contexto: entende-se com ele a situação concreta em que os atos de fala são emitidos, ou proferidos, o lugar, o tempo, a identidade dos falantes etc., tudo o que é preciso saber para entender e avaliar o que é dito (...) 3) O conceito de desempenho: entende-se por desempenho, segundo o sentido original da palavra, a realização do ato em contexto..." (ARMENGAUD, Françoise. *A pragmática* [tradução: Marcos Marcionilo]. São Paulo: Parábola, 2006, p. 12/13).

205. "...ela [Pragmática] é a ciência do uso linguístico em contexto, ou, mais amplamente, do uso dos signos em contexto. Aliás, o conceito de contexto é tão importante que Max Black propunha rebatizar a pragmática: ela deveria se chamar a 'contêxtica'!" (ARMENGAUD, Françoise. *A pragmática* [tradução: Marcos Marcionilo]. São Paulo: Parábola, 2006, p. 17).

206. "...ao voltar a atenção sobre uma das dimensões cada um deliberadamente negligencia os aspectos do processo discerníveis em referência às outras posições. A sintaxe, a semântica, e a pragmática são componentes de uma só ciência semiótica, mas componentes mutuamente irredutíveis." (MORRIS, Charles W. *Fundamentos da teoria dos signos* [tradução: Milton José Pinto]. Rio de Janeiro: Eldorado Tijuca, 1976, p. 82).

207. Interessante, nesse sentido, a transcrição de Thomas A. Sebeok (*Semiotics in the United States*. Indiana University Press, 1991, p. 74) e Michel Meyres (*Lógica, linguagem e argumentação* [tradução: Maria Lúcia Novais]. Lisboa: Teorema, 1982, p. 110) feita por Clarice von Oertzen de Araujo, respectivamente: "A tripartição da semiótica em sintática, semântica e pragmática – endossada repetidamente por Carnap (1942:8-11) – se tornou um dogma que é geralmente mais observado externamente do que dentro da semiótica,

A importância dada à definição do conceito de garantias ao cumprimento da obrigação tributária, latente no início deste Capítulo 2, da Parte I, sinaliza nosso cuidado com a dimensão semântica,[208] a ponto de ensejar a exclusão de certos elementos deste conjunto, que talvez nele figurassem se apenas os efeitos fossem por nós considerados (exemplos dessa exclusão: arrolamento de bens – vide item 4.3.1 da Parte II; averbação pré-executória – vide item 2.4.1.1 desta Parte I; dentre outros).

Diz-se o mesmo em relação à dimensão sintática, dada a preocupação de visualizar o fenômeno normativo das garantias ao cumprimento da obrigação tributária e, por conseguinte, sua estrutura hipotético-condicional[209] (homogeneidade sintática).

Mas o que diferencia as garantias ao cumprimento da obrigação tributária, daquelas ofertadas perante obrigações jungidas a ramos diversos do direito, são os seus peculiares efeitos e, principalmente, que a presença deles depende, obrigatoriamente, do contexto. Assim, de fato, há um realce na importância da dimensão pragmática às nossas investigações, em especial à classificação que adiante será sugerida.[210]

---

porque seu uso técnico operacional aparece minimamente (...) O que há de insatisfatório nesta divisão da linguagem é que não podemos isolar estes níveis. Crer o contrário é empenhar-se numa via positivista. Aliás, foi o positivismo que consagrou esta divisão, seguindo nisso, curiosamente, por Chomsky." (ARAUJO, Clarice von Oertzen de. *Semiótica e investigação do direito*. In.: CARVALHO, Paulo de Barros [Coord.]. *Constructivismo lógico-semântico*. Vol. I. São Paulo: Noeses, 2014, p. 128 – nota de rodapé n. 20).

208. "O 'conceito' pode ser encarado como uma regra semântica que determina o uso de signos caracterizadores." (MORRIS, Charles W. *Fundamentos da teoria dos signos* [tradução: Milton José Pinto]. Rio de Janeiro: Eldorado Tijuca, 1976, p. 42).

209. "Um enunciado da forma 'Se p, então q' - com 'p' e 'q' enunciados quaisquer. No simbolismo de Russell-Whitehead o condicional é representado pelo símbolo '⊃' ('p ⊃ q'); no de Hilbert, com o símbolo '→' ('p → q'); por fim, no simbolismo da escola lógica polonesa, com o símbolo 'C' anteposto aos dois enunciados ('Cpq'). Os enunciados que compõem o condicional são chamados, respectivamente, 'antecedente' ('p' no nosso exemplo) e 'consequente' ('q' no nosso exemplo)..." (ABBAGNANO, Nicola. *Dicionário de filosofia* [tradução Alfredo Bossi e Ivone Castilho Benedetti]. 5ª ed., São Paulo: Martins Fontes, 2007, p. 202).

210. "No hay, pues, classificaciones verdaderas ni clasificaciones falsas, tal como no existen nombres verdaderos ni falsos para cada objeto. Hay clasificaciones aceptadas o poco conocidas, útiles o inútiles (para algún fin determinado), fructíferas o

E não poderia ser diferente. A análise aqui desenvolvida está centrada nas garantias consumadas em ambiente tributário, isto é, aquelas mais próximas do "mundo do ser", veiculadas por normas individuais e concretas, cenário onde a dimensão pragmática ganha corpo. Enaltecendo exatamente esse ponto, perfeitos os ensinamentos de Clarice von Oertzen de Araujo:[211]

> Chegando ao exame da dimensão pragmática da ordem jurídica, estamos nos dirigindo ao seu aspecto mais positivo, concreto. O estudo da incidência não deixa de possuir uma dimensão pragmática, a qual será tanto maior quanto maior for o grau de concretude das normas examinadas. A dimensão pragmática de uma ordem jurídica cresce na razão direta de sua positivação.

Mas quando falamos da importância do efeito para a classificação sugerida (ou que o efeito é o *discrimen* motivador das espécies que serão apresentadas), e o destaque da dimensão pragmática nessa construção, é importante frisar dois pontos:

---

estériles (en alguna dirección determinada). Los hombres pueden dividirse en altos y bajos, letrados e iletrados, santos y pecadores, ricos y pobres, partidarios o adversarios del gobierno.
(...) Del mismo modo podríamos dividirlos entre los que gustan de las mollejas, los que las detestan y los que son indiferentes a ellas; o entre los que el 8 de enero de 1980 cruzaron la plaza Lavalle entre las 10 y las 11 de la mañana y los que no lo hicieron. No hay límites, en realidad, para las clasificaciones que podemos imaginar, si nos lo proponemos." (GUIBOURG, Ricardo A.; CHIGLIANI, Alejandro M. E.; e GUARINONI, Ricardo U. *Introducción al conocimiento científico.* 6ª ed., Buenos Aires: Eudeba, 1988, p.39/40 e nota de rodapé 22).

211. ARAUJO, Clarice von Oertzen de. *Incidência Jurídica – teoria e crítica.* São Paulo: Noeses, 2011, 179.

[i] o viés pragmático da investigação passa, necessariamente, por uma análise empírica (faremos, inclusive, essa verificação de forma mais contundente na Parte II deste estudo, especialmente a aplicação da garantia obrigacional tributária pelos Tribunais pátrios). Entretanto, a classificação adiante sugerida está mais próxima das condições a *priori* de tais efeitos[212] (mormente os peculiares – só presentes em ambiente tributário) do que sua constatação empírica; pois,

[ii] nossas pretensões se distanciam, por completo, de uma análise consequencialista do direito, isto é, como se os efeitos justificassem, por si só, a atribuição de sentido aos enunciados prescritivos,[213] no nosso caso àqueles ligados a garantia ao cumprimento da obrigação tributária.

O que quisemos enfatizar, no quadro acima, é que os efeitos que esperamos sejam vislumbrados empiricamente nem sempre o serão e, mesmo assim, a classificação apresentada continuará pertinente: não como mera constatação de "como as coisas são" (indicação do sentido dado pelo intérprete autêntico a tais normas e, principalmente, seus efeitos), mas como crítica a referidas construções, especialmente se distantes da necessária coerência (dimensão sintática) e verificabilidade (dimensão semântica) inerentes ao processo comunicacional.

Frise-se, os efeitos, empiricamente observados, sinalizarão a correição do caminho sugerido, e não o motivo para trilhá-lo; em especial a harmonia perante outros comandos normativos presentes em nosso sistema jurídico, tudo a dar

212. "A pragmática é o estudo 'das condições a priori da comunicabilidade'. Como tal, 'ela não deriva das circunstâncias empíricas, mas das condições de possibilidade de um significado comunicacional geral'." (ARMENGAUD, Françoise. *A pragmática* [tradução: Marcos Marcionilo]. São Paulo: Parábola, 2006, p. 141).

213. "O risco de confusão é maior na manipulação mágica dos signos e muito mais nos delírios patológicos. O essencial reside no jogo entre os signos e seus intérpretes, que esquecem as restrições devidas às exigências de coerência, por um lado, e de verificabilidade, de outro, às quais obrigam as dimensões sintática e semântica." (ARMENGAUD, Françoise. *A pragmática* [tradução: Marcos Marcionilo]. São Paulo: Parábola, 2006, p. 53).

consistência aos institutos direta, ou indiretamente, ligados à garantia ao cumprimento da obrigação tributária, para que se deixe de enfrentá-los casuisticamente, passando a analisá-los como um todo e, com isso, ser possível afastar antinomias entre soluções hoje existentes, conflitantes entre si.

Feitos estes aclaramentos introdutórios, a justificar a metodologia classificatória aqui empregada, passamos a demonstrar os critérios (efeitos) eleitos.

Quatro efeitos foram escolhidos. Dois deles já citados exaustivamente na Parte I deste estudo: [i] suspensão da exigibilidade do crédito tributário; e [ii] sustação/cancelamento de medidas de cobrança indireta do crédito tributário (art. 206 do CTN).

Os outros dois critérios, importantíssimos à segregação destas espécies, são: [iii] sustação dos efeitos da mora; e [iv] permissão à pronta adoção de atos expropriatórios (viés satisfativo/executório).

Com isso, atingimos cinco subclasses do gênero garantias ao cumprimento da obrigação tributária: a primeira, onde a garantia prestada gera todos os efeitos acima mencionados; na segunda subclasse, apenas a sustação da mora não se faz presente; na terceira temos apenas os efeitos "ii" e iv"; na quarta subclasse tão somente o efeito "ii"; e, por fim, na quinta e última nenhum destes efeitos aparecem.

Dito o mesmo de forma diversa, são estas as cinco subclasses do todo garantias ao cumprimento da obrigação tributária:

[i] depósito (garantia em dinheiro, de forma voluntária ou não, em ambiente conflituoso);
[ii] pessoal ou fidejussória (ocorrida em ambiente conflituoso);
[iii] penhora;
[iv] assecuratória (concedida mediante ordem judicial ou não); e
[v] outras hipóteses.

A Parte II deste trabalho é destinada ao estudo detalhado de cada uma destas espécies. De plano, é possível afirmar que referida classificação parte da sinalização constante na Lei de Execuções Fiscais de que penhora é espécie de garantia, e não gênero a qualificar referido conjunto. Vimos, anteriormente (subitem 2.3.1 desta Parte I), que a lei geral (Código de Processo Civil) adota cenário diametralmente oposto (penhora como gênero, e não como espécie), mas diante das peculiaridades inerentes ao direito tributário, aquela inspiração nos pareceu mais adequada.

Até porque, neste estudo não tratamos apenas das garantias concretizadas em sede de execução, pelo contrário, analisamos essa possibilidade independentemente da existência de litígio, administrativo ou judicial (quiçá de cobrança direta do crédito tributário). Logo, classificar a penhora como gênero, e não como espécie do conjunto garantias, seria um contrassenso, já que penhora é garantia realizada, necessariamente, em ação exacional, o que impede a utilização desta definição para todo o conjunto "garantias ao cumprimento do crédito tributário".

Importante frisar, outrossim, que a classificação aqui utilizada não se justifica pelo texto desta ou daquela lei. É irrelevante, para a pertinência desta a vigência da Lei 6.830/80. Referido Diploma normativo apenas inspirou a manutenção da penhora como espécie, mas a razão para tanto não é o texto desta lei e sim diferenças outras entre as espécies destacadas que, insista-se, não obrigatoriamente se concretizam em ambiente judicial.

Essa diferenciação entre as espécies passa, necessariamente, pelos efeitos normativo-substanciais inerentes, exclusivamente, ao direito tributário, quais sejam: [i] suspensão da exigibilidade do crédito tributário; e [ii] sustação/cancelamento de medidas de cobrança indireta do crédito tributário (art. 206 do CTN). Mas não se limitam a eles.

Defendemos, por exemplo, interpretação do inciso II do art. 151 do CTN à luz do art. 835, § 2º, do CPC, para que haja o reconhecimento de que garantias pessoais (fiança bancária e seguro garantia) foram equiparadas a depósito do montante integral do tributo e, assim, além de ser possível a substituição desta espécie (depósito) por quaisquer daquelas (fidejussórias), também se tenha o reconhecimento de que a realização destas, em ambiente conflituoso, impõe suspensão da exigibilidade do crédito tributário (veremos, no momento oportuno – subitem 2.4 da Parte II –, a importância prática de tal reconhecimento, especialmente no que diz respeito à marcha da Execução Fiscal objeto de Embargos quando não se tem efeito suspensivo atribuído).

Entretanto, mesmo com a defesa de tal equiparação (entre depósito do montante integral e fiança bancária ou seguro garantia) é preciso reconhecer que há efeito exclusivo do depósito, jungido a sua maior liquidez, que não pode ser observado (sequer por ficção, sob pena de desvirtuar ambos os institutos) nas demais espécies de garantia, inclusive naquelas que envolvem terceiro, responsável sem dívida (instituições bancárias ou seguradoras).

O reflexo normativo exclusivo acima tratado, atinente ao depósito do montante integral do crédito tributário, é o de sustar os efeitos da mora.[214] Não há como vislumbrar tal efeito na fiança bancária ou no seguro garantia, já que nessas modalidades não houve o desembolso de valores (isto é, não houve a perda do usufruto de um bem pelo seu titular), apenas a garantia firmada por terceiro de que pagará o débito, com os acréscimos moratórios pertinentes, se o devedor não o fizer.

A elevada liquidez desta espécie de garantia (pessoal em ambiente conflituoso) motivou o legislador processual a equipará-la a depósito, o que em nosso sentir permite atribuir a tal conjunto os efeitos materiais da suspensão da exigibilidade.

---

214. LEF:
"Art. 9º - (...)
§ 4º - Somente o depósito em dinheiro, na forma do art. 32, faz cessar a responsabilidade pela atualização monetária e juros de mora."
No mesmo sentido, porém de forma mais ampla: "São devidos juros de mora sobre o crédito tributário não integralmente pago no vencimento, ainda que suspensa sua exigibilidade, salvo quando existir depósito no montante integral." (CARF. Súmula n. 5 – vinculante conforme Portaria MF n. 277 – DOU de 08/06/2018).

Todavia, o sobrestamento da mora está ligado ao "pagamento"[215] feito em juízo (seja ele judicial ou não), situação que não se vislumbra na garantia fidejussória.

A sustação dos efeitos da mora, inclusive, é o que motiva (do ponto de vista exclusivamente prático) a formalização do depósito do montante integral do tributo no curso de litígio administrativo (instaurado pela impugnação, e mantido via recurso administrativo), ou seja, quando já presente hipótese de suspensão da exigibilidade do crédito tributário (art. 151, III, CTN), pois nesse contexto, a pretensão do contribuinte não guarda relação com esse efeito (de ineficácia técnico-normativa), mas sim com aquele (de sustar os efeitos da mora).

Entendemos que essa garantia em dinheiro, prestada no processo administrativo-tributário, enquadra-se no conceito de depósito, ante a presença de todas as suas características (a

---

215. O termo pagamento, destacado entre aspas, tem a pretensão de evidenciar esse desembolso por parte do contribuinte e, principalmente, rápida disposição da quantia em benefício do Fisco se encerrado o litígio em seu favor (mera conversão em renda), isto é, providência adotada muito próxima do pagamento, em sentido estrito (por isso que somente essa espécie de garantia - depósito - tem o condão de sustar os efeitos da mora). Isso, importante frisar, não desvirtua sua condição de mera garantia (e não de efetivo pagamento).
Todavia, é preciso destacar situação peculiar, relativa ao depósito (a fortalecer, em nosso sentir, a sustação dos efeitos da mora exclusivamente aqui), quando da sua ocorrência em litígios que envolvem tributos federais, ante sua regulamentação pela Lei n. 9.703/98. Sobre tal sistemática, explica Paulo Cesar Conrado: "...no contexto da sobredita Lei n. 9.703/98, os depósitos recebem tratamento análogo ao de pagamento (qualificável, tomada uma certa liberdade linguística, como provisório); é o que se concluiria a partir de comandos como o contido no caput do art. 1°, em que se anuncia que o depósito efetivar-se-á mediante 'documento de arrecadação de receitas federais – DARF'; da mesma forma, quando se lê no parágrafo 2° do mesmo art. 1° que os depósitos serão repassados pela Caixa Econômica Federal para a Conta Única do Tesouro Nacional; na mesma linha, seguiria, ainda, o parágrafo 3° (também do art. 1°), anunciando (agora em seu inciso II) que o valor do depósito, após o encerramento do processo, será 'transformado' em pagamento definitivo.
O que se conclui, portanto, é que, embora concentrados numa mesma instituição financeira, os depósitos referentes, de um lado, a tributos federais e, de outro, a parcelas não tributárias receberiam do ordenamento tratamentos absolutamente distintos – os primeiros (tributos federais) vestir-se-iam da ficcional 'capa' de pagamento; os segundos (representados por prestações não tributárias exigidas pela União e por autarquias federais), porque não alcançados pela Lei n. 9.703/98, seguiriam sendo tratados como depósitos – sempre se efetivando, de todo modo, junto à Caixa Econômica Federal." (CONRADO, Paulo Cesar. *Execução fiscal*. 3ª ed., São Paulo: Noeses, 2017, p. 199/200).

sustação da exigibilidade dar-se-á de maneira sobreposta: duas motivações – depósito e processo administrativo instaurado - presentes a gerar o mesmo efeito), entretanto, do ponto de vista exclusivamente prático, a sua realização nesse contexto decorre do interesse do contribuinte em sustar os efeitos da mora (voltaremos a esse tema na Parte II do estudo, subitem 1.6.1).

Outra importante diferenciação trazida na classificação que sugerimos vincula-se à proximidade da garantia realizada (voluntária ou involuntariamente) aos atos processuais expropriatórios, em alguns casos também possíveis nos feitos antiexacionais (não há necessidade, por exemplo, do ajuizamento de uma Execução Fiscal para, só então, termos a transferência do depósito formalizado na ação antiexacional e, por conseguinte, conversão do mesmo em renda), situação distante, por exemplo, da espécie assecuratória.

Essa proximidade da garantia a atos expropriatórios é de fácil constatação por sua correlação com a condição existente à oferta de Embargos à Execução Fiscal (tratamos disso nesta Parte I – vide subitem 1.2.3.1), isto é, a garantia nesse estágio já é suficiente para se adotar aquela via processual antiexacional (situação não presente, frise-se, quando da garantia meramente assecuratória).

Veremos, na Parte II deste trabalho (Capítulo 4), que na espécie assecuratória (seu viés cautelar é evidenciado pelo próprio nome dado à classe), em persistindo a marcha da exigibilidade voltada ao pagamento forçado (via expropriação), isto é, com a evolução do contexto,[216] terá ela de ser convolada em outra espécie para tanto (penhora; garantia pessoal em ambiente conflituoso; ou depósito).

Por isso que defendemos quando da "antecipação de garantia" (tanto via ação cautelar quanto via procedimento administrativo) formalizada por dinheiro, fiança bancária ou

---

216. "O contexto evolui simultaneamente ao discurso. – Cada ato de fala muda o contexto (...) O contexto é o efeito dos atos de fala anteriores e a causa dos atos de fala posteriores." (ARMENGAUD, Françoise. *A pragmática* [tradução: Marcos Marcionilo]. São Paulo: Parábola, 2006, p. 82).

seguro-garantia, uma situação adstrita à espécie assecuratória, já que o efeito comum daquelas garantias (suspensão da exigibilidade do crédito tributário), se tomadas como espécies autônomas, não se faz presente nesse cenário (vide subitem 2.5.1 desta Parte I), pois teremos a normal marcha da exigibilidade, especialmente o ajuizamento da Execução Fiscal e respectiva citação do contribuinte devedor.

O depósito distancia-se da mera garantia em dinheiro, pois ele ocorre em um contexto conflituoso em relação à exigibilidade da obrigação tributária (a permitir que aquela espécie de garantia traga a sustação de referida marcha – da exigibilidade). Por isso que não é possível falar em depósito (muito menos em suspensão da exigibilidade do crédito tributário) quando da garantia antecipada (assecuratória) de dinheiro.

O mesmo raciocínio se aplica às garantias pessoais, ou fidejussórias. Se prestadas em ambiente conflituoso (litígio relacionado à exigibilidade da obrigação tributária) terão uma classificação (pois trarão suspensão da exigibilidade). Se, porém, formatadas com viés acautelatório (via, por exemplo, antecipação de garantia), estarão adstritas à classe assecuratória.

Importante salientar, nesse contexto, que a garantia antecipada em dinheiro trará um especial efeito (não presente, por regra, à classe assecuratória), qual seja, sustação da mora: esse efeito independe do ambiente conflituoso em torno da exigibilidade.

Ainda assim, a garantia assecuratória, que pode decorrer da pretensão de ambos os sujeitos da relação obrigacional tributária, inclusive pode ser observada em ambiente administrativo, gera os efeitos do art. 206 do CTN, o que lhe distingue da outra espécie diversa de: [i] depósito; [ii] garantia pessoal em ambiente conflituoso; ou [iii] penhora (estas três espécies também geram aquele efeito; o que as diferencia da classe assecuratória são outros reflexos que esta não possui).

Logo, vislumbramos a necessidade de manter uma quinta, e última, subclasse nesse conjunto, bem mais aberta do que as outras quatro apresentadas, para abarcar situações em que não se têm efeitos próprios do direito material tributário decorrentes, diretamente, da realização da garantia. Vamos visualizar tal cenário, por exemplo, na garantia dada à concessão de um parcelamento.

Aqui, frise-se, na espécie "outras hipóteses" não se têm presentes aqueles principais efeitos motivadores desta classificação, que justificam a importância da segregação do estudo da garantia ao cumprimento obrigacional tributário em face de outros ramos do direito, quais sejam: suspensão da exigibilidade do crédito tributário; e/ou decorrentes da aplicação do art. 206 do CTN.

Em suma, a diferença específica presente nas espécies do conjunto garantias ao cumprimento da obrigação tributária, segregados pelos quatro efeitos acima mencionados, encontra-se no quadro abaixo:

Espécie de Garantia	**Estanca os efeitos da mora?**	**Suspende a exigibilidade do CT?**	**Etapa suficiente para posterior expropriação**	**Pode motivar aplicação do art. 206, CTN**
Depósito	Sim	Sim	Sim	Sim
Pessoal em ambiente conflituoso	Não	Sim	Sim	Sim
Penhora	Não	Não	Sim	Sim
Assecuratória	Não (*)	Não	Não	Sim
Outras hipóteses	Não	Não	Não	Não

(*) A garantia mediante dinheiro, prestada em ambiente onde inexiste conflito em torno da exigibilidade da obrigação tributária (e que, por isso, não se subsome à classe depósito) enquadra-se como assecuratória (não gera suspensão da exigibilidade, mas ainda promove os efeitos do art. 206 do CTN). Todavia, e esse é o motivo desta ressalva, ela continua a sustar os efeitos da mora. Assim, nesse excepcional cenário, a classe "garantia assecuratória" terá referido efeito.

Parte II

DAS ESPÉCIES DE GARANTIA AO CUMPRIMENTO DA OBRIGAÇÃO TRIBUTÁRIA

CAPÍTULO 1 - DEPÓSITO

1.1 Noções introdutórias

O depósito, como já sinalizado na Parte I deste trabalho (em especial no último item de seu Capítulo 2), é conjunto que possui as seguintes características: [i] garantia prestada em dinheiro, de forma voluntária ou não, em ambiente conflituoso (atinente à exigibilidade da obrigação tributária); [ii] passível de satisfazer, prontamente, o crédito; [iii] a gerar os seguintes efeitos: [iii.1] sustação dos reflexos moratórios; e [iii.2] suspensão da exigibilidade do crédito tributário.

O termo depósito, é verdade, sinaliza ser ato decorrente da vontade do devedor (como algo praticado de forma voluntária, e não mediante imposição estatal). Esse é, de fato, um sentido possível de ser dado a referido termo, mas que para as pretensões do nosso estudo (análise das garantias pelos efeitos que geram), não é relevante, pois quaisquer das características acima listadas independem do elemento vontade para se fazerem presentes.

Assim, optamos pela não segregação destas espécies em razão da vontade do devedor em ter determinado bem figurando como garantia de uma obrigação tributária.

Se a garantia é em dinheiro, ainda que fruto de imposição estatal (bloqueio de valores em contas bancárias, por exemplo), será classificada como depósito se, e somente se, presentes suas demais características/efeitos.

A pronta satisfatividade da garantia guarda estrita relação com as formas de constrição de usual ocorrência em executivos fiscais, isto é, teremos presente o efeito "etapa suficiente para posterior expropriação" nas espécies: [i] depósito; [ii] garantia pessoal em ambiente conflituoso; e [iii] penhora.

Isso porque, nos demais casos ([iv] garantia assecuratória; e [v] outras hipóteses), em havendo a necessidade de cobrança direta do crédito tributário, referidas garantias terão que, obrigatoriamente, ser convertidas naquelas (depósito; garantia pessoal em ambiente conflituoso; ou penhora – espécies de garantia, inclusive, necessárias à oferta de Embargos à Execução Fiscal).

Veremos com maior profundidade essa questão quando analisarmos a espécie assecuratória (Capítulo 4 desta Parte II).

Nesse momento, porém, já é possível adiantar que quando a garantia assecuratória prestada for em dinheiro, essa conversão (de "cautelar" para depósito) irá ocorrer como ato necessário à marcha da exigibilidade, como etapa imprescindível aos subsequentes atos de expropriação.

Note que nesse cenário (dinheiro como garantia antecipada, por exemplo), como já asseverado em várias passagens deste trabalho, não é possível falar em suspensão da exigibilidade (ausência de ambiente conflituoso em torno deste elemento), pois não haverá sustação de sua marcha, ante a necessária positivação de normas ligadas à cobrança direta desse crédito tributário (inscrição do mesmo em dívida ativa; ajuizamento da Execução Fiscal; etc.).

Assim, quando tivermos a citação desse executado, concomitante à ciência do Juízo de que houve aquela garantia antecipada (assecuratória), ter-se-á, então, a convolação das espécies (de "cautelar" para depósito), mediante ato judicial, e, só nesse momento, presente estará o efeito suspensivo da exigibilidade do crédito tributário, cuja manutenção dependerá da interposição, pelo executado, de uma ação antiexacional (via de regra, Embargos à Execução Fiscal).

De suma importância essa segregação, da garantia cautelar em dinheiro e do depósito, quer pela necessária transposição das espécies no momento oportuno (normalmente nos autos da Execução Fiscal) quer, também, pelo efeito suspensivo da exigibilidade, só presente neste último estágio (depósito).

De toda sorte, a garantia em dinheiro, usualmente, subsome-se à classe depósito (salvo o cenário excepcional acima transcrito – quando sua função assecuratória se sobressai, não permitindo a presença do efeito suspensivo da exigibilidade).

Ademais, a sustação da mora é característica sempre presente na garantia em dinheiro, inclusive quando feita antecipadamente (viés "cautelar" de referida garantia), vide ressalva constante no quadro que encerra a Parte I deste trabalho.

Aliás, é essa característica, de sustar os efeitos da mora, a diferença específica entre as espécies "depósito" e "garantia pessoal em ambiente conflituoso", já que ambas geram suspensão da exigibilidade.

Esses dois efeitos (sustar os reflexos moratórios e suspender a exigibilidade do crédito tributário) motivam o uso desta garantia com uma certa frequência, mesmo sendo ela a que maior ônus traz ao contribuinte.

Vejamos, então, algumas características do depósito confrontando-o com as classificações apontadas no item 2.6 do Capítulo 2 da Parte I deste estudo:

O depósito é garantia real (jamais pessoal), que pode ser formalizado pelo devedor ou por terceiro e que, principalmente, afasta a fruição do bem.

Como já afirmado anteriormente, no depósito, o dinheiro dado em garantia sai do controle do seu proprietário, isto é, enquanto pender o litígio, referida importância não poderá ter qualquer outro destino, quiçá poderá ser alocada em aplicação financeira ou fundo com melhor rendimento que os proporcionados pelas Instituições Oficiais jungidas a essa modalidade de garantia, ou seja, inquestionável a perda do direito de fruição deste bem por parte do seu titular.

Esse cenário, aliás, evidencia o altíssimo ônus desta garantia, talvez por conta da sua também elevada liquidez.

Por fim, o depósito, que pode ser voluntário ou involuntário, concretiza-se nos seguintes ambientes: [i] judicial ou extrajudicial; [ii] em processo exacional ou antiexacional; e [iii] sempre conflituosos (em torno da exigibilidade, ainda que o conflito seja condição de sua manutenção como depósito – a impedir conversão do mesmo em renda).

Passamos, assim, a enfrentar peculiaridades importantes desta espécie de garantia ao cumprimento da obrigação tributária:

1.2 Particularidades decorrentes da garantia forçada (não voluntária) de dinheiro

Em contexto tributário, como já esclarecido no Capítulo 2 da Parte I (no subitem 2.4.2.2), a constrição involuntária, e executiva, de bens (inclusive dinheiro) depende da inércia do devedor, ou seja, citado para pagar ou garantir a Execução Fiscal queda silente (ou não cumpre a contento a faculdade legal que lhe foi concedida – por exemplo, não oferta bens com a liquidez devida para ser efetivamente constrito).

Assim, o transcurso dessa fase processual (citação do executado, bem como término do prazo concedido para pagamento ou oferta de garantia) é obrigatório à tomada de qualquer medida constritiva que não tenha o viés assecuratório. Dito o mesmo de forma diversa, para se ter o depósito involuntário (bloqueio de valores em conta bancária, por exemplo) necessária a citação do executado e o transcurso do prazo para pagamento ou oferta de garantia (qualquer constrição antes deste estágio, que não guarde relação com a vontade do executado, classificar-se-á como assecuratória).

Mesmo sendo claro o raciocínio acima, há interpretação distorcida do art. 854 do CPC,[217] no sentido de ser possível constrição em dinheiro, em sede de Execução Fiscal, mesmo antes de citado o executado, ante trecho de referido enunciado com os seguintes dizeres: "*sem dar ciência prévia do ato ao executado.*"

Lembremos que, pela sistemática do CPC/2015, penhora é gênero a atingir constrição em dinheiro (situação não presente nos executivos fiscais). Assim, por óbvio, tal regramento não comporta interpretação no sentido de que referida constrição pode dar-se antes da citação: garantia não assecuratória, em sede de execução, só é possível após citação.

Logo, esse regramento (em especial o trecho anteriormente destacado) tem a pretensão de não alertar, previamente, o executado de que a ordem de bloqueio de valores foi deferida em seu desfavor, isto é, a decisão que acolhe referido pleito do exequente não pode ser publicada (dando ciência ao advogado do executado, de que isso irá acontecer) antes de concretizada a medida (de bloqueio via sistema SISBAJUD, por exemplo), tudo a torná-la efetiva.

Muito distante disso é a permissão de referida constrição antes da citação do executado, mormente quando tal medida não se revestir dos elementos necessários a uma constrição assecuratória (essa sim possível antes da citação do executado, mas seu fundamento de validade não é aquele art. 854 do CPC que, expressamente, trata de penhora, em sentido amplo).[218]

---

217. CPC:
"Art. 854. Para possibilitar a penhora de dinheiro em depósito ou em aplicação financeira, o juiz, a requerimento do exequente, sem dar ciência prévia do ato ao executado, determinará às instituições financeiras, por meio de sistema eletrônico gerido pela autoridade supervisora do sistema financeiro nacional, que torne indisponíveis ativos financeiros existentes em nome do executado, limitando-se a indisponibilidade ao valor indicado na execução.
(...)."

218. "É preciso lembrar que a penhora só será admitida no processo de execução após a citação do executado e o transcurso de seu prazo de pagamento, de forma que nem sempre decidir pela penhora on-line sem a oitiva prévia do executado será suficiente para evitar a frustação da constrição judicial.

Infelizmente, como já sinalizado alhures, há julgados trazendo referido sentido (equivocado, frise-se) ao comando existente no art. 854 do CPC, inclusive à Execução Fiscal.[219]

Felizmente, porém, o entendimento doutrinário vai ao sentido contrário[220] e, principalmente, tudo indica que o STJ irá pacificar a questão também de forma diversa.[221]

Outro ponto importante que merece nota (ainda atinente ao art. 854), é que o bloqueio gerado eletronicamente alcança o valor determinado em quantas forem as contas bancárias

---

Ainda que o Superior Tribunal de Justiça corrobore a previsão legal ora criticada e entenda que a penhora *on-line só pode ocorrer após a citação do executado e do não pagamento no prazo legal, é possível antes disso que ocorra o arresto executivo on-line* pelo sistema BacenJud." (NEVES, Daniel Amorim Assumpção. *Manual de direito processual civil.* 11ª ed., Salvador: JusPodivm, 2019, p. 1.250).

219. "O artigo 854 do CPC/2015 prevê a possibilidade de indisponibilidade de ativos financeiros através do sistema BACENJUD, a partir do mero requerimento do exequente e sem a ciência prévia do executado. Trata-se, nos termos da Lei, de ato constritivo anterior à penhora, cuja conversão dos valores fica condicionada à defesa ao executado, não se havendo em ofensa ao artigo 8° da Lei de Execuções Fiscais, dada a possibilidade de citação do devedor posteriormente." (TRF3. 3ª Turma. Agravo de Instrumento n. 5006150-57.2018.4.03.0000. Desembargador Relator p/ o acórdão Mairan Maia. e-DJF3 12/07/2018).

220. "...entendemos que o pedido de indisponibilidade de ativos ou de dinheiro requerido pela exequente, antes da citação, deva ser indeferido pelo juízo." (BECHO, Renato Lopes. *Execução Fiscal: análise crítica.* São Paulo: Noeses, 2018, p. 73). "A indisponibilização de ativos financeiros prevista no art. 854 do CPC constitui típica técnica constritiva, voltada exclusivamente à penhora de dinheiro, a ser utilizada nas situações em que o débito exequendo não haja sido garantido, pelo executado, de forma satisfatória." (DALLA PRIA, Rodrigo. *Direito Processual Tributário.* São Paulo: Noeses, 2019, p. 504). "E o art. 854 do CPC/2015 acima transcrito confirma essa condição já que devemos lembrar que seu *caput* destaca que a Penhora 'On-line' ocorrerá 'sem dar ciência prévia do ato ao executado', na verdade, o executado já foi devidamente citado para pagamento em 05 (cinco) dias ou indicação de bens à penhora e manteve-se inerte, o que impulsionou a noticiada expropriação eletrônica." (ROSA, Íris Vânia Santos. *A penhora na execução fiscal:* penhora "on- line" e o princípio da menor onerosidade. 2ª ed., São Paulo: Noeses, 2019, p. 230).

221. "De acordo com a jurisprudência do STJ, firmada no contexto do CPC/1973, a constrição eletrônica de dinheiro, pelo sistema Bacenjud, pode ser feita excepcionalmente antes da citação da parte contrária, condicionada, entretanto, à demonstração dos requisitos que caracterizam a tutela de natureza acautelatória (fumus boni iuris e periculum in mora)." (STJ. 2ª Turma. Recurso Especial n. 1.736.104/DF. Ministro Relator Herman Benjamin. DJe 23/11/2018).

ligadas ao executado, ou seja, se houver uma ordem de bloqueio de R$ 1.000,00, e o executado tiver dez contas, todas elas com saldo positivo igual ou superior a esse valor, ter-se-á o bloqueio de R$ 10.000,00 (R$ 1.000,00 em cada uma das dez contas).

Cabe ao Juízo, no prazo de vinte e quatro horas, cancelar os bloqueios excedentes (§ 1º, do art. 854, CPC).

Esse bloqueio é tratado na letra da lei como indisponibilidade, mas tal fenômeno não guarda relação com especial efeito, igualmente nominado, jungido às garantias assecuratórias que serão posteriormente analisadas (Capítulo 4 desta Parte II).

Por isso, preferimos utilizar a expressão bloqueio, em vez de indisponibilidade (esta tem um viés assecuratório, em sentido estrito; aquele é mero procedimento à realização da constrição em dinheiro).

Essa denominação, inclusive, é um dos motivos a gerar interpretação equivocada ao art. 854, como permissivo de constrição antes da citação, ao argumento de ser mera indisponibilidade, e não efetiva "penhora" (em sentido amplo, como sinalizado pelo CPC).

Indevido esse raciocínio, pois referido bloqueio é um exclusivo procedimento à realização de constrição de dinheiro (veículo para aquele fim), tanto que possível insurgência a ele (bloqueio) é limitada a: [i] impenhorabilidade do valor atingido; ou [ii] manutenção de excessos nesse ato.

Qualquer outro questionamento em relação a essa medida deverá aguardar a transferência do valor bloqueado a uma conta judicial, momento em que o depósito (nesse caso, constrição involuntária de dinheiro) restará consumado.

Superada essa questão, o fato é que a constrição em dinheiro é medida prioritária, pois se o executado for citado e não pagar o débito, nem oferecer bens em garantia, autorizado está o bloqueio de valores (via sistema eletrônico), sem a necessidade de prova de que outras medidas constritivas foram adotadas e não lograram êxito.[222]

Sendo realizada a constrição involuntária de dinheiro (situação, frise-se, subsumível à classe depósito) ter-se-á suspensão da exigibilidade do crédito tributário, bem como sustação dos efeitos da mora.

1.2.1 A constrição de dinheiro através da chamada "penhora de faturamento"

Ainda falando de constrição involuntária de dinheiro, temos a "penhora de faturamento" como veículo para aquele mesmo fim. Apesar de tratado como modalidade autônoma pelo CPC,[223] quer nos parecer tão somente um meio à modalidade de garantia depósito.

Essa questão, inclusive, foi afetada à sistemática dos recursos repetitivos pelo STJ,[224] para decidir se: "penhora de faturamento" equipara-se à constrição preferencial sobre

---

222. "Como sinalizado no item anterior, observada a ideia de prioridade da penhora de dinheiro sobre todos os demais bens e direitos legalmente descritos (salvo demonstração concreta de que o princípio da menor onerosidade imporia um outro tratamento), tem o Superior Tribunal de Justiça se orientado no sentido de que, após as modificações introduzidas pela Lei n. 11.382/2006, o bloqueio de ativos financeiros pelo sistema BacenJud prescinde do esgotamento das diligências para a localização de outros bens passíveis de penhora." (CONRADO, Paulo Cesar. *Execução fiscal*. 3ª ed., São Paulo : Noeses, 2017, p. 225/226).

223. CPC:
"Art. 835. A penhora observará, preferencialmente, a seguinte ordem:
(...) X – percentual do faturamento de empresa devedora;
(...)."

224. Decisão de afetação: "1. Delimitação da controvérsia, para fins de afetação da matéria ao rito dos recursos repetitivos, nos termos do art. 1.036 do CPC/2015: "Definição a respeito: i) da necessidade de esgotamento das diligências como pré-requisito para a penhora do faturamento; ii) da equiparação da penhora de faturamento à constrição preferencial sobre dinheiro, constituindo ou não medida excepcional no âmbito dos processos regidos pela Lei 6.830/1980; e iii) da caracterização da penhora do faturamento como medida que implica violação do princípio da menor onerosidade". 2. Recurso Especial afetado ao rito dos arts. 1.036 e seguintes do CPC/2015." (STJ. 1ª Seção. Recurso Especial n. 1.835.865/SP. Ministro Relator Herman Benjamin. DJe 05/02/2020).

dinheiro e, então, se há necessidade de esgotamento de outras diligências (visando a outras garantias) para o seu uso, bem como se ela ("penhora de faturamento") viola o princípio da menor onerosidade.

Em nosso sentir, o reconhecimento de ser a "penhora de faturamento" mero veículo à constrição de dinheiro (depósito) não traz a possibilidade de utilização deste meio (excepcional) sem o esgotamento de outras diligências e, principalmente, sem o cuidado com o princípio da menor onerosidade (especialmente na fixação do percentual a ser aplicado). De toda sorte, o STJ dará a sua interpretação, a ser observada pelos demais órgãos julgadores do país (até porque, referido tema nos parece ser de índole infraconstitucional, a não motivar posterior análise pelo STF).

Importante salientar que, em regra, a constrição em dinheiro, via "penhora de faturamento", dar-se-á de forma involuntária (como determinação judicial para o encontro daquela espécie de bem de maior liquidez).

Entretanto, não é incomum a utilização desse caminho (constrição de percentual do faturamento, mês a mês, para o atingimento da garantia integral em dinheiro) de forma voluntária, ou seja, a pedido (ou com o consentimento) do executado. Nesse cenário, provavelmente estaremos diante de uma daquelas novas figuras que ganham corpo no contexto processual tributário hodierno, quais sejam, transação ou negócio jurídico processual.

Por fim, e como sinalizado no Capítulo 2 da Parte I (vide subitem 2.3.3) esse procedimento à obtenção de constrição em dinheiro se assemelha, e muito, à penhora de frutos e rendimentos, onde se faz necessária a nomeação de um administrador-depositário à sua consecução.

A questão é que não há regras quanto à função deste administrador-depositário (o § 2º do art. 866 do CPC limita-se em dispor que referido sujeito *"submeterá à aprovação judicial a forma de sua atuação e prestará contas mensalmente..."*), isto é, dependerá do caso concreto e, principalmente, da visão de cada Magistrado em relação aos poderes deste administrador-depositário.

Ora, referido sujeito poderá influir na gestão da sociedade? Poderá, por exemplo, condicionar sua assinatura a atos ligados à executada (como assinatura de cheques; folha de pagamento etc.)?

Infelizmente, a abertura existente naquele comando possibilita interpretações com esta amplitude (já vistas na prática), totalmente distantes da finalidade da medida (constrição de dinheiro; mediante percentual do faturamento – jamais ingerência nas atividades da empresa).[225]

Esse caminho ("penhora de faturamento") é bem comum em ambiente tributário, mas outros também podem ser utilizados para o mesmo fim (constrição em dinheiro), quais sejam: "penhora de recebíveis"; "penhora de frutos e dividendos"; "penhora de bilheteria" etc.

1.3 Depósito do montante integral do tributo *versus* caução (art. 300, parágrafo primeiro, do CPC)

Voltando nossas atenções, agora, ao depósito feito em ação antiexacional (Ação Declaratória, Ação Anulatória e Mandado de Segurança, preventivo ou repressivo), desvinculada de Execução Fiscal (Embargos à Execução Fiscal), ponto de extrema importância a ser esclarecido é a total incompatibilidade entre o depósito integral do tributo e a caução disposta no art. 300, § 1º, do CPC.[226]

---

225. "O núcleo da penhora avulta na designação do administrador (...) Não se trata, entretanto, de administrar a empresa, cuja gestão subsiste íntegra, mas de avaliar qual o percentual do faturamento que, atendidas as despesas correntes, pode satisfazer o exequente, paulatinamente, sem prejuízo da atividade empresarial." (ASSIS, Araken de. *Manual da execução.* 20ª ed., São Paulo: RT, 2018, p. 1.028).

226. CPC:
"Art. 300. (...)
§ 1º. Para a concessão da tutela de urgência, o juiz pode, conforme o caso, exigir caução real ou fidejussória idônea para ressarcir os danos que a outra parte possa

Num primeiro momento, já é possível detectar que referido dispositivo regula a possibilidade de o magistrado exigir, para a concessão de uma tutela provisória, a apresentação de contracautela (caução), pelo requerente deste provimento, à sua concessão.

Todavia, o depósito não pode ser alocado nesse escaninho (de condição à concessão de tutela provisória), pois em matéria tributária, ele é hipótese distinta da tutela provisória à obtenção de suspensão da exigibilidade[227] (provimento precário mais comum nos conflitos tributários).[228]

Dito o mesmo de forma diversa, se há o depósito do montante integral do tributo em uma ação antiexacional, desaparece o interesse por um provimento provisório voltado à obtenção de suspensão da exigibilidade do crédito tributário: aquela garantia, prestada nesse contexto, já traz referida consequência.

Resta evidente, então, que o provimento judicial (infelizmente comum) que contenha os seguintes dizeres *"defiro a tutela provisória pleiteada para suspender a exigibilidade do crédito tributário em discussão se, e somente se, o requerente fizer o depósito em juízo do seu integral valor"* é totalmente despido de carga decisória, já que o efeito em questão (suspensão da exigibilidade) não decorrerá de referido pronunciamento judicial, mas sim do depósito exigido.

---

vir a sofrer, podendo a caução ser dispensada se a parte economicamente hipossuficiente não puder oferecê-la."

227. "...encontramos, na literalidade do referido art. 151, três diferentes canais de suspensão da exigibilidade da obrigação tributária de índole "processual": a tutela cautelar, a tutela antecipada e o depósito do montante integral do crédito tributário, todos fadados a obstar o desenvolvimento da cadeia de positivação, impedindo a prática dos atos que seguiriam à constituição da obrigação, notadamente os de perfil executivo." (CONRADO, Paulo Cesar. *Processo tributário*. 3ª ed., São Paulo: Quartier Latin, 2012, p. 247).

228. "...a eficácia emanada por tutelas provisórias exaradas no bojo de ações tributárias desse jaez – que se prestam, fundamentalmente, a afastar a exigência de tributos – é, ordinariamente, a de suspensão da exigibilidade do crédito tributário atacado." (DALLA PRIA, Rodrigo. *Direito processual tributário*. São Paulo: Noeses, 2019, p. 231).

Em outro momento, tivemos a oportunidade de discorrer exatamente sobre esse tema:

> Portanto, o depósito judicial do valor do tributo não é mero veículo capaz de proporcionar a concessão de tutela de urgência, como ocorre com o instituto da caução (garantia prévia a possíveis prejuízos causados à parte contrária). Em havendo a realização do depósito do valor integral do bem em litígio, se o conflito em exame for de cunho tributário, deve prevalecer as regras existentes no art. 151 do CTN, em detrimento às disposições constantes no art. 300 do CPC/2015.[229]

Logo, incompatível a vinculação daquele instituto (caução prevista no § 1º do art. 300, do CPC) com o depósito (espécie de garantia ao cumprimento da obrigação tributária).

1.3.1 Por que a caução não é tida, aqui, como espécie (ou sinônimo) do gênero garantias ao cumprimento da obrigação tributária?

Reforça essa incompatibilidade o fato de ser, o depósito (garantia prestada em dinheiro a gerar específicos efeitos), espécie de garantia ao cumprimento da obrigação tributária, isto é, como todo e qualquer bem, do devedor ou de terceiros, destinado à satisfação daquela relação jurídica, previamente ou não à crise de inadimplência.

Ora, não é preciso análise profunda para verificar que a caução (ou contracautela) disposta no supracitado regramento (art. 300, § 1º, CPC) não se enquadra neste conceito, pois aqui não se almeja garantir, patrimonialmente, a relação obrigacional inadimplida (ainda que potencialmente) motivadora do litígio (ação antiexacional proposta), mas sim eventual dano sofrido pela parte contrária que teve, em seu desfavor,

229. CASTRO, Danilo Monteiro de. A responsabilidade objetiva ante os prejuízos causados pela concessão de tutelas de urgência: análise do disposto no art. 302 do CPC/2015 perante as peculiaridades do direito tributário. In: CONRADO, Paulo Cesar; ARAUJO, Juliana Furtado Costa [Coords.]. *O novo CPC e seu impacto no direito tributário*. 2ª ed., São Paulo: Fiscosoft, 2016, p. 237.

uma tutela provisória deferida naquela demanda ("*...ressarcir os danos que a outra parte possa vir a sofrer...*").

Insista-se, referida caução (ainda que feita mediante outros bens – que não dinheiro) não servirá para futuro adimplemento da obrigação tributária objeto da ação antiexacional proposta, mas sim para garantir pretensa indenização do Fisco pelos prejuízos suportados por tutela provisória contra ele concedida.

De forma ampla, tal caução é uma espécie de garantia, voltada ao adimplemento daquela possível relação de cunho indenizatório, fruto de provimento jurisdicional requerido se, posteriormente, for revertido. Entretanto, no contexto mais restrito (garantia ao cumprimento da obrigação tributária) não, pois a relação jurídica que ela visa garantir não é a motivadora da ação antiexacional, e sim aquela outra, indenizatória, atinente ao provimento provisório requerido.

O viés desta caução, portanto, é viabilizar futura indenização à parte contrária que sofreu o ônus de suportar, indevidamente, uma tutela provisória que, no futuro, foi revertida, logo, situação acessória ao litígio instaurado, esse sim voltado à exigibilidade de uma obrigação tributária.

Função totalmente diversa, portanto, possui a garantia objeto deste estudo (da qual o depósito é espécie), qual seja, permitir o adimplemento, ainda que forçado, daquela específica relação obrigacional tributária descumprida (objeto da demanda; e não jungida a indenização qualquer).

Assim, para deixar claro que a caução, prestada com fulcro neste art. 300, § 1º, do CPC, não se subsome ao conceito de garantia ao cumprimento da obrigação tributária, tratado neste estudo, optou-se pela não utilização de referido termo (caução) como espécie e/ou sinônimo de garantia.

1.3.2 A responsabilidade objetiva (art. 302 do CPC) e sua relação com a exigência de caução

Ademais, entendemos que referida contracautela (caução) não pode ser exigida pelo magistrado no contexto acima ventilado, qual seja, quando há uma tutela provisória requerida em desfavor do Fisco, mormente para suspender a exigibilidade do crédito tributário, pois nesse cenário incabível falar em indenização à parte contrária (Fisco).

O que se quer garantir, com a caução disposta no § 1º do art. 300 do CPC, é a indenização possível à parte que teve uma tutela provisória concedida em seu desfavor que, futuramente, perdeu seus efeitos (afastada por outro pronunciamento judicial, de igual ou superior hierarquia).

Referida indenização devida por aquele que formula pleito provisório, que não é mantido ao término do processo, encontra-se disposta no art. 302 do CPC, sendo objetiva tal responsabilidade (teoria do risco-proveito).[230]

Em ação antiexacional, onde a suspensão da exigibilidade do crédito tributário advém da garantia prestada mediante depósito (também mediante fiança bancária ou seguro

---

230. "O Código de Processo Civil de 2015, seguindo a mesma linha do CPC/1973, adotou a teoria do risco-proveito, ao estabelecer que o beneficiado com o deferimento da tutela provisória deverá arcar com os prejuízos causados à parte adversa, sempre que: i) a sentença lhe for desfavorável; ii) a parte requerente não fornecer meios para a citação do requerido no prazo de 5 (cinco) dias, caso a tutela seja deferida liminarmente; iii) ocorrer a cessação da eficácia da medida em qualquer hipótese legal; ou iv) o juiz acolher a decadência ou prescrição da pretensão do autor (CPC/2015, art. 302, *caput* e incisos I a IV). Em relação à forma de se buscar o ressarcimento dos prejuízos advindos com o deferimento da tutela provisória, o parágrafo único do art. 302 do CPC/2015 é claro ao estabelecer que "a indenização será liquidada nos autos em que a medida tiver sido concedida, sempre que possível", dispensando-se, assim, o ajuizamento de ação autônoma para esse fim. Com efeito, a obrigação de indenizar a parte adversa dos prejuízos advindos com o deferimento da tutela provisória posteriormente revogada é decorrência ex lege da sentença de improcedência ou de extinção do feito sem resolução de mérito, como no caso, sendo dispensável, portanto, pronunciamento judicial a esse respeito, devendo o respectivo valor ser liquidado nos próprios autos em que a medida tiver sido concedida, em obediência, inclusive, aos princípios da celeridade e economia processual." (STJ. 3ª Turma. Recurso Especial n. 1.770.124/SP. Ministro Relator Marco Aurélio Bellizze. DJe 24/05/2019).

garantia que, em nosso entender, geram o mesmo efeito – vide Capítulo 2 desta Parte II), a ausência de lesão ao Fisco é inquestionável, pois ao término do feito, se sagrar-se vencedor, levantará aquela importância (via conversão em renda – art. 156, VI, CTN) com os acréscimos legais pertinentes (ou o terceiro garantidor – Banco ou Seguradora – realizará tal pagamento em juízo, também com os acréscimos legais devidos).[231]

Outrossim, se lesão houvesse (e vimos que inexiste) ela não decorreria da concessão de tutela provisória, mas sim da garantia prestada e, portanto, situação distante das regras dispostas nos arts. 302 e 300, § 1º, do CPC (jungidas a prejuízos causados por tutela provisória que, futuramente, restou revertida).

Mas ainda que se tenha a suspensão da exigibilidade do crédito tributário mediante tutela provisória deferida para tanto, também não vislumbramos prejuízo justificador da indenização regrada neste art. 302.

Isso porque, nesse contexto, o prejuízo suportado pelo Fisco, decorrente da tutela provisória que suspende a exigibilidade do crédito tributário, advém da não fruição do valor do tributo, pois não pode adotar as medidas de cobrança usuais (diretas e indiretas) para ter essa importância em seus cofres e, então, dar a devida destinação.

Logo, em princípio caberia a incidência daquela regra geral (art. 302 do CPC) a indenizar o Fisco que conseguiu

---

231. "E não poderia ser outra a conclusão aqui atingida, já que o valor depositado em juízo sofre não só atualização monetária como, também, incidência de juros moratórios, e, assim, descabido em nosso sentir eventual alegação de que essa situação trouxe ao ente tributante um prejuízo passível de complementar indenização, já que receberá a integralidade do crédito tributário, cuja exigibilidade restou suspensa, devidamente corrigida, inclusive com juros moratórios.
Fala-se em complementar indenização, pois os juros moratórios nada mais são do que um instrumento do direito apto a indenizar aquele que deixou de receber determinada importância no prazo acordado, ou decorrente de imposição de lei." (CASTRO, Danilo Monteiro de. A responsabilidade objetiva ante os prejuízos causados pela concessão de tutelas de urgência: análise do disposto no art. 302 do CPC/2015 perante as peculiaridades do direito tributário. In: CONRADO, Paulo Cesar; ARAUJO, Juliana Furtado Costa [Coords.]. *O novo CPC e seu impacto no direito tributário*. 2ª ed., São Paulo: Fiscosoft, 2016, p. 238/239).

reverter tutela provisória anteriormente proferida de suspensão da exigibilidade do crédito tributário se, e somente se, não houvesse outros comandos (de cunho especial) prevendo essa reparação (indenização).[232]

Como existem tais regras reparatórias em ambiente tributário (regras especiais onde há incidência, não só de correção monetária como, também, de juros de mora[233]) incabível a cumulação destas com aquela (de cunho geral).

Cabe aqui, em arremate, nova transcrição de estudo que fizemos no passado em relação ao tema, deixando claro que não se aplica o art. 302 do CPC para possível reparação em decorrência de tutela provisória que suspendeu a exigibilidade do crédito tributário, posteriormente afastada (não procedência da ação antiexacional; revogação daquela tutela provisória etc.):

> Em âmbito federal, por exemplo, o art. 63 da Lei n. 9.430/1996 traz essa previsão de cobrança acrescida de juros moratórios ao afastar tão somente a multa nos casos onde houve concessão de tutela de urgência para suspender a exigibilidade do crédito tributário.
>
> Não temos conhecimento de legislação estadual, ou municipal, que não traga idêntica previsão, qual seja, de incidência de acréscimos moratórios em similar situação (o mesmo tratamento, porém, não é dado à multa, como veremos mais adiante).
>
> É bem verdade, porém, que existe controvérsia, tanto na doutrina quanto na jurisprudência, em torno desse tema. Há fortes argumentos justificadores da ausência de mora quando a obrigação não é exigível e, assim, descabida seria a aplicação de juros moratórios, nos moldes do supracitado art. 63.
>
> Ante as pretensões deste estudo, preferimos nos curvar ao entendimento consolidado no STJ *[Embargos de Divergência em Recurso*

232. "...mesmo diante de dano realmente experimentado pela parte em face de quem a tutela jurisdicional antecipada foi cumprida, importa verificar, para fins de responsabilização de seu beneficiário, se não há no ordenamento jurídico algo que inviabilize ou, quando menos, que atenue os rigores decorrentes do art. 811 [do CPC/1973]." (BUENO, Cassio Scarpinella. *Curso sistematizado de direito processual civil.* Vol. 4. São Paulo: Saraiva, 2009, p. 85/86).

233. "Os juros moratórios são indenização ao credor". (PONTES DE MIRANDA, Francisco Cavalcanti. *Tratado de direito privado.* Vol. 23. Rio de Janeiro: Borso, 1958, p. 183).

> *Especial n. 839.962/MG; DJe 24/04/2013]* de ser correta a cobrança dos juros moratórios nessa situação, de modo que eventual prejuízo à Fazenda Pública já seria devidamente compensado, o que impede nova reparação com fulcro no art. 302 do CPC/2015.[234]

Portanto, referida caução (ou contracautela), disposta no art. 300, § 1º, do CPC, não tem como ser exigida em ações antiexacionais, propostas pelo contribuinte, mesmo quando da formulação de tutela provisória para sustar a exigibilidade do crédito tributário (ainda que potencial), já que descabida a responsabilidade objetiva prevista no art. 302, também do CPC, em referido contexto.

Assim, não nos parece correta a exigência de caução (inclusive através de bens outros, que não o dinheiro) para fins de concessão de tutela provisória formulada em ação antiexacional almejando suspender a exigibilidade da obrigação tributária (inclusive potencial), pois a razão de tal contracautela é garantir futura indenização à parte contrária que sofrerá os efeitos desta tutela não exauriente e, em ambiente tributário, temos regras próprias que se sobrepõem a essa de cunho geral (art. 302 do CPC), regulando a forma como se dará tal reparação se, futuramente, forem afastados os efeitos de tal provimento provisório.

1.4 A desnecessidade de ação executiva para extinção do crédito tributário, ainda que mediante atos de expropriação, quando houver depósito do montante integral formalizado

Ainda olhando para o depósito formalizado em ação antiexacional, é importante salientar a extrema liquidez de referida garantia, a justificar o efeito suspensão da exigibilidade

---

234. CASTRO, Danilo Monteiro de. A responsabilidade objetiva ante os prejuízos causados pela concessão de tutelas de urgência: análise do disposto no art. 302 do CPC/2015 perante as peculiaridades do direito tributário. In: CONRADO, Paulo Cesar; ARAUJO, Juliana Furtado Costa [Coords.]. *O novo CPC e seu impacto no direito tributário*. 2ª ed., São Paulo: Fiscosoft, 2016, p. 243/245.

do crédito tributário, independentemente de quaisquer outros requisitos (o que, insista-se, também vislumbramos na garantia pessoal em ambiente conflituoso – vide Capítulo 2 da Parte II deste trabalho).

Tal liquidez é tamanha que a sua realização em ação antiexacional torna despicienda a adoção de medidas outras de cobrança por parte do Fisco. Dito o mesmo de forma diversa, havendo depósito feito em ação antiexacional, bastará ao Fisco aguardar o seu desfecho, pois se lhe for favorável (improcedência da ação antiexacional), sua conversão em renda é medida suficiente à extinção daquele crédito tributário pelo pagamento (conversão em renda como meio para aquele fim).

Note que a função antiexacional daquela demanda se converte em exacional, pois será naquele mesmo procedimento (instaurado para insurgir-se à exação) que a sua satisfação se dará (mediante mera conversão em renda do depósito anteriormente feito).[235]

E isso, inclusive, a superar questões formais como a competência do Juízo para tanto, já que sabemos há, em vários locais, Varas especializadas para a cobrança de dívida ativa (via Execução Fiscal) e, nesse contexto, referida "cobrança" dar-se-ia em Juízo diverso (geral), pois a se concretizar na ação antiexacional proposta.

Esse é só mais um ponto a reforçar a necessidade de diferenciar o depósito daquela garantia prestada em dinheiro com viés eminentemente cautelar (pertencente à classe garantia assecuratória – Capítulo 4 da Parte II deste estudo), pois neste

235. "Ninguém duvidaria, por outro lado, que, definitivamente vencidos nessas ações, o contribuinte teria o valor que depositara convertido em renda da entidade credora, tal como se as demandas propostas oficiassem como uma 'execução invertida'. Ninguém duvidaria, por fim, tomado esse eventual destino do depósito, as referidas ações serviriam, em certa medida, como instrumento, a um só tempo, de discussão (antiexacionalidade) e efetivação (exacionalidade) do crédito tributário." (CONRADO, Paulo Cesar. O "novo" art. 151, II, do Código Tributário Nacional: o impacto do art. 835, § 2º, do novo Código de Processo Civil em relação à suspensão, via depósito, da exigibilidade do crédito tributário. *Revista de Direito Tributário Contemporâneo* n. 1. São Paulo: RT, 2016, p. 173).

último contexto, além de outros usuais efeitos inerentes ao depósito, não teremos esta "exacionalidade" (integrante do *discrimen* constante no quadro que encerrou a Parte I deste trabalho denominada "etapa suficiente para posterior expropriação").

1.5 O depósito judicial em demandas preventivas tomado como constitutivo do crédito tributário

Quando o depósito é feito em contexto de exigibilidade potencial (ou iminente), ou seja, quando ainda não constituído o crédito tributário (tratamos destes diferentes marcos, à marcha da exigibilidade, no Capítulo 1 da Parte I deste estudo, mais especialmente no subitem 1.3.1), a jurisprudência (consolidada, inclusive, do STJ[236]) dá a referida garantia outro importantíssimo efeito, qual seja, de constituir o crédito tributário.

Pelo quadro apresentado ao final da Parte I deste trabalho é possível constatar que não concordamos com essa construção, isto é, não vemos como correta a atribuição desse efeito à garantia ao cumprimento da obrigação tributária denominada depósito.

Isso porque, não há respaldo normativo (em especial no invocado artigo 150 do CTN, vide julgados do STJ) a permitir referida interpretação no sentido de que a garantia prestada, mediante depósito, antes da constituição do crédito tributário (realizada, portanto, em ações antiexacionais preventivas), antecipa aquele ato, ou melhor dizendo, dispensa os usuais atos de constituição do crédito tributário (lançamento ou declaração formal do contribuinte para esse fim).[237]

---

236. "A jurisprudência desta Corte Superior firmou-se no sentido de que, 'no caso de tributos sujeitos a lançamento por homologação, o contribuinte, ao realizar o depósito judicial com vistas à suspensão da exigibilidade do crédito tributário, promove a constituição deste nos moldes do que dispõe o art. 150 e parágrafos do CTN, não havendo que se falar em decadência do direito do Fisco lançar." (STJ. 2ª Turma. Recurso Especial n. 1.574.894/ES. Min. Rel. Og Fernandes. DJe 09/05/2018).

237. "É preciso ressaltar, no entanto, que o depósito judicial, atualmente, tem assumido o papel não apenas de suspender a exigibilidade do crédito, mas também de constituí-lo.

Logo, se é exigido do Fisco o lançamento para fins de evitar a decadência, quando há suspensão da exigibilidade do crédito tributário fruto de tutela provisória concedida em ação antiexacional preventiva (Ação Declaratória e/ou Mandado de Segurança preventivo), por que não exigir o mesmo ato (lançamento) quando temos depósito realizado em tais ações?

A exigência de lançamento de ofício para evitar a decadência é, em nosso sentir, o raciocínio mais correto (em harmonia com esse mesmo rigor nos casos em que a suspensão da exigibilidade advém de pronunciamento judicial) já que o depósito em juízo, por si só, não cumpre os demais atos necessários ao seu enquadramento como uma constituição da obrigação tributária pelo particular (que, via de regra, compreendem o preenchimento e entrega de declarações outras ao Fisco).[238]

Há, inclusive, regramentos nesse sentido, em dissonância a referido posicionamento jurisprudencial. A legislação do Estado de São Paulo, por exemplo, exige o lançamento para

---

(...) Parece-nos, contudo, equivocada tal afirmação. Como já mencionamos no capítulo precedente, a linguagem competente para construir o crédito tributário é aquela que o direito qualifica como tal.
Ao examinar as normas que cuidam da matéria, todavia, não é possível identificar nenhum enunciado conferindo ao depósito o poder para constituir o crédito." (LINS, Robson Maia. *Curso de direito tributário brasileiro*. São Paulo: Noeses, 2019, p. 454/455).

238. "...julgada improcedente 'ação' declaratória de inexistência de relação jurídico-tributária em que o contribuinte efetivou depósito, duas serão as possibilidades: (i) ou o Estado-juiz deu ao depósito o tratamento de causa de suspensão no sentido estrito do termo, garantindo ao Fisco a possibilidade de proceder ao lançamento – nesses casos, com a sentença de improcedência, poderá o Fisco retomar o ciclo de positivação, exigindo o tributo já constituído pelo lançamento, para tanto podendo inclusive pugnar pela conversão do depósito efetivado em renda (providência que dependerá, evidentemente, da anuência do contribuinte, uma vez que o depósito, com o juízo de improcedência, perde sua eficácia processual); (ii) ou o Estado-juiz deu ao depósito o tratamento de causa de 'obstaculização do processo de positivação do direito tributário', rejeitando a possibilidade de emissão de lançamento – casos em que, com a sentença de improcedência, reaberta quedará, ao Fisco, a possibilidade de proceder ao lançamento, pugnando, ato contínuo, a conversão do depósito em renda (providência que, como antes, também dependerá da convergência da vontade do contribuinte)." (CONRADO, Paulo Cesar. *Processo tributário*. 3ª ed., São Paulo: Quartier Latin, 2012, p. 226/227).

fins de evitar a decadência, inclusive nos casos em que há depósito integral da exação (art. 30, § 3º, da Lei 13.457/2009, já transcrito na nota de rodapé n. 50 deste trabalho).

As críticas à referida *ratio,* sedimentada no STJ há bastante tempo, se fazem necessárias, pois extrapolam a presença ou não daquele efeito (constitutivo do crédito tributário nas hipóteses de depósito em conflito atinente a exigibilidade potencial ou iminente), adentrando em pontos cruciais à definição e alcance da garantia.

Ora, ainda que se reconheça referido efeito constitutivo ao depósito (o que infirma o próprio efeito de uma ação declaratória, mormente quando da sua improcedência),[239] o fato é que ele é, antes de tudo, espécie de garantia ao cumprimento da obrigação tributária (ainda que potencial). Logo, se há uma ação antiexacional preventiva, com depósito nela realizado, extinta sem resolução de mérito, é preciso preservar aquela garantia (por determinado período), pois o conflito não se encerrou (poderá ser reaberto).

Insista-se, quando não há resolução de mérito, como chancelar aquele depósito como ato constitutivo do crédito tributário?

---

239. "...embora seja 'matematicamente possível' dizer que, ao julgar improcedente uma declaratória negativa, o Estado-juiz teria, por via oblíqua, reconhecido a existência da relação debatida (aplicando-se, assim, a máxima do 'menos com menos é igual a mais'), urge sublinhar que a jurisdição, atividade por princípio inerte, não pode transbordar os limites do pedido formulado por aquele que a provoca. Destarte, diante de pedido declaratório negativo, teríamos que ou o Estado-juiz o acolhe, emitindo a norma de proibição a que vimos nos referindo, ou o rejeita, deixando de emitir a aludida norma. Nesse último caso, consigne-se, a não introdução de norma individual e concreta (sentença) que proíba o Estado-fisco de fazer (o lançamento) provoca a manutenção do sistema do direito positivo tal qual se encontrava no momento da propositura da 'ação', vale dizer, nada ocorre: o Fisco, desde sempre detentor de aptidão jurídica para emitir norma individual e concreta de lançamento, continua a ostentar essa mesma aptidão, nada havendo que interfira nessa atividade. Por isso mesmo falamos (e agora repetimos): 'de ordinário, não se reconhece, nas sentenças que julgam improcedente uma ação declaratória negativa, eficácia qualquer' – a não ser, obviamente, aqueles efeitos que defluem da noção de coisa julgada material, impeditivos da rediscussão do tema." (CONRADO, Paulo Cesar. *Processo tributário*. 3ª ed., São Paulo: Quartier Latin, 2012, p. 225/226).

Mais do que isso, se rapidamente o contribuinte reinstaura o conflito, medida de rigor a transferência daquela garantia para essa nova ação (já que a primeira não teve análise de mérito), tudo a evitar um possível pagamento indevido. Infelizmente não é esse o entendimento sedimentado no STJ.[240]

De toda sorte, em que pese as críticas acima feitas, e o não reconhecimento deste efeito como *discrimen* classificatório às garantias ao cumprimento da obrigação tributária, é fato que pelo entendimento atual do STJ (relato vencedor) esse é um reflexo exclusivo à classe depósito, qual seja, constituir o crédito tributário quando realizado antes do lançamento (ou seja, quando ocorrido no bojo de ações antiexacionais preventivas), que não podemos ignorar.

1.6 Suspensão da exigibilidade do crédito tributário em decorrência do depósito: a importância do conflito

O conflito em torno da exigibilidade estará sempre presente em ações judiciais antiexacionais (a petição inicial é o veículo formalizador deste conflito), tanto preventivas (Ação Declaratória e Mandado de Segurança preventivo) quanto repressivas (Ação Anulatória e Mandado de Segurança repressivo) e, assim, a garantia em dinheiro prestada nesse contexto será classificada, sempre, como depósito (presentes todas as suas características / reflexos).[241]

240. "A Primeira Seção do Superior Tribunal de Justiça pacificou o entendimento de que, na hipótese de extinção do processo sem julgamento de mérito, os depósitos efetuados pelo contribuinte para suspender a exigibilidade do crédito tributário devem ser convertidos em renda da Fazenda Pública. Precedentes: EREsp 548.224/CE, Rel. Ministro Humberto Martins, Primeira Seção, DJ 17.12.2007, p. 120; EREsp 279.352/SP, Rel. Ministro Luiz Fux, Primeira Seção, DJ 22.5.2006, p. 139; EREsp 479.725/BA, Rel. Ministro José Delgado, Primeira Seção, DJ 26.9.2005, p. 166. Hipótese em que a Corte a quo contrariou esse entendimento ao autorizar a transferência da garantia para outra demanda." (STJ. 2ª Turma. Recurso Especial n. 1.733.989/SP. Ministro Relator Herman Benjamin. DJe 21/11/2018).

241. "Lembremos (ou melhor, relembremos), primeiro de tudo, que, embora o Código Tributário Nacional, na fração representada pelo art. 151, II, não fale direta e explicitamente de processo, a ele (ao processo) necessariamente nos remete. É que, pragmaticamente, o depósito referido pela norma material far-se-ia em ambiente

Logo, havendo o ajuizamento de uma ação antiexacional (preventiva ou repressiva), com a realização de depósito, não teremos a instauração de uma Execução Fiscal (apenas se ela já existia antes deste cenário irá perdurar), pois o depósito (feito naquele ambiente), além de suspender a exigibilidade do crédito tributário objeto do feito (situação a impedir novos atos de cobrança direta, inclusive o ajuizamento de Execução Fiscal) será suficiente para sua liquidação nos próprios autos da ação antiexacional.

Quando o depósito é feito em Execução Fiscal ainda não se tem um conflito em sentido estrito (manifestação do contribuinte contrária à exigibilidade da exação), todavia é nesse momento aberta a possibilidade da sua instauração, através de veículo processual cuja garantia ainda é requisito necessário para tanto (tratamos disso no Capítulo 1 da Parte I – subitem 1.2.3), qual seja, Embargos à Execução Fiscal.

Aqui, então, temos um cenário diferente: [i] a garantia prestada em dinheiro nos autos da Execução Fiscal é depósito, surtindo seus usuais efeitos deste então (por abrir a possibilidade de instauração de conflito através daquele específico veículo processual dependente desta garantia para ser admitido); mas [ii] para manter-se com as características/efeitos jungidos a essa classe (depósito), o contribuinte terá de efetivamente instaurar o conflito em torno da exigibilidade (seja mediante Embargos à Execução Fiscal, seja através de Ação Anulatória ou, ainda, Mandado de Segurança repressivo, se possível for).[242]

---

processual – é sem sentido supor que o sujeito passivo da obrigação tributária delibere pela efetivação de depósito à revelia de conflituosidade justificadora dessa conduta; fosse de outro modo, não haveria interesse jurídico na efetivação da medida, impondo-se, em seu lugar, o pagamento, causa extintiva da obrigação, e não suspensiva de sua exigibilidade." (CONRADO, Paulo Cesar. O "novo" art. 151, II, do Código Tributário Nacional: o impacto do art. 835, § 2º, do novo Código de Processo Civil em relação à suspensão, via depósito, da exigibilidade do crédito tributário. *Revista de Direito Tributário Contemporâneo* n. 1. São Paulo: RT, 2016, p. 165/166).

242. Nesse contexto, interessante destacar, o depósito continua a ter sua característica de "etapa suficiente para posterior expropriação", pois ele não será convolado em outra espécie de garantia para, só então, termos a satisfação forçada da obrigação. Entretanto, diferentemente do que ocorre no depósito feito em ação

Por esse motivo que a garantia prestada em dinheiro com viés assecuratório (caso clássico: antecipação de garantia à futura Execução Fiscal), em processo judicial ou procedimento administrativo, não se subsome à classe depósito, já que inexistente conflito em torno da exigibilidade da obrigação tributária e, por isso, impossível vislumbrar aquelas características/efeitos.

Exemplificando, a garantia em dinheiro prestada nesse contexto (assecuratório) não é "etapa suficiente para posterior expropriação", já que referida importância não poderá ser convertida em renda do Fisco naqueles autos (judiciais ou administrativos). Será necessário o ajuizamento de uma Execução Fiscal, com a devida citação deste contribuinte (ora executado) para, só então, referida importância ser convolada em depósito (constrição efetivada – via novo ato judicial – na Execução Fiscal) e, assim, ser possível sua conversão em renda.

Antes desta convolação, o que temos é mera cautelaridade, pois além de não ser "etapa suficiente para posterior expropriação" também não gera "suspensão da exigibilidade do crédito tributário", outro requisito (característica / efeito) necessário à classe depósito.

A ausência do efeito suspensivo da exigibilidade na garantia em dinheiro prestada em ambiente cautelar já foi objeto de análise na Parte I deste trabalho (em especial nos subitens 1.3.5 e 2.5.1), e fica clara pela necessidade (como demonstrado acima) do ajuizamento posterior de uma Execução Fiscal para: [i] transformar essa garantia em depósito; e, só então, [ii] ser possível sua conversão em renda.

Ora, para ajuizar uma Execução Fiscal não é possível termos a paralização da marcha da exigibilidade (efeito da sua suspensão – ante a ineficácia técnico-normativa que gera), pois o transcurso desta é necessário ao atingimento daquela etapa do ciclo de positivação voltado a arrecadação.

---

antiexacional precedente à existência de Execução Fiscal, aqui sua conversão em renda (se improcedente for a ação antiexacional) dar-se-á nos autos da Execução Fiscal, por já existir quando da interposição do feito antiexacional.

Por isso que nesse contexto, a garantia prestada em dinheiro é "rebaixada" para a classe assecuratória (ausência do necessário ambiente conflituoso em torno da exigibilidade).

1.6.1 O depósito feito no litígio administrativo

Situação que merece observação apartada é a da garantia prestada em dinheiro em ambiente processual-administrativo. Já restou afirmado (vide subitem 2.6.6 da Parte I) que a impugnação ofertada a um lançamento instaura um litígio a ser dirimido pelo Estado-Juiz (nesse contexto, de forma atípica, pelo Poder Executivo, e não pelo Poder Judiciário), isto é, ter-se-á nesse ambiente administrativo o exercício de jurisdição.

Inquestionável, assim, a presença do conflito em torno da exigibilidade da obrigação tributária também nesse cenário (processo administrativo-tributário).

Ocorre, porém, que pelas regras existentes no art. 151 do CTN, em especial pelo seu inciso III, a simples instauração administrativa desse conflito traz suspensão da exigibilidade do crédito tributário, logo, a garantia aqui prestada, em dinheiro, apenas implicará efetivamente na sustação dos efeitos da mora, pois a suspensão da exigibilidade não dependerá da sua realização.

Fica, então, a dúvida: garantia em dinheiro feita em processo administrativo é, ou não, depósito? A resposta, em nosso sentir, é positiva.

A garantia em dinheiro feita em processo administrativo possui todas as características/efeitos do depósito, inclusive a de gerar suspensão da exigibilidade, entretanto, ele está sobreposto por similar efeito trazido pela simples instauração do processo administrativo.

Não há, portanto, ausência do efeito suspensivo da exigibilidade jungida a essa garantia, apenas temos a mera sobreposição de similares efeitos, gerados por normas distintas, porém incidentes sobre a mesma obrigação tributária.[243]

243. Em sentido contrário: "O depósito do montante integral da exigência do crédito tributário pode ser promovido tanto no curso do procedimento administrativo,

Note que o depósito pode ter sido feito antes da oferta de impugnação, a justificar a alegação de que, em tal situação, foi o depósito e não a impugnação a causa da suspensão da exigibilidade (isso, em nosso sentir, fortalece ser a sobreposição de efeitos a melhor explicação a referido fenômeno).

Ademais, ter-se-á a conversão em renda dessa garantia em dinheiro feita na esfera administrativa ao término do processo, se nenhuma providência for adotada, pelo contribuinte, à preservação do conflito (agora, na esfera judicial), em suma, incabível falar em viés assecuratório de tal garantia, o que só reforça a presença de todas as características/efeitos do depósito.

1.7 Condições necessárias à possibilidade de conversão em renda do depósito

Por fim, se o conflito é necessário à espécie de garantia depósito, pois só em tal contexto é possível vislumbrar o efeito suspensão da exigibilidade, é com o desaparecimento deste elemento (conflito em torno da exigibilidade) que será cabível aquele veículo à extinção do crédito tributário, qual seja, conversão em renda do depósito.

Fala-se em conversão em renda do depósito como mero veículo, pois a extinção propriamente dita dar-se-á via pagamento (entrega aos cofres públicos da importância devida naquela relação obrigacional tributária – apenas o caminho será pela conversão em renda do valor depositado em juízo).

Para ser possível a conversão em renda, a garantia tem de ser qualificada como depósito (tanto é assim que a garantia assecuratória em dinheiro somente atingirá esse estágio quando convolada em depósito), o que só reforça o disposto no subitem anterior em relação a essa garantia quando prestada em litígio administrativo.

---

como no âmbito da discussão judicial. Feito perante os órgãos da Administração, seu papel é evitar a atualização do valor monetário da dívida, prosseguindo a série de atos e termos, até decisão final. Nessa conjuntura, o depósito não é causa suspensiva da exigibilidade, que já se encontra sustada pela impugnação ou recurso do administrado." (CARVALHO, Paulo de Barros. *Direito tributário:* fundamentos jurídicos da incidência. 9ª ed., São Paulo: Saraiva, 2012, p. 282/283).

Em ações judiciais antiexacionais (preventivas ou repressivas), ter-se-á a conversão em renda do depósito quando do seu trânsito em julgado se, e somente se, julgados improcedentes os pedidos lá formulados.

Em ação exacional (Execução Fiscal), por sua vez, o depósito (feito inicialmente nessa condição, ou fruto da transposição de espécies – mera garantia assecuratória convolada em depósito, por exemplo) será convertido em renda se transcorrer *in albis* o prazo para oferta de Embargos à Execução Fiscal, ou quando estes (ou outra ação antiexacional ofertada concomitantemente à tramitação daquela Execução Fiscal) forem julgados improcedentes de forma definitiva (trânsito em julgado).

Essa definitividade no julgamento dos Embargos, como condição de acesso, pelo credor, ao depósito realizado pelo devedor (de maneira voluntária ou não), é efeito exclusivo desta garantia quando prestada em ambiente tributário.

Isso porque, como já dito em outros momentos (vide, por exemplo, subitem 2.4.2.3 da Parte I deste trabalho), não há que se falar em atribuição de efeito suspensivo aos Embargos à Execução Fiscal, quando a garantia prestada (condicionante à oferta daquele veículo processual) for depósito. Tal suspensão é de cunho material, e não processual, fruto do disposto no art. 151 do CTN, isto é, consequência da suspensão da exigibilidade gerada por essa espécie de garantia e, assim, enquanto perdurar o conflito, impossível será a conversão em renda (esse ponto, aliás, é de extrema importância quando da convolação de penhora em depósito – vide subitem 3.5, Capítulo 3, desta Parte II).

Por fim, o depósito feito em processo administrativo somente poderá ser convertido em renda após o transcurso de certo prazo, necessário a permitir a manutenção daquele elemento (conflito) com a instauração de uma nova lide, agora judicial.[244]

244. "Sendo de cunho administrativo, a conversão operará trinta dias após a notificação do devedor, desde que este não recorra ao Judiciário." (CARVALHO, Paulo de Barros. *Direito tributário:* fundamentos jurídicos da incidência. 9ª ed., São Paulo: Saraiva, 2012, p. 283).

CAPÍTULO 2 - GARANTIA PESSOAL (OU FIDEJUSSÓRIA) EM AMBIENTE CONFLITUOSO

2.1 Noções introdutórias

A classe "garantia pessoal em ambiente conflituoso" comporta as hipóteses onde o devedor contrata um terceiro (banco ou seguradora), com lastro inquestionável, para se responsabilizar pelo adimplemento da dívida (responsável sem débito), quando o próprio devedor não o faça e, ainda, que tudo isso ocorra em contexto conflituoso em torno da exigibilidade (pretensão, mesmo que potencial, do contribuinte almejar a extinção do crédito tributário por via diversa do pagamento).

Não se trata, portanto, de um terceiro qualquer, tem de ser um Banco ou uma Seguradora, remunerado a figurar como fiador (em sentido amplo – já que o seguro garantia também se amolda a esse conceito de terceiro a responder, com todo o seu patrimônio, perante débito que não lhe pertence), nos moldes da legislação pertinente.

Evidente que por envolver um contrato, entre devedor e um banco (ou seguradora), essa é uma espécie de garantia com custo pré-determinado (de elevado valor, diga-se) que, por isso, só se justifica se houver controvérsia relevante em torno da exigibilidade do crédito tributário em cobro.

De toda sorte, em razão da regulamentação atinente à matéria, que exige a participação de Bancos idôneos e devidamente autorizados a operar no Brasil (ou de seguradoras regulares perante a SUSEP), resta patente a liquidez desta garantia, isto é, na prática, se intimada ao pagamento, o mesmo ocorre em curto espaço de tempo (sem a necessidade da adoção de medidas constritivas sobre o patrimônio deste terceiro – Banco ou Seguradora).[245]

Mas não basta, para integrar este conjunto "garantia pessoal em ambiente conflituoso", a existência de uma relação contratual entre devedor e um Banco (ou uma seguradora). Para tanto, outras características devem estar presentes nesta garantia, quais sejam: [i] sempre fidejussória, a ser prestada em ambiente conflituoso (em torno da exigibilidade) e com respeito às regras próprias para o seu exercício em questões tributárias; [ii] passível de satisfazer, prontamente, a obrigação tributária (viés executório); e [iii] a gerar suspensão da exigibilidade do crédito tributário.

Por ser fidejussória, essa classe possui a característica de ser, sempre, prestada de forma voluntária, mormente por decorrer de um contrato oneroso celebrado entre devedor e terceiro (responsável sem débito), ou seja, a celebração deste contrato pressupõe o seu interesse em figurar como tal.

Ademais, a condição de terceiro é medida que se impõe, isto é, um Banco ou uma Seguradora se figurarem como devedores de tributos não poderão afiançar, ou assegurar, a si próprios.[246]

---

245. "Inspirou-se a regra da solvabilidade das instituições financeiras. Presume-se que, intimadas, incontinenti honrem a fiança, e as seguradoras a garantia, remindo a execução (art. 19, II, da Lei 6.830/1980). E, com efeito, esse é o procedimento constatado na prática." (ASSIS, Araken de. *Manual da execução.* 20ª ed., São Paulo: RT, 2018, p. 1.546).

246. "...a natureza do instituto da fiança pressupõe que ela seja ofertada por terceiro, porquanto ela se destina a assegurar o cumprimento da obrigação de outrem. A fiança bancária, nesse sentido, pressupõe três pessoas distintas: o credor, o devedor-afiançado, ou executado, e o banco-fiador, ou garante. Incabível, portanto, a prestação de fiança bancária, para garantia do processo de execução fiscal, pelo próprio banco devedor..." (STJ. 2ª Turma. Recurso Especial n. 183.648/SP. Relator Ministro Franciulli Netto. DJ 01/07/2002).

Como já salientado no Capítulo 1 desta Parte II (item 1.4), a "pronta satisfatividade" da garantia guarda estrita relação com as formas de constrição passíveis de ocorrência em executivos fiscais, assim, teremos presente o efeito "etapa suficiente para posterior expropriação" nas espécies: [i] depósito; [ii] garantia fidejussória em ambiente conflituoso; e [iii] penhora.

Logo, essa é uma característica inerente ao conjunto em exame, decorrência do ambiente conflituoso (em torno da exigibilidade da obrigação tributária), sempre presente.

Por conseguinte, se tivermos garantia fidejussória similar (Banco ou Seguradora como terceiro garantidor) prestada em ambiente não conflituoso (ou cujo conflito seja outro, distante da exigibilidade da exação), estar-se-á diante de outras classes de garantias: assecuratória (quando, por exemplo, ela for ofertada em antecipação de garantia, quer em ação própria, quer em procedimento administrativo); ou "outras hipóteses" (quando apresentada como condição à celebração de parcelamento, por exemplo).

Ausente, em ambos os cenários (garantia assecuratória ou outras hipóteses), o efeito de suspensão da exigibilidade do crédito tributário.

Tanto é assim que com a presença do ambiente conflituoso em torno da exigibilidade (ou próximo a ele), ter-se-á, mediante ato judicial, a conversão daquelas espécies (assecuratória ou outras hipóteses) nesta (pessoal em ambiente conflituoso – viés satisfativo / executório).

De suma importância essas segregações, entre garantia fidejussória assecuratória, garantia fidejussória sem exarar quaisquer dos peculiares efeitos atinentes ao ambiente tributário (a integrar a classe "outras hipóteses") e o conjunto "garantia pessoal em ambiente conflituoso", quer pela necessária transposição das espécies no momento oportuno (normalmente nos autos da Execução Fiscal) quer, principalmente, pelos efeitos vislumbrados em cada um destes contextos (só no conjunto "garantia pessoal em ambiente conflituoso" ter-se-á suspensão da exigibilidade da obrigação tributária).

Ademais, o efeito suspensivo da exigibilidade aqui presente decorre da equiparação desta espécie de garantia a depósito, feita pela legislação processual (art. 835, § 2º, CPC). Tal equiparação, entretanto, não se dá perante todo e qualquer efeito atinente ao depósito. Há um ponto de *discrimen* entre essas classes, qual seja, o efeito de sustar os reflexos moratórios, só presente no depósito.

Veremos, mais adiante, que o terceiro (responsável sem débito) deverá se responsabilizar, com todo o seu patrimônio, pelo adimplemento do principal e demais encargos que sobre ele incidirem, entretanto, essa situação não guarda relação com a sustação dos efeitos da mora (com o depósito os reflexos moratórios deixam de incidir; aqui o responsável também os assume e, para tanto, eles precisam ser aplicados).

Passamos, então, a apresentar algumas das características presentes neste conjunto (garantia pessoal em ambiente conflituoso) diante das possíveis classificações apontadas ao final da Parte I deste trabalho (item 2.6):

Esse conjunto, como já afirmado no início, será sempre composto por garantias pessoais (fidejussórias), jamais reais. Por essa razão, sempre está vinculada a terceiro (não é garantia jungida ao patrimônio do devedor).

Assim, a fruição dos bens que compõem o patrimônio do terceiro garantidor estará, sempre, preservada, já que, em tal modalidade (garantia pessoal), o terceiro assume a condição de responsável patrimonial sem perder o direito de fruir dos bens que integram seu patrimônio, logo, poderão ser atingidos (expropriados) se, e somente se, o credor não adimplir o débito no momento oportuno, entretanto, até a consumação de atos expropriatórios, permanecerá usufruindo deles, inclusive lhe sendo destinados eventuais frutos ou rendimentos.

Esse cenário, todavia, não infirma o altíssimo ônus desta garantia (inerente à relação contratual firmada entre devedor e instituição financeira ou de seguros), decorrente da sua liquidez, também altíssima (pelas regras necessárias à oferta desse tipo de "crédito" ou de seguro, as chances de não satisfação do débito, quando se tornar incontroverso, pelo terceiro garantidor, são quase inexistentes).

Por fim, o conjunto "garantia pessoal em ambiente conflituoso" será: [i] sempre voluntário; [ii] passível de se concretizar em ambiente judicial (conflito em torno da exigibilidade sempre presente) exacional ou antiexacional.

Passamos, então, a enfrentar peculiaridades importantes desta espécie de garantia ao cumprimento da obrigação tributária.

2.2 Regulamentação existente para a fiança bancária e para o seguro garantia

Como determina a própria LEF, no art. 9º, § 5º, a fiança bancária deverá obedecer às condições preestabelecidas pelo Conselho Monetário Nacional (CMN).

Há, nesse sentido, a Resolução do Banco Central (BACEN) 724/82 e, posteriormente, a Resolução CMN 2.325/96 que, grosso modo, exigem: prazo indeterminado para referida garantia; renúncia a benefício de ordem; e responsabilidade pelos acréscimos pertinentes (moratórios, a partir do ajuizamento da execução; bem como os relativos à sucumbência).[247]

Mas é a regulamentação dada pela própria PGFN (em ambiente federal), que sinaliza de forma mais aprofundada quais são os critérios necessários tanto à fiança bancária

---

247. "No exercício da competência regulatória que lhe foi conferida, tal órgão, por meio da Resolução BACEN n. 724/82, tratou do assunto, fazendo-o, num primeiro momento, de modo a impor os seguintes pressupostos: (i) indeterminação temporal; (ii) expressa indicação de renúncia a benefício de ordem; (iii) obrigatório emprego da expressão até o limite de R$... (valor na data da propositura) e acréscimos moratórios a partir do aparelhamento da execução, bem como eventuais encargos de sucumbência em defesas apresentadas pelo afiançado.
A Resolução CMN n. 2.325/96 seguiu tratando do tema, anos depois, fazendo-o basicamente na mesma linha." (CONRADO, Paulo Cesar. *Execução fiscal.* 3ª ed., São Paulo: Noeses, 2017, p. 200).

quanto ao seguro garantia e, por conseguinte, enaltecem a extrema liquidez desta classe de garantias.

Além do que já se encontra chancelado nas Resoluções do BACEN e do CMN, extrai-se da regulamentação da PGFN, em relação à fiança bancária (Portaria PGFN 644/2009, alterada pelas Portarias PGFN 1.378/2009 e 367/2014), as seguintes exigências:

[i] cláusula de atualização do valor (crédito tributário em sentido amplo: principal; multa; juros; e encargo legal), que deve seguir os mesmos índices de atualização de débito inscrito em dívida ativa da União;

[ii] foro de eleição pré-definido para dirimir questões entre fiadora e credora; e

[iii] instituição financeira idônea (qualidade presumida pela comprovação de sua autorização para funcionar no Brasil, via certidão emitida pelo BACEN).

Destes poucos complementos às regras postas pelo CMN, é possível constatar, inclusive de forma ampla (quer dizer, perante créditos tributários atinentes a outros entes tributantes, diversos da União), que somente instituições financeiras regulares poderão figurar como fiadores nestas condições e, principalmente, devem assumir a responsabilidade pelo débito executado, devidamente atualizado (pelos índices de atualização aplicados aos créditos tributários inscritos em dívida ativa), com quaisquer outros acréscimos (como os sucumbenciais, não presentes em créditos tributários junto à União, em razão de sua substituição pelo chamado encargo legal).

Nesse contexto, a liquidez de referida garantia é inquestionável, o que motiva os altos custos de sua contratação.

Quando analisamos o seguro-garantia, também há regulamentação da PGFN (atualmente posta pela Portaria PGFN 164/2014), cabendo os seguintes destaques:

[i] o sujeito ativo da relação obrigacional-tributária será classificado como Segurado; o sujeito passivo desta mesma relação como Tomador; e a Seguradora é a Sociedade de seguros que assume o ônus de ser responsável sem débito;

[ii] a Seguradora tem de ser idônea e devidamente autorizada a funcionar no Brasil (comprovação via certidão de sua regularidade perante a Superintendência de Seguros Privados – SUSEP – vinculada ao Ministério da Economia);

[iii] o valor segurado deverá corresponder ao montante original do débito com os encargos e acréscimos legais, devidamente atualizados pelos índices aplicáveis à dívida ativa;

[iv] o seguro deve se manter ativo, ainda que o Tomador não tenha adimplido o prêmio nas datas convencionadas;

[v] a apólice (que deve ser registrada na SUSEP) mencionará o número da inscrição em dívida ativa e o número do processo judicial correspondente;

[vi] foro de eleição pré-definido para dirimir questões entre Seguradora e Segurado;

[vii] não poderá conter cláusula de desobrigação por atos do Tomador, da Seguradora ou de ambos; e

[viii] a vigência do seguro será de, no mínimo, 2 (dois) anos, passível de renovação (a ausência de renovação será uma das causas de sinistro, a justificar pagamento ao Segurado).

Mesmo que com mais detalhamentos, aqui também é incontroversa a liquidez desta garantia e, por conseguinte, as razões de sua elevada onerosidade ao tomador (devedor do crédito tributário).

2.3 A onerosidade inerente a esta classe e seus reflexos nas demandas tributárias

Pela regulamentação demonstrada no item anterior, não há dúvidas quanto ao alto índice de liquidez desta espécie de garantia, quer pelas condições impostas à sua concessão quer, principalmente, pelas regras à figura do terceiro garantidor (Banco ou Seguradora, com atividade regular autorizada pelo órgão público correspondente – BACEN ou SUSEP).

Na prática, portanto, havendo a necessidade de fazer valer essa garantia (cobrar o terceiro pelo débito que afiançou) ter-se-á o seu imediato adimplemento[248] (ou, no pior cenário – veremos isso mais adiante, no item 2.5, em tom crítico, pois não concordamos com tal construção –, a convolação desta garantia em depósito, quando ainda pender de final julgamento, por exemplo, Embargos à Execução Fiscal e não for reconhecida a suspensão da exigibilidade do crédito tributário pela simples oferta de garantia pessoal em ambiente conflituoso).

É essa extrema liquidez, muito próxima ao depósito, o motivo da equiparação destas classes pelo legislador processual (art. 835, § 2º, CPC), como veremos no próximo item.

Todavia, tamanha liquidez traz um elevado custo à contratação deste terceiro (Banco ou Seguradora) para figurar como garantidor (fiança processual), tornando-a acessível à restrita classe de contribuintes que podem contratá-la (quer por condições financeiras, quer por ausência de restrições à formalização deste negócio perante Bancos ou Seguradoras).[249]

Ora, estamos falando de uma relação contratual entre devedor e Instituição Financeira (ou Seguradora), ou seja, aquele contrata essa, mediante remuneração preestabelecida, para garantir o pagamento de um determinado crédito tributário, se este for chancelado como devido (ao término de uma ação antiexacional, como os Embargos à Execução Fiscal). Assim, há toda uma análise de risco, por parte deste terceiro (Banco

---

248. "Na verdade, a fiança passada por empresa de banco, correspondente ao '*quod plerumque fit*', constitui garantia tão idônea e prestante quanto o depósito do dinheiro penhorado na conta corrente vinculada ao juízo (art. 840, I). Não há notícia de processo em que a garantia não seja honrada imediatamente." (ASSIS, Araken de. *Manual da execução.* 20ª ed., São Paulo: RT, 2018, p. 1.049).

249. "*E, sobretudo, não olvidar o custo da fiança bancária. Ela é muito, muito dispendiosa e o executado paga-a antecipadamente.*" (ASSIS, Araken de. *Manual da execução.* 20ª ed. São Paulo: RT, 2018, p. 1.049).

ou Seguradora), à concessão dessa linha de crédito (ou de seguro), pois existe a possibilidade de pagar aquele todo, em um determinado momento.

O valor afiançado, os argumentos de defesa invocados e, ainda, estimativa de duração do processo (no Brasil, sabemos, esse ainda é um dos maiores problemas – não é incomum a duração por décadas de um processo), serão elementos a definir o preço cobrado pelo Banco (ou pela Seguradora) para concessão de referida garantia pessoal.

O seguro-garantia, é importante dizer, possui um ônus financeiro menor do que a fiança bancária, além de não impactar na capacidade negocial do devedor perante Instituições Financeiras (a fiança bancária traz esse reflexo), mas ambos têm elevado custo e, principalmente, acesso restrito ante as condições impostas para a sua contratação.

Assim, o que se tem na prática é uma modalidade de garantia de reduzida utilização quando olhamos para o número de contribuintes que podem dela se valer, porém de elevada importância quando o foco da análise é o valor dos créditos tributários por ela garantidos (poucos contribuintes, mas com expressivos créditos tributários em litígio).

Ademais, quando aproximamos essa classe daquela outra, qual seja, depósito, sua importância aumenta consideravelmente, em especial pela permissão processual de substituição desta por aquela.

2.4 Efeitos equiparados à garantia mediante depósito (art. 835, § 2º, CPC): efetividade *versus* menor onerosidade?

O art. 835 do CPC, em especial o seu § 2º, é de extrema importância para o nosso estudo, pois motiva a segregação desta classe "garantia pessoal em ambiente conflituoso" daquela outra que denominamos "penhora", em razão dos critérios aqui eleitos para tal separação (efeitos gerados por estas garantias ao cumprimento da obrigação tributária).

Em nosso entender, ao equiparar esta classe de garantias fidejussórias a depósito, permitindo inclusive a substituição deste por quaisquer daquelas, o legislador processual vislumbrou uma efetividade muito próxima nestas modalidades de garantia, pois ambas guardam relação de proximidade com a extinção do crédito em cobro (quando permitido, o exaurimento da exigibilidade é questão de pouquíssimo tempo em ambos os cenários), mas o ônus do depósito, para o sujeito passivo da relação tributária, tende a ser maior do que o destas garantias pessoais.

Note que, como asseverado no item anterior, tanto a fiança bancária quanto o seguro garantia trazem um ônus de elevada monta, mas o depósito pode ter superior onerosidade, especialmente pelos índices remuneratórios que sobre ele são aplicados, quando estiver nessa condição (de depósito judicial).

Do ponto de vista econômico pode ser mais interessante deixar esse dinheiro junto à Instituição Financeira fiadora, como garantia deste negócio jurídico (fiança bancária), ainda que se tenham custos significativos desta contratação, ante a diversidade de investimentos que aquela importância pode ser alocada.

Insista-se, mesmo com os custos da fiança bancária, e a manutenção do dinheiro sem usufruto pelo devedor (agora como garantia, junto ao Banco), a melhor remuneração neste ambiente, em detrimento àquele oficial (próprio do depósito), pode justificar, tão somente pelo viés econômico, o interesse na substituição.

Evidente que estas análises são casuísticas, a depender do ambiente econômico do momento, das relações do contribuinte junto a Instituições Financeiras, do interesse pela sustação dos efeitos da mora (a dar, nesse específico caso, maior ênfase ao depósito em detrimento das garantias pessoais) etc.

Assim, resta claro que o legislador processual, ao trazer essa equiparação, opta por privilegiar a menor onerosidade ao devedor (ficando a cargo deste escolher, dentre aquelas opções), não em detrimento da efetividade da garantia, mas por verificar que esse preceito não é mitigado com aquela medida.[250]

Ninguém duvida que depósito (dinheiro) é a garantia com maior grau de efetividade. Todavia, pelas características da fiança bancária e do seguro- garantia, é muito fácil, e rápido, atingir aquele cenário, de depósito, quando desta garantia pessoal: basta intimar o Banco, ou a Seguradora, para que o faça.

Pelo rigor presente na concessão destas garantias pessoais em ambiente tributário (vide item 2.2 deste Capítulo), esse respeito à efetividade da constrição só aumenta.

Mas, então, fica a pergunta: se essa efetividade é tão grande, por que há repulsa do Fisco em aceitar referida substituição (de depósito por fiança bancária ou seguro garantia)?

A resposta não guarda relação com o tema efetividade (atinente à quitação / extinção da obrigação tributária), aproximando-se do pronto usufruto do dinheiro, pelo Estado-Fisco, mesmo quando ele permanece como mera garantia (noção esdrúxula de "pagamento provisório" - tratamos disso anteriormente, em especial na nota de rodapé n. 215).

---

250. "(...) 7. O CPC/2015 (art. 835, § 2º) equiparou, para fins de substituição da penhora, a dinheiro a fiança bancária e o seguro garantia judicial, desde que em valor não inferior ao do débito constante da inicial da execução, acrescido de 30% (trinta por cento). 8. O seguro garantia judicial, espécie de seguro de danos, garante o pagamento de valor correspondente aos depósitos judiciais que o tomador (potencial devedor) necessite realizar no trâmite de processos judiciais, incluídas multas e indenizações. A cobertura terá efeito depois de transitada em julgado a decisão ou o acordo judicial favorável ao segurado (potencial credor de obrigação pecuniária sub judice) e sua vigência deverá vigorar até a extinção das obrigações do tomador (Circular SUSEP nº 477/2013). A renovação da apólice, a princípio automática, somente não ocorrerá se não houver mais risco a ser coberto ou se apresentada nova garantia. 9. No cumprimento de sentença, a fiança bancária e o seguro garantia judicial são as opções mais eficientes sob o prisma da análise econômica do direito, visto que reduzem os efeitos prejudiciais da penhora ao desonerar os ativos de sociedades empresárias submetidas ao processo de execução, além de assegurar, com eficiência equiparada ao dinheiro, que o exequente receberá a soma pretendida quando obter êxito ao final da demanda. 10. Dentro do sistema de execução, a fiança bancária e o seguro garantia judicial produzem os mesmos efeitos jurídicos que o dinheiro para fins de garantir o juízo." (STJ. 3ª Turma. Recurso Especial n. 1.691.748/PR. Ministro Relator Ricardo Villas Bôas Cueva. Dje 17/11/2017).

Insista-se, no depósito, ainda que mantida essa condição de mera garantia, o dinheiro pode ser usufruído pelo Estado-Fisco, como se receita dele fosse.

A recusa do Fisco, portanto, não guarda relação com o tema garantias ao cumprimento da obrigação tributária, mais especificamente, com a liquidez maior desta ou daquela espécie. O cerne do problema é outro, só que tratado de forma velada, pois nunca posto em discussão nos conflitos atinentes à matéria.

Essa justificativa, frise-se, passa ao largo do assunto objeto do nosso estudo ("garantias ao cumprimento da obrigação tributária") e, portanto, jamais poderia motivar essa repulsa à equiparação trazida pelo legislador processual a gerar impactos no sentido atribuído à regra constante no inciso II, do art. 151 do CTN.

Isso porque, a suspensão da exigibilidade do crédito tributário pelo depósito do seu montante integral não advém daquele efeito (de "pagamento provisório"), especialmente porque tal regra (presente desde a redação original do CTN, isto é, desde 1966) existe muito antes dos comandos que permitiram esse avanço do Estado-Fisco sobre algo que não lhe pertence (garantia ao cumprimento da obrigação em conflito).

Assim, não há dúvida que referido efeito atribuído àquela espécie de garantia decorre da sua efetividade (liquidez) e, por isso, se temos outra espécie a ela equiparada (exatamente por sua alta efetividade / liquidez), medida de rigor que a suspensão da exigibilidade concedida à primeira (depósito) seja estendida à segunda (fiança bancária ou seguro garantia).

Temos, portanto, uma equiparação processual entre depósito, fiança bancária e seguro-garantia, cuja motivação é clara: a carga de efetividade delas é muito próxima, por isso faculta-se ao executado a escolha pela prevalência de uma, em detrimento da outra (permitindo, inclusive, a substituição entre elas), a depender do menor ônus gerado.

Não há razão para, em conflitos tributários, termos outro cenário. Inexiste regra em sentido diverso na LEF (assim, a subsidiariedade do CPC é medida que se impõe) e, ainda, se temos garantias com efetividade tão próximas a ponto de serem equiparadas pelo § 2º do art. 835 do CPC, medida de rigor que o inciso II do art. 151 do CTN seja interpretado à luz de tal construção processual (necessário o reconhecimento de que essa equiparação traz referido efeito material, qual seja, de suspensão da exigibilidade do crédito tributário).[251]

Veremos, mais adiante (item 2.5 deste Capítulo), os impactos desastrosos que a não aplicação dessa *ratio* traz ao conflito tributário (em especial aquele instaurado em Embargos à Execução Fiscal), a ponto de mitigar a utilização dessa modalidade de garantia.

2.4.1 Possibilidade de oferta em ações antiexacionais

Como já asseverado anteriormente (em especial no Capítulo anterior, em seu subitem 1.3.2), não é cabível, em ambiente tributário, a exigência de contracautela (caução) para fins de concessão de tutela provisória objetivando a suspensão da exigibilidade do crédito tributário.

Logo, em ações antiexacionais (preventivas ou repressivas) aquele efeito (suspensão da exigibilidade do crédito tributário) dependerá: [i] da concessão de tutela provisória (que, insista-se, não guarda relação com oferta de garantia); ou [ii] da apresentação de garantia naquele feito processual que, por si só, traga referido efeito.

É esse item "ii" do parágrafo anterior que nos interessa. Se defendemos que a equiparação trazida pelo art. 835, § 2º do CPC deve motivar uma nova interpretação às regras materiais tributárias (em especial ao inciso II, do art. 151, do CTN),

251. "Há indicação legislativa no art. 835 do CPC/2015 que abre possível precedente à flexibilização dessas hipóteses, especificamente, quanto ao inciso II do art. 151 do CTN, que determina a suspensão em caso de depósito do montante integral.
Com a equiparação do depósito ao seguro garantia judicial e às fianças bancárias há de se promover uma releitura da extensão da suspensão da exigibilidade do crédito tributário." (ROSA, Íris Vânia Santos. Garantia, penhora e suspensão da exigibilidade do crédito tributário. In: CONRADO, Paulo Cesar [Coord.]. *Processo tributário analítico*. Vol. 3. São Paulo: Noeses, 2016, p. 229).

a ponto de gerar, a fiança bancária ou o seguro-garantia (prestados em ambiente conflituoso), suspensão da exigibilidade, não há razão para limitarmos apenas o depósito como hipótese a se enquadrar em referido item "ii".

Dito o mesmo de forma mais direta, é sim cabível a oferta de fiança bancária e seguro-garantia em ações antiexacionais, sendo certo que elas, por si só, trarão suspensão da exigibilidade do crédito tributário em questão (inclusive aqueles classificados como potenciais), enquanto perdurar o conflito.

Insista-se, a linha argumentativa de que apenas a classe depósito (do gênero garantias ao cumprimento da obrigação tributária) pode gerar suspensão da exigibilidade impede o uso destas garantias fidejussórias em ações antiexacionais, o que nos parece equivocado.

Ora, diante de demonstrada proximidade destas classes no quesito efetividade, não há razão para aceitar o uso da garantia pessoal apenas em contextos exacionais.

Ademais, a dificuldade de se ter, na prática, a concessão de um provimento provisório determinando a suspensão da exigibilidade do crédito tributário evidencia a importância da garantia, neste contexto (antiexacional), para obtenção daquele efeito (especialmente quando a pretensão não exauriente deixou de ser acolhida).

Logo, a ampliação das garantias possíveis para referido fim (ampliação, insista-se, dada pelo próprio legislador processual) é medida a ser enaltecida, jamais rechaçada, quer por não mitigar a efetividade da satisfação da obrigação tributária (se, ao término desta demanda, sagrar-se vencedor o Estado-Fisco) quer pela menor onerosidade que pode gerar ao contribuinte.

Outrossim, a questão do depósito como "pagamento provisório" (já abordado no item anterior) é medida, como visto, alheia ao tema "garantias ao cumprimento da obrigação tributária" e, portanto, não pode motivar uma interpretação contrária à equiparação trazida pelo legislador processual a gerar impactos em regras de cunho material (em especial no art. 151, II, do CTN).

Por fim, importante salientar o que já foi dito anteriormente (vide subitem 1.3.5.3, do Capítulo 1 da Parte I; e item 1.4, do Capítulo 1 da Parte II): não há problema algum na transformação destas garantias em efetivo pagamento, mesmo quando prestadas em ambiente antiexacional. Assim como o depósito feito em ações deste timbre será convertido em renda se, ao término da ação, o vencedor for o Estado-Fisco, similar cenário teremos se a garantia prestada, a gerar suspensão da exigibilidade do crédito tributário, for fiança bancária ou seguro garantia. Bastará intimar o terceiro (Banco ou Seguradora) para a realização do depósito e, então, convertê-lo em renda.[252]

2.4.2 Suspensão da exigibilidade do crédito tributário sempre que prestada?

Por tudo que já foi dito, a suspensão da exigibilidade do crédito tributário é um dos efeitos inerentes a essa classe e, portanto, estará sempre presente.

Entretanto, e cabe sempre a ressalva, podemos ter a modalidade de garantia pessoal prestada em ambientes não conflituosos (conjunto "outras hipóteses"), ou com viés "cautelar" (conjunto assecuratório), isto é, o que determina a segregação aqui proposta são os efeitos gerados pela garantia prestada em determinados contextos tributários, e não apenas o tipo de garantia (pessoal ou real, por exemplo).[253]

---

252. "Vale dizer: anulatória/declaratória são meios que, posto antiexacionais a priori, experimentam, desde antes, um quê de meio de cobrança, reconhecível nas hipóteses em que o contribuinte se dispõe, em seu bojo, a efetivar garantia." (CONRADO, Paulo Cesar. O "novo" art. 151, II, do Código Tributário Nacional: o impacto do art. 835, § 2º, do novo Código de Processo Civil em relação à suspensão, via depósito, da exigibilidade do crédito tributário. *Revista de Direito Tributário Contemporâneo* n. 1. São Paulo: RT, 2016, p. 174).

253. "...é preciso distinguir entre o enunciado e o uso do enunciado, que é a asserção que se faz ao proferi-lo em certo momento, lugar e contexto." (ABBAGNANO, Nicola. *Dicionário de filosofia* [tradução Alfredo Bossi e Ivone Castilho Benedetti]. 5ª ed., São Paulo: Martins Fontes, 2007, p. 918).

Nessa classe (cuja separação foi motivada pelos efeitos gerados), ter-se-á, sempre, suspensão da exigibilidade, já que um de seus requisitos é de ter sido formalizada (a garantia pessoal) em ambiente onde há conflito em torno da exigibilidade da obrigação tributária. Todavia, podemos ter fiança bancária e/ou seguro-garantia prestados em outros contextos em que tal efeito não se fará presente (pela ausência daquele específico conflito).

Ter-se-á garantia assecuratória quando a fiança (ou o seguro) for prestada de forma antecipada (quer em ação cautelar quer em procedimento administrativo), mas nesse cenário inexiste conflito em torno da exigibilidade da exação (o conflito nesse contexto, se presente, guarda relação com o direito de prestar garantia e, por conseguinte, sustar / cancelar cobranças indiretas). Por isso, não é possível falar em suspensão da marcha da exigibilidade, já que normas atinentes à cobrança direta do crédito tributário terão de ser postas, momento em que referida garantia será efetivada na Execução Fiscal (e, então, teremos conversão das espécies: de assecuratória para garantia pessoal em ambiente conflituoso).

Outrossim, o conjunto "outras espécies" se fará presente, por exemplo, quando a fiança bancária ou o seguro garantia forem prestados para a formalização de um parcelamento (situação explicitada nas Portarias que versam sobre tais modalidades de garantia fidejussória).[254] Nesse contexto, a suspensão da exigibilidade advém do próprio parcelamento (inciso VI, do art. 151, CTN), que afasta qualquer ambiente conflituoso, ou seja, aquele reflexo (bem como outros vislumbrados, tão somente, na esfera tributária) não pode ser vinculado à prestação desta garantia.

---

254. Portaria PGFN 644/2009: "Art. 1º. A carta de fiança bancária é instrumento hábil para garantir débitos inscritos em dívida ativa da União, tanto em processos de execução fiscal quanto em parcelamentos administrativos, no âmbito da Procuradoria-Geral da Fazenda Nacional.
Portaria PGFN 164/2014: "Art. 1º. O seguro garantia para execução fiscal e o seguro garantia para parcelamento administrativo fiscal, no âmbito da Procuradoria-Geral da Fazenda Nacional (PGFN), visam garantir o pagamento de débitos inscritos em dívida ativa, respectivamente, em execução fiscal ou em parcelamento administrativo, na forma e condições descritas nesta Portaria."

Em suma, presente o ambiente conflituoso em torno da exigibilidade da obrigação tributária, ter-se-á sua suspensão se a garantia prestada for fiança bancária ou seguro-garantia, cenário decorrente da interpretação do art. 151, inciso II, do CTN à luz do art. 835, § 2º do CPC. Há, porém, conflitos interpretativos em torno desse tema, como veremos mais adiante.

2.4.3 É possível, em sede de Execução Fiscal, substituir dinheiro por estas espécies de garantia, sem a anuência do credor ou sem demonstrar prejuízo motivador de tal pleito?

A substituição de penhora (constrição de outros bens – via de regra, móveis e imóveis) por dinheiro, fiança bancária ou seguro garantia, por mera iniciativa do executado, é tema devidamente regrado na LEF (art. 15, inciso I), e a razão disso é evidente: referidas espécies de garantia têm maior liquidez do que os outros bens penhorados e, assim, desnecessária a anuência do credor (implícito o seu interesse por referida troca de garantias).

O inciso II do mesmo art. 15 da LEF, por sua vez, dá ao exequente o direito de requerer essa substituição, inclusive entre as constrições que se enquadram na classe penhora (bem móvel por imóvel; determinado bem imóvel por outro, etc.), tudo a enaltecer aquela máxima de que a execução deve tramitar em prol dos interesses do credor, resguardando, quando possível, a menor onerosidade ao devedor.

O problema, então, gira em torno da substituição daqueles bens de maior liquidez entre eles próprios, mais especificamente, depósito a ser substituído por fiança bancária ou por seguro-garantia.[255]

---

255. A substituição de fiança bancária por seguro garantia (e vice-versa) é, em nosso sentir, um direito do executado, cabendo insurgência do exequente se, e somente se, houver descumprimento dos requisitos necessários (vide Portarias da PGFN já citadas) a essas espécies de garantia pessoal. Infelizmente, porém, há julgado em sentido diverso: "Feitos executivos devem equilibrar a menor onerosidade do devedor com os legítimos interesses do credor. A fiança se caracteriza como obrigação pessoal incondicionada, ao passo em que o contrato de seguro pressupõe o

Há quem interprete, de forma restrita, a redação destes dois incisos (do art. 15 da LEF) para dizer que apenas a substituição de penhora por uma daquelas garantias (dinheiro, fiança bancária ou seguro garantia) é medida que independe da anuência do credor ou, ainda, da demonstração por parte do devedor de ônus excessivo a justificá-la.

Esse entendimento, inclusive, foi o solidificado no STJ, todavia em momento anterior à vigência do CPC/2015, que trouxe comando expresso a permitir referida substituição (entre tais espécies de maior liquidez).

Em outra oportunidade, discorremos exatamente sobre esse cenário jurisprudencial do STJ, antes das novas regras processuais trazidas pelo CPC/2015:

> O STJ, mesmo após as inovações promovidas no estatuto geral pela Lei 11.382/2006, entendeu pela impossibilidade de tal direito subjetivo de obter, sem anuência do exequente, a substituição de dinheiro penhorado por fiança bancária (tal substituição, em casos excepcionais, pode ocorrer se comprovada a menor onerosidade ao devedor – art. 620 do CPC/1973) e, também, pela impossibilidade de equiparar esses institutos (especialmente no que tange à suspensão da exigibilidade do crédito tributário – art. 151, II, do CTN).
>
> Há julgado da 1ª Seção do STJ asseverando isso, qual seja, Embargos de Divergência em Recurso Especial n. 1.077.039/RJ. Vejamos alguns trechos do voto proferido pelo Ministro Herman Benjamin, designado a relatar o acórdão:
>
> ...a lei estipula que tanto o depósito em dinheiro quanto a fiança bancária são meios de garantia da Ação de Execução Fiscal, da mesma forma que a penhora dos bens listados no art. 11 da LEF. Nota-se que nivelar dinheiro e fiança bancária à penhora é fenômeno absolutamente distinto de equiparar o dinheiro à fiança bancária.
>
> Não é por outra razão, aliás, que o art. 151, II, do CTN prevê que apenas o depósito em dinheiro acarreta a suspensão da

---

pagamento de prêmio por parte do contratante. Assim, o pagamento da indenização pode ser frustrado caso o contratante não cumpra com o pagamento da contraprestação exigida, tratando-se de potencial prejuízo ao credor, razão pela qual o Poder Público não está obrigado a aceitar a pretendida substituição." (TRF3. 2ª Turma. Agravo de Instrumento n. 5004637-20.2019.4.03.0000. Desembargador Relator José Carlos Francisco. DJe 11/03/2020).

exigibilidade do crédito tributário. A fiança bancária não atinge essa finalidade.

(...) Pelo mesmo motivo, qual seja a previsão de meios mais eficientes para viabilizar o Processo de Execução, é possível compreender a edição das Leis 11.232/2005 e 11.382/2006, por exemplo.

Quer isto dizer, em última análise, que, nos processos referentes às obrigações que deveriam ter sido satisfeitas mediante pagamento em dinheiro, é este o primeiro e preferencial bem sobre o qual deverá recair a constrição.

Ademais, na lógica que fundamentam a eficiência na prestação jurisdicional, deve-se buscar a oneração do bem que possua maior liquidez.

Nesse sentido indago: como justificar a substituição da penhora de dinheiro do próprio devedor, isto é, bem maior representativo de solidez, por direito de crédito prestado por terceiro?

(...) Em princípio, portanto, a exposição acima leva à conclusão de que inexiste direito subjetivo à substituição da penhora de dinheiro, ou do depósito em dinheiro, por fiança bancária.

A única exceção está prevista no art. 620 do CPC.

Deve-se reconhecer que o entendimento em sentido contrário corrói os próprios alicerces do Processo de Execução, pois é natural a conclusão de que o devedor sempre optará por quitar a dívida por qualquer meio que não o dinheiro.

Com isto, chega-se à solução ideal para a hipótese dos autos, que é intermediária entre as posições da Primeira e da Segunda Turma: não se está afirmando que, em qualquer hipótese, a penhora em dinheiro é insubstituível por fiança bancária, mas que a troca da garantia de um bem de maior (dinheiro) por menor (fiança bancária) liquidez somente poderá ser feita, nos termos do art. 620 do CPC, se a parte devedora comprovar a existência de prejuízo efetivo.

Interessante destacar que o posicionamento vencedor neste julgado (refletido no voto acima transcrito) não se deu por primazia da lei especial em detrimento à geral, pelo contrário, a interpretação construída aplicar-se-ia a ambos os ritos de execução (do CPC/1973 e da LEF), tanto que as inovações promovidas no estatuto geral pela Lei 11.832/2006 são citadas no referido voto.[256]

---

256. CASTRO, Danilo Monteiro de. Os efeitos dos Embargos à Execução Fiscal e o Código de Processo Civil de 2015. In: CONRADO, Paulo Cesar [Coord.]. *Processo tributário analítico*. Vol. 3. São Paulo: Noeses, 2016, p. 276/278.

O trecho acima, portanto, reforça o que dissemos anteriormente, em especial: [i] que essa construção deu-se em momento anterior à existência do art. 835, § 2º, do CPC; [ii] que ela não advém da prevalência da lei especial (LEF) em detrimento da geral (CPC); e, principalmente, [iii] que ela se aplicaria a qualquer obrigação de dar quantia certa ("...*nos processos referentes às obrigações que deveriam ter sido satisfeitas mediante pagamento em dinheiro, é este o primeiro e preferencial bem sobre o qual deverá recair a constrição*").

Ora, se a lei processual geral traz, posteriormente a essa decisão, comando normativo a equiparar aquelas espécies de garantia (depósito, fiança bancária e seguro garantia), é evidente que referido entendimento do STJ precisa ser revisto, pois:

[i] temos um novo enunciado normativo (art. 835, § 2º, CPC) que deve integrar a construção de sentido feita pelo intérprete autêntico[257] (novo suporte físico a gerar, ou não, nova significação);

[ii] tal comando geral é aplicável aqui, já que não há regramentos na LEF a infirmá-lo; e

[iii] essa nova mensagem jurídica iguala aquelas espécies, expressamente para permitir que uma substitua a outra pela mera vontade do devedor, o que evidencia uma equiparação também no quesito liquidez (ainda que por presunção),[258] que precisa ser enfrentada.

257. "A essência da interpretação. Interpretação autêntica e não autêntica (...) existem duas espécies de interpretação que devem ser distinguidas claramente uma da outra: a interpretação do Direito pelo órgão que o aplica, e a interpretação do Direito que não é realizada por um órgão jurídico mas por uma pessoa privada e, especialmente, pela ciência jurídica." (KELSEN, Hans. *Teoria pura do direito* [tradução João Baptista Machado]. 8ª ed., São Paulo: Martins Fontes, 2011, p. 387/388).

258. "Não se há de ter dúvida de que essa operação 'legal' é reveladora de presunção: ela recria a realidade econômica, de modo a tornar o 'menos líquido' (fiança ou seguro) tão líquido quanto 'dinheiro vivo', tudo de modo a habilitar a sugerida substitutibilidade." (CONRADO, Paulo Cesar. O "novo" art. 151, II, do Código Tributário Nacional: o impacto do art. 835, § 2º, do novo Código de Processo Civil em relação à suspensão, via depósito, da exigibilidade do crédito tributário. *Revista de Direito Tributário Contemporâneo* n. 1. São Paulo: RT, 2016, p. 170).

Interessante notar que muitas regras postas pelo CPC/2015 tiveram exatamente essa direção, qual seja, desconstruir interpretações postas na vigência do *Codex* anterior, em especial aquelas oriundas do STJ (tivemos isso em relação à chamada "jurisprudência defensiva"; em relação aos honorários advocatícios contra a Fazenda Pública; dentre vários outros temas).[259]

É necessário, portanto, nova análise da questão por aquele Tribunal Superior, já que estamos diante de um novo cenário legislativo-processual a infirmar aquele antigo entendimento. O STJ pode até manter o desfecho dado (o que nos parece um erro), mas deverá trazer nova fundamentação para afastar o § 2º do art. 835 do CPC das lides tributárias.

Infelizmente, o que se têm até o momento no STJ são julgados que se limitam a aplicar aquele entendimento anterior aos novos casos, como se inexistissem regras postas capazes de alterar os motivos da decisão, ainda que o resultado permaneça igual.[260]

---

259. "O legislador do CPC/2015, em várias oportunidades, positivou regras contrárias à interpretação dada pelos Tribunais em face aos comandos existentes no CPC/1973. Isto é, entre as várias interpretações possíveis, diante da regra existente, a construída pela jurisprudência não foi a acolhida na reforma processual, onde o legislador fez questão de positivar enunciado de forma a não permitir a manutenção do sentido até então prevalecente sobre determinado tema." (CASTRO, Danilo Monteiro de. O encargo legal do Decreto-Lei n. 1.025/1969 e sua (in)compatibilidade com o sistema jurídico vigente, em especial após as inovações do CPC/2015. In: ARAUJO, Juliana Furtado Costa; e CONRADO, Paulo Cesar [Coords.]. *Inovações na cobrança do crédito tributário*. São Paulo: RT, 2019. p. 358).

260. "É patente que a compreensão esposada pelo Tribunal local está de acordo com a pacífica orientação do STJ, que entende ser inviável a equiparação do seguro-garantia ou da fiança bancária ao depósito judicial em dinheiro e pelo montante integral para efeito de suspensão da exigibilidade do crédito tributário, sob pena de afronta ao art. 151 do CTN (...) A configuração da "probabilidade de provimento do recurso", encontra óbice no entendimento, já fartamente exposto, de que apenas o depósito judicial realizado em dinheiro e pelo montante integral é causa de suspensão da exigibilidade do crédito tributário, conforme sedimentado no enunciado da Súmula 112/STJ: *'O depósito somente suspende a exigibilidade do crédito tributário se for integral e em dinheiro'*." (STJ. 2ª Turma. Recurso Especial n. 1.759.792/MG. Ministro Relator Herman Benjamin. DJe 21/11/2018). "No caso concreto pretende a Requerente substituir depósito judicial realizado por seguro garantia. Tal pretensão, todavia, não encontra amparo na jurisprudência desta Corte, cujo entendimento é pacífico quanto à inviabilidade de equiparação do seguro garantia ou a fiança bancária ao

Há, porém, uma exceção.

A 1ª Turma daquela Corte, ao analisar dívida ativa cobrada mediante Execução Fiscal, porém sem a respectiva natureza tributária, reconhece de forma expressa essa equiparação trazida pelo CPC/2015 (mormente em relação à liquidez de referidas garantias), *aceitando sua substituição (inclusive em relação a créditos tributários)*, porém vislumbrando o efeito suspensivo da exigibilidade apenas a créditos de natureza diversa (há todo um esforço argumentativo para construção de uma "suspensão da exigibilidade de crédito não tributário"):

> RELATÓRIO
>
> (...)
>
> 4. No mérito, aponta violação dos arts. 151, II, do CTN, 9º, II e 38 da LEF, bem como do art. 656, § 2º do CPC/1973, sustentando que a suspensão da exigibilidade do crédito tributário somente pode ser autorizada com o depósito integral e em dinheiro, sendo devida a inscrição do nome da empresa no CADIN.
>
> VOTO
>
> (...)

---

depósito judicial em dinheiro integral para fins de suspensão da exigibilidade do crédito tributário". (STJ. 1ª Turma. Agravo Interno no Pedido de Tutela Provisória n. 178/SP. Ministra Relatora Regina Helena Costa. DJe 21/06/2017).

Tivemos, recentemente, um julgado da 2ª Turma do STJ, que inclusive foi amplamente divulgado na mídia (https://www.conjur.com.br/2020-mai-25/fazenda-recusar-fianca-bancaria-garantia-stj. Acesso em 28/05/2020), sinalizando que a Corte havia enfrentado a questão. Entretanto, analisando o voto proferido pelo Relator (acompanhado à unanimidade por seus pares), não há qualquer menção atinente ao § 2º do art. 835 do CPC, pior, há afirmação de inexistência de qualquer sugestão normativa capaz de equiparar referidas garantias (lembrando que o CPC tem aplicação subsidiária em relação à LEF): "A situação não é de substituição, e sim de oferecimento em garantia logo após a citação do devedor, mas a solução deve ser idêntica (...) encontra-se assentado o entendimento de que fiança bancária não possui o mesmo status que depósito em dinheiro (...) Não encontrei na Lei 6.830/1980, dispositivos outros que possam ao menos sugerir que fiança bancária e dinheiro representem bens do mesmo status (...) Não há como falar em maior liquidez quando o dinheiro – instrumento próprio para quitação das obrigações fiscais – não é oferecido para garantir a Execução Fiscal e existe a recusa do ente fazendário sob o argumento de se preferir dinheiro a fiança..." (STJ. 2ª Turma. Agravo em Recurso Especial n. 1.547.429/SP. Ministro Relator Herman Benjamin. DJe 25/05/2020).

19. Seguindo o raciocínio, é importante observar que o Código Fux, além de reproduzir o antigo regramento previsto no art. 656, § 2º do CPC/1973, possibilitando a substituição da penhora por fiança bancária ou por seguro garantia judicial, em valor não inferior ao do débito constante da inicial, acrescido de trinta por cento (correspondente ao art. 848, parágrafo único, do Código Fux), foi além e promoveu expressa equiparação dos três institutos.

20. Isso porque a finalidade da norma concebida pelo Legislador se deu por entender que, no momento em que a Fazenda Pública exige o pagamento da dívida ativa, tanto o dinheiro quanto a fiança ou o seguro garantia judicial são colocados imediatamente à sua disposição. Daí por que a liquidez e certeza do seguro garantia faz com que ele seja idêntico ao depósito em dinheiro.

21. Em salutar orientação, dentro do escopo apresentado, foi adotada pelo Superior Tribunal de Justiça, nos autos do REsp. 1.691.748/PR, da relatoria do Ministro RICARDO VILLAS BÔAS CUEVA, a compreensão de que, no sistema de execução, a fiança bancária e o seguro garantia judicial produzem os mesmos efeitos jurídicos que o dinheiro para fins de garantir o Juízo...

22. Com isso, tornou-se claro que o dinheiro, a fiança bancária, bem como o seguro garantia são equiparados para os fins de substituição da penhora ou mesmo para a garantia do valor da dívida ativa, seja ela tributária ou não tributária, sob a ótica absolutamente alinhada do § 2º do art. 835 do Código Fux c/c o inciso II e § 3º do art. 9º da Lei 6.830/1980, alterado pela Lei 13.043/2014, como bem observado no teor das diretrizes abaixo:

(...) 23. A partir dessa conclusão e, ainda, diante da natureza sacionadora da multa administrativa, bem como verificada a possibilidade de o devedor, por meio de caução na modalidade seguro garantia, assegurar a sua obrigação mediante garantia idônea e suficiente, é cabível a suspensão da exigibilidade do crédito não tributário a partir da apresentação da fiança bancária e do seguro garantia judicial, desde que em valor não inferior ao do débito constante da inicial, acrescido de trinta por cento, nos moldes previstos no art. 151, inciso II do CTN c/c o art. 835, § 2º. do Código Fux e o art. 9º, § 3º da Lei 6.830/1980, uma vez que não há dúvida quanto à liquidez de tais modalidades de garantia, permitindo, desse modo, a produção dos mesmos efeitos jurídicos do dinheiro.

(...) 25. Cabe mencionar, por fim, que o crédito não tributário, diversamente do crédito tributário, o qual não pode ser alterado por Lei Ordinária em razão de ser matéria reservada à Lei Complementar (art. 146, III, alínea b da CF/1988), permite, nos termos aqui delineados, a suspensão da sua exigibilidade mediante

> utilização de diplomas legais de envergaduras distintas por meio da técnica integrativa da analogia.[261]

O raciocínio desenvolvido no julgado acima, em nosso sentir, tem mais acertos do que erros.

Ponto central é o reconhecimento de que a lei processual equiparou aquelas garantias, trazendo a presunção de que elas possuem similar liquidez (veremos no subitem seguinte se essa presunção depende, ou não, daquele acréscimo de trinta por cento no valor da garantia fidejussória).

Mais do que isso, sinaliza a total possibilidade de substituição do depósito por fiança bancária ou seguro-garantia, inclusive quando o débito em cobrança for de natureza tributária ("*...tornou-se claro que o dinheiro, a fiança bancária, bem como o seguro garantia são equiparados para os fins de substituição da penhora ou mesmo para a garantia do valor da dívida ativa, seja ela tributária ou não tributária...*").

O problema, então, está na suspensão da exigibilidade de referido crédito. Se de natureza não tributária, entende a 1ª Turma do STJ que essa consequência se faz presente (com fulcro, pasmem, em dispositivo relativo a questões tributárias – art. 151 do CTN). Se, porém, a natureza for de cunho tributário, o entendimento ali exposto foi de impossibilidade de atribuição daquele efeito.

Além da ventilada taxatividade do art. 151 do CTN (e, pior, a necessidade do mesmo ser literalmente interpretado – ponto devidamente rechaçado no Capítulo 1 da Parte I deste trabalho, mais especificamente no subitem 1.3.4), referido julgado afirma que o CPC/2015 (lei ordinária) não poderia alterar questões ligadas a esse tema (suspensão da exigibilidade do crédito tributário), que estariam reservadas à lei complementar.

Esse ponto, como já demonstrado anteriormente (subitem 1.3.4, do Capítulo 1 da Parte I), é equivocado uma vez que

---

261. STJ. 1ª Turma. Recurso Especial n. 1.381.254/PR. Ministro Relator Napoleão Nunes Maia Filho. DJe 28/06/2019.

as regras materiais atinentes à espécie (suspensão da exigibilidade) têm de ser calibradas por aquelas de cunho processual, quando dependerem desse ambiente para se concretizar.

Ora, não é preciso atualização da lista do art. 151 do CTN sempre que tivermos novidades processuais que possam influir na interpretação das hipóteses de suspensão da exigibilidade do crédito tributário.

É por isso que podemos nos valer de uma tutela da evidência para suspensão da exigibilidade, mesmo que inexista menção de referido provimento no rol do art. 151. O mesmo raciocínio deve ser aplicado em relação à fiança bancária e ao seguro-garantia, equiparados a depósito pela legislação processual.[262]

Mais adiante (no item 2.5 deste Capítulo), demonstraremos os problemas em torno de se aceitar a substituição de dinheiro por garantia fidejussória (como explicitamente reconhece o STJ, no julgado acima colacionado), mas não vislumbrar o efeito suspensivo da exigibilidade do crédito tributário em todas estas modalidades de garantia.

Como o caso em apreço na 1ª Turma daquela Superior Corte era de débito não tributário, espera-se que haja uma maior reflexão (de ambas as Turmas que integram sua 1ª Seção) quando novamente provocada, especificamente em relação a débitos tributários.

262. Há julgados (entendimento ainda minoritário) reconhecendo que a oferta de fiança bancária ou seguro garantia trazem suspensão da exigibilidade do crédito tributário: "À vista de tais disposições, e considerando a existência de disposição prevendo, expressamente, que a empresa seguradora depositará o valor integral da garantia, na hipótese de não renovação do contrato ou prestação de outra garantia idônea, é de se reconhecer que a garantia oferecida é suficiente para assegurar a suspensão da exigibilidade do crédito..." (TRF4. 4ª Turma. Agravo de Instrumento n. 5033690-58.2015.4.04.0000. Desembargadora Relatora p/ o acórdão Vivian Josete Pantaleão Caminha. Data do julgado 28/10/2015). "O valor da execução está garantido ante o oferecimento de fiança bancária, à qual se confere o mesmo status de depósito em dinheiro, no mesmo valor da cobrança, restando suspensa a exigibilidade do crédito." (TRF5. 4ª Turma. Agravo de Instrumento n. 0009100-46.2013.4.05.0000. Desembargador Relator Élio Wanderley de Siqueira Filho. DJe 31/10/2013).

2.4.4 É necessário, para substituição de dinheiro por fiança ou seguro, majorar em trinta por cento o valor da garantia?

Como restou asseverado no subitem anterior, o STJ sinalizou (em julgado da sua 1ª Turma) ser possível substituir depósito por fiança bancária ou seguro- garantia[263] (o ponto não acolhido diz respeito aos efeitos decorrentes desta garantia fidejussória que, no entender da 1ª Turma desta Corte Superior, não trazem suspensão da exigibilidade do crédito tributário – voltaremos a esse ponto no próximo item).

Ocorre que, pela literalidade do disposto no art. 835, § 2º, do CPC, para que tenhamos essa substituição é preciso que tanto a fiança bancária quanto o seguro-garantia sejam prestados em relação ao valor do débito, acrescido em trinta por cento.

Paulo Cesar Conrado[264] entende que a presunção de igual liquidez entre depósito e fiança bancária (ou seguro garantia) advém desse acréscimo de trinta por cento ao valor a ser objeto daquela garantia fidejussória:

> Em sua parte final, o decantado § 2º, lança mão de inegável presunção, fazendo-o na explícita intenção de equiparar a garantia materializada em dinheiro (a que é, economicamente falando, a mais desejável de todas) com a que se revela sob a forma de fiança bancária ou de seguro. Essa presunção decorre do *plus* de trinta por cento ali estabelecido.[265]

---

263. Há, insista-se, julgados outros (mais recentes) que vedam referida substituição, mas que deixam de analisar o regramento que traz essa permissão, qual seja, o § 2º do artigo 835 do CPC.

264. CONRADO, Paulo Cesar. O "novo" art. 151, II, do Código Tributário Nacional: o impacto do art. 835, § 2º, do novo Código de Processo Civil em relação à suspensão, via depósito, da exigibilidade do crédito tributário. *Revista de Direito Tributário Contemporâneo* n. 1. São Paulo: RT, 2016, p. 170.

265. No mesmo sentido: "A equiparação confere o mesmo status do dinheiro à fiança bancária e ao seguro garantia, esses últimos acrescidos de 30% do valor da dívida, caso contrário não haverá a possibilidade de substituição." (ROSA, Íris Vânia Santos. *Garantia, penhora e suspensão da exigibilidade do crédito tributário.* In: CONRADO, Paulo Cesar [Coord.]. Processo Tributário Analítico. Vol. 3. São Paulo: Noeses, 2016, p. 238). O próprio autor deste trabalho já externou similar construção:

Como já sinalizado, quer nos parecer que essa equiparação das garantias (a gerar presunção de que possuem a mesma liquidez) decorre: [i] da mínima diferença entre os graus de liquidez destas espécies (não há dúvida que o depósito possui maior grau, mas aquelas garantias fidejussórias, pelas particularidades que lhe são inerentes, estão bem próximas); [ii] a gerar similar efetividade; e, por isso, [iii] se enaltece, nesse específico contexto, a menor onerosidade como a motivação de referida presunção.

Essa construção advém da finalidade daquele *plus* de trinta por cento que nos parece ser outra, qual seja, de se resguardar o pagamento não só do débito (no nosso caso, atinente a uma obrigação tributária), mas de quaisquer outros valores decorrentes desta necessária cobrança forçada (honorários advocatícios, por exemplo).[266]

Assim, nos casos em que as garantias pessoais não trouxerem, em seus veículos (carta ou apólice), essa amplitude (de que referidos acréscimos também estarão abarcados por ela), a majoração de trinta por cento se faz necessária.

Todavia, quando a carta fiança ou a apólice do seguro dispuserem de forma diversa, garantindo inclusive os honorários sucumbenciais, não há razão para aquele *plus* (se o cumprimento da obrigação está garantido, inclusive de possíveis acréscimos como honorários de sucumbência, descabida a majoração de seu ônus, a torná-lo, inclusive, de cunho punitivo).

"Passa a ser possível, inclusive em feitos executivos fiscais, a substituição do depósito em dinheiro (espontâneo ou não) por fiança bancária ou seguro garantia, como direito do executado, desde que acrescidos de 30% (trinta por cento) do valor do débito..." (CASTRO, Danilo Monteiro de. Os efeitos dos Embargos à Execução Fiscal e o Código de Processo Civil de 2015. In: CONRADO, Paulo Cesar [Coord.]. *Processo tributário analítico*. Vol. 3. São Paulo: Noeses, 2016, p. 296).

266. "...o valor da fiança há de exceder o valor do crédito (principal e acessórios, atentando para o possível aumento do valor dos honorários inicialmente fixados, a teor do art. 827, § 2º) em trinta por cento, conforme a letra expressa do art. 848, parágrafo único." (ASSIS, Araken de. *Manual da execução*. 20ª ed., São Paulo: RT, 2018, p. 1.048).

Em suma:

[i] Garantia ao cumprimento da obrigação tributária, como demonstrado no Capítulo 2 da Parte I deste estudo, serve para resguardar patrimonialmente o efetivo pagamento da dívida, inclusive mediante atos de expropriação (até mesmo sobre terceiros) que, sempre, limitar-se-á ao valor em cobro;

[ii] O plus de trinta por cento advém da possibilidade do débito, ao longo da tramitação do feito executivo, ser maior do que o garantido (por questões diversas da sua mera atualização – exemplo clássico: majoração dos honorários sucumbenciais); e, assim,

[iii] havendo garantia pessoal que traga a responsabilidade do Banco (ou da Seguradora) sobre o crédito e esses possíveis acréscimos (honorários de sucumbência – via de regra), não há motivo para exigir esse plus de trinta por cento.

Importante lembrar que nas Execuções Fiscais de débitos tributários federais, todos os acréscimos possíveis já estão abrangidos tanto pela fiança bancária quanto pelo seguro-garantia (caso contrário, não haverá o preenchimento dos requisitos estabelecidos nas Portarias da própria PGFN), mormente porque nesse ambiente não há honorários de sucumbência, substituído pelo encargo legal do Decreto-lei 1.025/69.

Logo, entendemos que, em âmbito federal, a substituição de depósito por fiança bancária ou por seguro-garantia não necessita daquele *plus* de trinta por cento, já que referidas garantias fidejussórias devem abarcar todos os acréscimos possíveis ao débito em cobro: principal, juros, multa e encargo legal (que, inclusive, afasta a condenação de honorários sucumbenciais nos Embargos à Execução Fiscal).[267]

267. "O encargo de 20% (vinte por cento), do Decreto-lei 1.025, de 1969, é sempre devido nas execuções fiscais da União e substitui, nos embargos, a condenação do devedor em honorários advocatícios." (TFR. Súmula 168. DJ 30/11/1984).

2.5 Efeitos destas espécies de garantia à Execução Fiscal em curso

Para finalizar esse Capítulo, relativo à classe "garantia pessoal em ambiente conflituoso", importante discorrer sobre os efeitos que a sua consumação gera no curso de uma Execução Fiscal.

Como já asseverado em vários momentos, atribuímos a essa espécie a característica de suspender a exigibilidade do crédito tributário e, portanto, desde já se afirma que a sua consumação impede qualquer avanço no curso da Execução Fiscal, enquanto perdurar o ambiente conflituoso (normalmente, enquanto pender de final julgamento – trânsito em julgado – os Embargos à Execução Fiscal).

Assim, não poderemos ter, nos autos da Execução Fiscal, a exigência de depósito a recair sobre o terceiro (Instituição Financeira ou Seguradora), enquanto pender de final julgamento ação antiexacional (Embargos à Execução Fiscal, por regra).

Note-se, então, que se esse efeito não for reconhecido como inerente a essa classe ("garantia pessoal em ambiente conflituoso"), ela não poderá estar presente em ações antiexacionais dissociadas da cobrança (Declaratória, Anulatória ou Mandados de Segurança, preventivo ou repressivo) e, principalmente, se prestada em ambiente exacional, sequer a instauração de conflito, em sentido estrito (via interposição dos Embargos à Execução Fiscal), impedirá a marcha da ação executiva, até a conversão de referida garantia em depósito.

Infelizmente, esse tem sido o entendimento a prevalecer em nossos Tribunais, qual seja, somente a atribuição de efeito suspensivo aos Embargos à Execução Fiscal podem impedir a conversão desta espécie de garantia (fidejussória) em depósito.[268]

268. "A liquidação da garantia é a medida que se impõe, pois a executada sucumbiu na discussão da dívida e seus recursos não têm efeito suspensivo – inclusive o Recurso Especial pendente de julgamento no STJ -; a execução prossegue, podendo o numerário ficar em depósito. '...O fato de a execução ser garantida por carta de fiança, não

Com a *devida venia*, totalmente equivocada essa *ratio*. Ora, se a legislação processual equiparou referidos institutos (diante da efetividade extremamente próxima a permitir, por conseguinte, a prevalência nesse cenário da menor onerosidade ao devedor) e, principalmente, se o STJ sinaliza pela permissão de substituição do depósito por tais garantias pessoais (julgado da 1ª Turma, único a analisar, e versar sobre, a aplicação do § 2º do art. 835 do CPC em ambiente tributário), não há razão para, ato subsequente, impor movimento inverso.

Insista-se, não há lógica na permissão de troca de depósito por fiança bancária (ou seguro garantia) se o contribuinte permanece no risco de retornar ao *status quo* (via conversão forçada da garantia pessoal em depósito) tão somente pela não obtenção de efeito suspensivo nos seus Embargos à Execução Fiscal.

Qual a razão de uma substituição desse jaez (dinheiro por garantia fidejussória), mormente pelos custos envolvidos, se, antes mesmo da final resolução do litígio instaurado (Embargos à Execução Fiscal), se tornar possível o retorno à garantia original, qual seja, depósito (pela exigência ao terceiro – Banco ou Seguradora – de assim proceder), tão somente pela ausência de efeito suspensivo concedido àquela ação antiexacional?

A permissão de substituir tais garantias (como frise-se, já ventilou o STJ) pressupõe que a nova (fidejussória) permaneça como tal enquanto perdurar o conflito (assim como ocorre

---

inibe o curso da execução seguindo com a liquidação da carta de fiança. Apenas, obsta-se o levantamento do depósito que se dará com o trânsito em julgado...' (...) Ausente a suspensividade do recurso especial interposto contra o improvimento da apelação do executado em embargos do devedor, é caso de liquidação da carta de fiança para depósito do valor em juízo, cujo levantamento somente será autorizado após o trânsito em julgado." (TRF3. 6ª Turma. Agravo de Instrumento n. 5018651-09.2019.4.03.0000. Desembargador Relator Johonson di Salvo. DJe 10/12/2019). "A Portaria PGFN nº 164 dispõe que fica caracterizada a ocorrência de sinistro, gerando a obrigação de pagamento de indenização pela seguradora, no seguro garantia judicial para execução fiscal, com o não pagamento pelo tomador do valor executado, quando determinado pelo juiz, independentemente do trânsito em julgado ou de qualquer outra ação judicial em curso na qual se discuta o débito, após o recebimento dos embargos à execução ou da apelação, sem efeito suspensivo. Com a ocorrência do sinistro deve a seguradora ser intimada para o depósito da quantia segurada." (TRF3. 4ª Turma. Agravo de Instrumento n. 5012310-98.2018.4.03.0000. Desembargadora Relatora Marli Ferreira. DJe 20/03/2020).

com o depósito em ambiente tributário, exatamente pelo efeito material de suspender a exigibilidade da obrigação tributária).

De duas uma: ou se aplica o disposto no § 2º do art. 835 do CPC na sua plenitude, permitindo a substituição do depósito por garantia pessoal e, ainda, reconheça que essa norma processual calibra o sentido do inciso II do art. 151 do CTN, para que tal situação também traga suspensão da exigibilidade da obrigação tributária; ou retornemos ao cenário anterior ao CPC/2015, onde referida substituição não era possível (sem precisarmos adentrar na discussão quanto aos efeitos jungidos à garantia fidejussória).[269]

Somente o reconhecimento de que garantia pessoal em ambiente conflituoso traz suspensão da exigibilidade pode evitar essa esdrúxula situação, qual seja: depósito substituído por fiança; fiança "liquidada" antes do término do litígio a gerar retorno ao *status* de depósito; novo depósito substituído por fiança; num ciclo irracional e infinito (enquanto perdurar o conflito), totalmente indesejado e incompatível com valores

269. "Assim, não vemos mais como aplicar aquele entendimento de ser possível exigir do terceiro garantidor o depósito em juízo do valor afiançado (fiança bancária) ou segurado (seguro garantia) se houver Embargos à Execução Fiscal não transitado em julgado, ainda que sem efeito suspensivo atribuído.
Se, ao contrário do trâmite observado na execução comum, a marcha da Execução Fiscal quando da existência de Embargos, sem efeito suspensivo, pendentes de final julgamento (não transitado em julgado), não pode implicar na satisfação do crédito, impedindo a conversão em renda do exequente de valores depositados em juízo e, agora, tais valores depositados podem ser, a qualquer momento, substituídos por fiança bancária ou seguro garantia, qual seria a lógica dessa permissão se, na sequência (ante a ausência de efeito suspensivo aos Embargos à Execução Fiscal) fosse possível exigir, do terceiro garantidor, que efetuasse o depósito em juízo da importância que garantiu?
Insista-se, se me é facultado substituir o depósito em dinheiro por fiança bancária ou seguro garantia, o exercício desse direito não pode futuramente me levar ao status quo ante (via conversão destas garantias em novo depósito), sob pena de gerar uma cadeia cíclica irracional (já que sempre será possível substituir esse novel depósito por nova fiança bancária ou novo seguro garantia).
É por isso que se o devedor tem o direito de substituir o depósito em dinheiro por fiança bancária ou seguro garantia, os efeitos daquela espécie de garantia têm de restar preservados a estas, sob pena de inviabilizar tal permissão explicitada em lei, que traz a segurança necessária de satisfação do crédito em favor do exequente..." (CASTRO, Danilo Monteiro de. Os efeitos dos Embargos à Execução Fiscal e o Código de Processo Civil de 2015. In: CONRADO, Paulo Cesar [Coord.]. *Processo tributário analítico*. Vol. 3. São Paulo: Noeses, 2016, p. 292/293).

almejados em processos desse jaez (efetividade; menor onerosidade ao devedor; economia processual; dentre vários outros).

E a questão vai muito além da mera substituição do depósito por garantia pessoal. Aquela regra processual (§ 2º, art. 835, CPC) enaltece a alta liquidez desta espécie de garantia, a ponto de equipará-la (presunção *legis*) a depósito. Nesse contexto, ainda que não se cogite de substituição de garantias, isto é, mesmo quando a fiança bancária ou o seguro garantia são ofertados por primeiro, aquele efeito (suspensão da exigibilidade) é de suma importância, *sob pena de infirmar tal presunção legal que equiparou referidas garantias*, e retornarmos ao problema posto no parágrafo anterior.

Infelizmente, deixa-se de interpretar o direito com a profundidade e harmonia sistêmica esperadas, com a devida observância aos reflexos gerados, tão somente pela prevalência de certos dogmas como a taxatividade, fruto de sua interpretação literal, do rol constante no art. 151 do CTN.[270]

Espera-se que o STJ enfrente essa questão, na amplitude acima demonstrada e, assim, reveja alguns entendimentos postos diante das novas regras processuais em vigor que, em certos temas (e o art. 151 do CTN é um deles), calibram o sentido de comandos de cunho substancial (material).

---

270. "...no direito brasileiro, as ideais acima são algumas vezes esquecidas pelos juristas e aplicadores da lei que, ao longo do tempo, simplesmente se limitam a repetir uma dada interpretação ou teoria julgada conveniente à sua época, sem uma preocupação crítica. Descuram-se da atividade interpretativa e da função da hermenêutica, transformando-a numa função estática, com menosprezo do seu aspecto dinâmico, ainda quando há uma ruptura com a ordem anterior como em uma nova codificação." (THEODORO JÚNIOR, Humberto. Ação de prestação de contas: força da sentença, prescrição. In.: ALVIM, Arruda; ALVIM, Eduardo Arruda; BRUSCHI, Gilberto Gomes; CHECHI, Mara Larsen; e COUTO, Mônica Bonetti [Coords.]. *Execução civil e temas afins do CPC/1973 ao Novo CPC:* estudos em homenagem ao professor Araken de Assis. São Paulo: RT, 2014, p. 537). "...'incontestes' argumentos de autoridade que assumem proporções paradigmáticas que acabam por transformarem-se em verdadeiros axiomas. Estes, por sua vez, enraízam-se na (in)consciência do operador do direito, e, como ervas daninhas e/ou parasitárias, sugam-lhe o senso crítico." (DALLA PRIA, Rodrigo. *O direito ao processo*. In: CONRADO, Paulo Cesar [Coord.]. *Processo tributário analítico*. Vol. 1. 3ª ed., São Paulo: Noeses, 2015, p. 2).

CAPÍTULO 3 - PENHORA

3.1 Noções introdutórias

Penhora, como já definido anteriormente, é espécie do gênero garantia ao cumprimento da obrigação tributária (recorte que nos interessa), a se filiar ao conjunto das garantias reais (jamais fidejussória) que se consuma (ato judicial necessário) em ambiente executivo fiscal, decorrente ou não de prévia oferta do executado, atinente a bens do devedor ou de terceiros (exceto dinheiro) e que, por fim, permite a provocação do Estado-Juiz para adoção dos próximos passos necessários à expropriação voltada à satisfação forçada do crédito tributário.

Diferentemente do que ocorre nas classes anteriores (depósito e garantia pessoal em ambiente conflituoso), a penhora não gera o efeito suspensivo da exigibilidade do crédito tributário.

Outra diferença, também em relação às espécies anteriormente analisadas, diz respeito à impossibilidade de se ter penhora em ações antiexacionais. Ela sempre se consumará nos autos de uma Execução Fiscal (sequer em ações exacionais preventivas ela se fará presente – o efeito assecuratório não lhe é pertinente, pelo menos não como objetivo direto).

Elementos em comum com as classes anteriores (depósito e garantia pessoal em ambiente conflituoso): [i] garantia suficiente *à* adoção de atos expropriatórios (não precisa ser convolada em outra espécie para, só então, atingir esse estágio); [ii] em decorrência da característica anterior, é garantia apta a permitir o manejo dos Embargos à Execução Fiscal; e [iii] traz o reflexo jungido ao disposto no art. 206 do CTN (não como consequência da suspensão da exigibilidade do crédito tributário, mas sim pela garantia consumada).

A penhora, por ser ato decorrente de imposição judicial (a se consumar mediante intervenção estatal), pode sinalizar ser irrelevante a vontade do contribuinte em sua constituição. Não é, porém, esse o sentido aqui adotado. Penhora dependerá sim daquele ato jurisdicional que imponha referido ônus ao bem (mediante termo de penhora), mas ele pode advir de prévia oferta pelo contribuinte (direito ainda presente na Execução Fiscal), ou seja, nesse contexto, a vontade, ou não, do devedor em referida constrição é ponto irrelevante.

Assim, ter-se-á penhora com ou sem esse elemento (vontade do devedor no ato constritivo). Dito o mesmo de forma diversa, a vontade do executado na constituição desta espécie de garantia não é um critério a ser considerado.

Ademais, a penhora como "garantia suficiente *à* adoção de atos expropriatórios" é um critério diferenciador das demais espécies ([iv] assecuratória; e [v] outras garantias), pois em havendo a necessidade de cobrança direta do crédito tributário, referidas garantias terão que, obrigatoriamente, ser convertidas em penhora (se a garantia anteriormente constituída não for dinheiro ou fidejussória).

Se, portanto, um imóvel foi objeto de indisponibilidade (consequência usual às medidas assecuratórias) ou dado em garantia para fins de celebração de um parcelamento (a compor o conjunto "outras hipóteses"), para efetiva cobrança do crédito tributário (via Execução Fiscal) ele terá de ser convolado em penhora.

Vejamos, então, algumas características da penhora confrontando-a com as classificações apontadas ao final da Parte I deste estudo:

A penhora, como dito no início deste item, é garantia real (jamais pessoal), que pode ser formalizada pelo devedor ou por terceiro.

Pode, ou não, ter a sua fruição afastada. Por exemplo, um veículo automotor penhorado, se mantido na posse de seu proprietário (devedor, via de regra), isto é, se este figurar como depositário fiel do bem, não terá sua fruição afetada (o bem continuará sendo utilizado pelo devedor: poderá ir e voltar, com ele, ao seu trabalho, levar e buscar seus filhos na escola etc.). Se, porém, for determinado que terceiro figure como fiel depositário do bem, a fruição será claramente atingida (o bem não mais será utilizado pelo devedor – no exemplo dado, terá de buscar, e provavelmente custear, outras formas de locomoção sua, de seus filhos etc.).

Ademais, a penhora pode recair diretamente sobre os frutos (safra de café, por exemplo), onde resta evidente a impossibilidade de fruição (se a penhora for sobre a propriedade onde há o plantio de café, a fruição, por essa perspectiva, restará inatingida).

Por fim, a penhora, que pode decorrer ou não da vontade do devedor, concretiza-se, sempre, nos seguintes ambientes: [i] judicial; [ii] exacional; e, portanto, [iii] conflituoso (não aquele conflito em torno da exigibilidade da obrigação tributária – presente de forma necessária nas classes anteriores -; aqui o conflito é tão somente consequência da crise de inadimplência, motivador dos atos de cobrança, em sentido estrito, adotados pelo credor).

Passamos, então, a enfrentar peculiaridades importantes desta espécie de garantia ao cumprimento da obrigação tributária.

3.2 Penhora pressupõe, sempre, citação

Como sinalizado ao final do item anterior, a penhora se consuma, sempre, em ambiente judicial exacional repressivo.

Todavia, podemos ter garantias constituídas nesse cenário e, ainda assim, não estarmos diante de penhora.

Além das já analisadas espécies depósito e garantia pessoal em ambiente conflituoso, que também podem ser constituídas em referido contexto judicial exacional, ainda há casos cautelares que podem aqui se consumar.

Em relação a essa última observação, um ponto necessário (mas não suficiente) a ser considerado é a presença, ou não, de citação do devedor. Se ele ainda não foi citado (inclusive via edital), qualquer garantia constituída não será penhora (integrará a classe assecuratória), pois decorrente, exclusivamente, de uma pretensão cautelar.

Insista-se, é possível a constituição de garantia antes da citação do devedor, ainda que nos autos de uma Execução Fiscal, se demonstrados forem os elementos necessários *à* referida tutela cautelar. Estar-se-á diante de mera indisponibilidade, que para os posteriores atos expropriatórios depende: [i] da citação do executado; e [ii] da convolação de referida espécie de garantia em penhora (se a constrição se consumou em dinheiro, a convolação dar-se-á em depósito).

Logo, a citação é ato prévio necessário *à* posterior penhora. E não poderia ser outro o raciocínio, pois em ambiente tributário (cobrança via Execução Fiscal) ainda perdura o direito do executado de, previamente, oferecer bens à penhora. Ora, para o exercício desse direito, necessário que o executado tenha formal ciência da existência daquele feito executivo fiscal ajuizado em seu desfavor (isso se dá mediante citação – que se presume ocorrida pelo espontâneo comparecimento do contribuinte nos autos).

Assim, a penhora dependerá: [i] da citação do executado; e [ii] do transcurso do prazo para oferecimento de bens; para, só então, [iii] se consumar (termo de penhora), [iii.1] quer sobre o bem oferecido pelo executado (diverso de dinheiro ou garantia fidejussória – caso contrário estaremos diante de outra classe de garantia), [iii.2] quer sobre quaisquer outros que integrem o seu patrimônio (exceto dinheiro – para não sair dessa classe de garantia), se nada ofertou ou se a oferta não foi acolhida (baixa liquidez).

A existência, ou não, do ato citatório positivo do executado é um bom elemento *à* análise da garantia prestada, se com viés assecuratório ou muito mais próximo a etapas efetivas de expropriação. A ausência da citação confirma aquela natureza (cautelar), enquanto a sua existência sinaliza o viés executivo (em sentido estrito).

Mas essa última regra comporta exceção. É possível termos garantia assecuratória constituída em Execução Fiscal após a citação do executado. Essa hipótese encontra-se prevista no art. 185-A do CTN (trataremos dela, com mais vagar, no próximo Capítulo, mais especificamente no item 4.4).

Em suma, a citação do executado é um necessário requisito para a efetivação de penhora, logo, garantia ocorrida sem aquele elemento (citação concretizada) sinaliza um viés acautelatório incompatível com a classe penhora. Isso, porém, não significa que garantias firmadas após a citação do réu em Execução Fiscal não possam ter aquela natureza assecuratória (o art. 185-A do CTN é um exemplo disso).

3.3 Quais bens podem ser objeto de penhora?

A classe penhora alcança todo e qualquer bem não atingido pelas classes depósito ou garantia pessoal em ambiente conflituoso. Logo, para as pretensões do nosso estudo a constrição em dinheiro não se subsome à classe penhora, assim como as garantias fidejussórias estão distantes deste conjunto (estas são de cunho pessoal, enquanto a penhora é composta, exclusivamente, por garantias reais).

Logo, qualquer bem (diverso de dinheiro) pode ser objeto de penhora (móveis; imóveis; semoventes; títulos da dívida pública; quotas sociais; marcas e patentes; etc.). Portanto, essa questão deve ser vista por outro prisma: por que alguns bens dificilmente são penhorados, em detrimento a outros, usualmente constritos?

Antes, porém, é preciso lembrar (como já asseverado no Capítulo 2 da Parte I - subitem 2.4.2.2) que na LEF, diferentemente do que ocorre em ambiente processual geral (CPC), ainda há o direito do executado oferecer bens em garantia, antes de uma constrição judicialmente imposta.

Temos, então, dois distintos cenários: [a] recusa de bens oferecidos à penhora pelo executado; e [b] recusa de bens de propriedade do executado, localizados por ferramentas oficiais (oficial de justiça em cumprimento de mandado de penhora de quaisquer bens existentes no domicílio do devedor; Renajud[271]; Sniper[272] etc.).

A primeira alínea descrita acima será objeto de análise no subitem seguinte (recusa, por parte do exequente, de bens indicados pelo executado). Nesse momento, nos interessa a alínea "b", qual seja, motivação do credor em não aceitar a constrição sobre bens localizados através de medidas que ele próprio requereu.

Insista-se, não há oferta pelo devedor de bens (ou se houve, eles já não foram aceitos pelo Juízo), mas sim não aceitação da constrição sobre bens localizados em medidas requeridas pelo credor para esse fim.

---

271. "Renajud – Para evitar a venda de veículos, alvo de restrições judiciais, os magistrados podem utilizar o Renajud, sistema criado pelo CNJ em 2006 e que interliga o Judiciário ao Departamento Nacional de Trânsito (Denatran). Com o Renajud, é possível consultar a base de dados do Registro Nacional de Veículos Automotores (Renavam) e executar restrições *on-line* de veículos. Antes do sistema, era preciso que o juiz enviasse ofícios aos 27 Detrans de todo o país para obter informações sobre os veículos." (https://www.cnj.jus.br/cnj-amplia-e-difunde-uso-dos-sistemas-de-pesquisas-patrimoniais/. Acesso em: 25/05/2020).

272. "o Conselho Nacional de Justiça (CNJ) lança, na próxima terça-feira (16/8), o Sistema Nacional de Investigação Patrimonial e Recuperação de Ativos (Sniper), ferramenta que centraliza as bases de dados de ativos e patrimônios para agilizar a fase de execução de processos." (https://www.jota.info/justica/cnj-lanca-ferramenta-que-agiliza-busca-de-patrimonio-e-processos-em-execucao-12082022. Acesso em: 29/08/2022).

O que aparentemente seria um contrassenso (não querer levar adiante – dar sequência aos atos expropriatórios – quando da localização de bens pelo credor), se explica facilmente: a finalidade do feito executivo fiscal é expropriar bens do devedor para o pagamento da dívida inadimplida, logo, é preciso que: [i] esse bem tenha uma boa avaliação (valor suficiente para quitação, ainda que parcial, da dívida) e, principalmente, [ii] que possua liquidez, isto é, não seja difícil sua conversão em dinheiro (não basta ter um bom valor, é necessário transformar aquele bem em dinheiro, se inexistir interesse do credor em adjudicá-lo, e, para tanto, tem de haver interessados em adquiri-lo).

O estádio da Portuguesa de Desportos (conhecido time de futebol da capital de São Paulo), por exemplo, foi penhorado e levado a leilão por diversas vezes. Inquestionável o alto valor de referido imóvel (propriedade enorme – é um estádio de futebol; localizada em um dos principais "corredores" de São Paulo, a Marginal Tietê), entretanto, até onde temos conhecimento, foram infrutíferas todas essas tentativas de sua alienação judicial.[273] Ora, nos parece justificável a recusa de uma nova constrição sobre referido bem (se houver outros a integrar o patrimônio do devedor), pela demonstrada difícil liquidez.

Portanto, se o exequente tem a informação (histórico em outros processos do mesmo executado, por exemplo) de que determinado bem não possui a esperada liquidez, deve se insurgir contra penhora que novamente recaia sobre ele, para evitar gastos desnecessários com procedimentos expropriatórios que dificilmente lograrão êxito.

Tratando-se de bem de valor irrisório (ou de difícil quantificação) ou sem a devida liquidez (improvável alienação) deve o exequente tomar as medidas necessárias para buscar outros elementos do acervo patrimonial do executado.

273. https://globoesporte.globo.com/futebol/times/portuguesa/noticia/portuguesa-se-livra-de-mais-um-leilao-mas-estadio-do-caninde-continua-risco.ghtml. Acesso em: 14/06/2020.

Tanto é assim que, como sinalizado no Capítulo 1 da Parte I deste estudo (vide item 1.1), a PGFN passou a adotar o chamado "ajuizamento seletivo", onde somente distribuirá Execução Fiscal se, previamente, identificou bens do devedor *"úteis à satisfação integral ou parcial do débito a ser executado."* (trecho do artigo 38 da Portaria PGFN n. 33/2018 – transcrito integralmente na nota de rodapé n. 12).

Ora, se o próprio ajuizamento passa a depender desta identificação de patrimônio *útil*, evidente que deve se rechaçar constrições de bens (penhora) que não possam se enquadrar em referido conceito (útil à satisfação, ainda que parcial, do débito em cobro).

A questão, portanto, é garantir ao credor, *nesse estágio do feito executivo*, o direito de constrição sobre a fatia patrimonial do devedor de maior liquidez.

A lista constante no art. 11 da LEF traz um critério (presunção relativa) de quais bens possuem maior liquidez, a justificar a busca de uns em detrimento de outros (todos da classe penhora – exceto dinheiro) para constrição.[274] Veremos adiante (subitem 3.3.2 deste Capítulo) como interpretar referida relação, mormente em comparação com o CPC.

3.3.1 O que pode motivar o credor a recusar bens oferecidos à penhora?

Voltando, então, à alínea "a" destacada no início do item anterior (recusa, pelo credor, de bens indicados pelo devedor), é preciso enaltecer o que restou asseverado no Capítulo 2 da Parte I deste trabalho (subitem 2.4.2.2): o executado tem o direito de oferecer garantia, em até cinco dias da sua efetiva citação (arts. 8º e 9º, LEF).

---

274. "...o art. 11 da LEF retira a discricionariedade do oficial de justiça, que não deve penhorar bens de acordo com sua vontade ou opinião de quais prefira ver penhorado (...) Todavia, citada ordem não é absoluta." (BECHO, Renato Lopes. *Execução fiscal:* análise crítica. São Paulo: Noeses, 2018, p. 37).

Se o contribuinte exercer esse direito, indicando um imóvel, por exemplo, descabida a recusa ao argumento de que dinheiro (a integrar a classe depósito) possui maior liquidez e, portanto, que a constrição deveria recair sobre este, e não aquele. Diferentemente do descrito no item anterior (onde essa fase – direito do executado ofertar bens - se esvaiu), aqui ela tem de ser respeitada, trazendo uma equiparação hierárquica das espécies: depósito; garantia fidejussória e penhora.[275]

Isso não significa que o bem oferecido à penhora pelo executado tem de ser constrito. O que não pode é rechaçar essa equiparação entre as garantias para justificar a não aceitação. Totalmente descabido aqui, portanto, a invocação do art. 11 da LEF (cabível, tão somente, em momento posterior do procedimento executório, desvinculado da oferta feita pelo devedor dentro do lapso temporal garantido por lei para o exercício desse direito).[276]

Cabe, todavia, nesse momento (oferta de garantia pelo devedor, diversa do dinheiro e da garantia pessoal), a

---

275. "...em razão do que prescrevem os já citados arts. 8º e 9º da Lei 6.830/1980, o devedor, em execução fiscal, tem o direito subjetivo de garantir a satisfação do crédito executado por um daqueles quatro meios, não se afigurando possível distingui-los (não pelo menos quando se está em fase procedimental em que o sobredito direito de garantir se põe ativo) por conta de sua liquidez econômica." (CONRADO, Paulo Cesar. O "novo" art. 151, II, do Código Tributário Nacional: o impacto do art. 835, § 2º, do novo Código de Processo Civil em relação à suspensão, via depósito, da exigibilidade do crédito tributário. *Revista de Direito Tributário Contemporâneo* n. 1. São Paulo: RT, 2016, p. 171).

276. Infelizmente tem prevalecido, na jurisprudência, interpretação a mitigar o direito de oferecimento de bens pelo executado (com fulcro na literalidade do inciso III, do art. 9º da LEF), pois exigir observância da ordem de preferência do art. 11 nesse momento é infirmar aquela equiparação hierárquica das garantias a que nos referimos: "a penhora deve ser efetuada conforme a ordem legal prevista no art. 655 do CPC/1973 e no art. 11 da Lei 6.830/1980. Desta forma, não obstante o bem ofertado seja penhorável, o exequente pode recusar a sua nomeação, quando fundada na inobservância da ordem legal..." (STJ. 1ª Turma. Agravo Interno no Agravo em Recurso Especial n. 1.521.390/PR. Ministro Relator Napoleão Nunes Maia Filho. DJe 01/04/2020). "O Superior Tribunal de Justiça possui o entendimento firmado de que é legítima a recusa pela Fazenda Pública da nomeação de bens do executado quando não observada a ordem legal de preferência prevista no art. 11 da LEF." (STJ. 2ª Turma. Recurso Especial n. 1.839.753/RJ. Ministro Relator Herman Benjamin. DJe 19/12/2019).

demonstração, pelo credor, de sua iliquidez, ou da valoração irrisória perante o débito executado, como justificativa à não consumação da penhora.

Resta evidente, assim, a importância do exercício desse direito de oferta de garantia, em especial de bens à penhora (já que não haverá questionamentos em relação à constrição de dinheiro – maior liquidez possível; e improvável questionamento em relação à fiança bancária ou seguro garantia – ante a equiparação do art. 835 do CPC, espera-se o desaparecimento de quaisquer questionamentos, também aqui), a dificultar o não acolhimento por parte do credor (limitado, em nosso sentir, a questões inerentes à garantia ofertada, e não a um comparativo desta com outras possíveis).

3.3.2 A rigidez da lista existente na LEF em detrimento à do CPC

Como já sinalizado, o art. 11 da LEF traz uma lista dos elementos passíveis de integrar o patrimônio do devedor, decrescente em relação ao maior índice de liquidez (presunção *legis*), a facilitar a constrição de bens se transcorrer *in albis* o prazo para oferta do contribuinte ou, então, se este apresentar bens cuja baixa liquidez justifique a recusa.

Referido comando normativo, além de enaltecer a responsabilidade patrimonial a justificar a garantia ao cumprimento de uma obrigação tributária (tanto que aponta, ao final, hipótese aberta a permitir o alcance de outros bens não listados anteriormente),[277] traz uma sinalização (que como já

---

277. "...tanto o Código de Processo Civil quanto a Lei de Execuções Fiscais, ao preverem que outros bens ou direitos são aptos a garantir o feito executivo, consagram o princípio da patrimonialidade previsto no artigo 789 daquele diploma processual, o qual estabelece que o devedor responde com todos os seus bens presentes e futuros para o cumprimento de suas obrigações, salvo as restrições estabelecidas em lei." (GOMES, Eduardo de Paiva; GOMES, Daniel de Paiva. Criptomoedas enquanto garantia no macrossistema de cobrança do crédito tributário federal: Lei 6.830/80 e Portaria PGFN 33/2018. In: ARAUJO, Juliana Furtado Costa; e CONRADO, Paulo Cesar [Coords.]. *Inovações na cobrança do crédito tributário*. São Paulo : RT, 2019, p. 138).

dito anteriormente, não é absoluta) do grau de liquidez de certos tipos de bens, a justificar a prevalência de uns em detrimento de outros.

O problema é que estamos diante de uma lista de bens feita em 1980, deveras diferente da atualmente disposta nas regras processuais gerais (CPC).

Vejamos o seguinte comparativo entre a LEF e o CPC em relação a este tema:

LEF, Art. 11 – A penhora ou arresto de bens observará a seguinte ordem:	CPC, Art. 835 – A penhora observará, preferencialmente:
I – dinheiro;[278]	I – dinheiro, em espécie ou em depósito ou aplicação em instituição financeira;
II – títulos da dívida pública, bem como título de crédito, que tenham cotação em bolsa;	II - títulos da dívida pública da União, dos Estados e do Distrito Federal com cotação em mercado;
III – pedras e metais preciosos;	III - títulos e valores mobiliários com cotação em mercado;
IV - imóveis;	IV - veículos de via terrestre;
V – navios e aeronaves;	V – bens imóveis;
VI – veículos;	VI – bens móveis em geral;
VII – móveis ou semoventes; e	VII – semoventes;
VIII – direitos e ações.	VIII – navios e aeronaves;
	IX – ações e quotas de sociedades simples e empresárias;

278. Importante reforçar que a constrição em dinheiro, pelas premissas deste estudo, não se enquadra na classe "penhora", mas sim na classe "depósito".

	X – percentual do faturamento de empresa devedora; XI – pedras e metais preciosos; XII - direitos aquisitivos derivados de promessa de compra e venda e de alienação fiduciária em garantia; XIII – outros direitos.

Não é crível, por exemplo, que não possa prevalecer a pretensão fazendária de constrição de um imóvel, tão somente porque o devedor tributário alega possuir pedras preciosas (com alta liquidez na LEF, de 1980; mas figurando nas últimas posições do CPC, de 2015).

Em que pese a já sinalizada aplicação, quer pela doutrina, quer pela jurisprudência,[279] da lista preferencial do CPC nos executivos fiscais, o desfecho a essa celeuma nos parece buscar fundamento em outro comando processual geral, qual seja, o § 1º deste mesmo art. 835.

Referido regramento dispõe: *"é prioritária a penhora em dinheiro* [depósito, pela classificação aqui adotada], *podendo o juiz, nas demais hipóteses, alterar a ordem prevista no caput de acordo com as circunstâncias do caso concreto.*"

Sendo assim, qualquer penhora (que, insista-se, não alcança constrição em dinheiro) pode dar-se independentemente daquela ordem sinalizada pela lei (presunção relativa

279. "Para além de algumas coincidências nos textos, não há a menor dúvida de que entre os Códigos (de 1973 e de 2015) e a Lei n. 6.830/80 sobressai nítida diferença, estando os primeiros muito mais afinados com a realidade contemporânea.
Talvez por isso mesmo, a orientação pretoriana tenha se firmado no sentido da aplicação do art. 655 [CPC/73, alterado em 2006 pela Lei 11.382] em relação aos executivos fiscais – a despeito da existência, no bojo da Lei n. 6.830/80, de disposição supostamente especial – entendimento que há se estender em relação ao Código de Processo Civil de 2015." (CONRADO, Paulo Cesar. *Execução fiscal.* 3ª ed., São Paulo: Noeses, 2017, p. 223).

de maior liquidez) se o Juiz, mediante provocação das partes, entender ser mais conveniente àquele caso concreto (sopesamento dos valores: efetividade da execução em prol do credor *versus* adoção do modo menos oneroso ao devedor).[280]

Interessante que ao aplicarmos esse dispositivo (§ 1º, art. 835, CPC) aos executivos fiscais, deixa de ser necessário o confronto entre as listas preferenciais de penhora, pois passa a ser incontroversa a possibilidade casuística de descumprir aquela sinalização de garantias com maior, e menor, liquidez, para fins de penhora.[281]

Notem o contexto em que surge o já analisado § 2º do mesmo art. 835 do CPC (que permite a substituição de depósito por fiança bancária ou seguro garantia): sequencialmente à rigidez de impedir a relativização da lista preferencial quanto à constrição de dinheiro, traz alternativa de substituição do depósito por outra espécie de garantia que, conquanto de similar liquidez, via de regra traz menor onerosidade ao devedor (não aplicar esse comando aos executivos fiscais, reiteramos, é um contrassenso).

Em suma, não deve haver uma rigidez em relação à lista do art. 11 da LEF, pois aplicável aos executivos fiscais o § 1º do art. 835 do CPC que permite a sua não observância a depender das particularidades do caso concreto.

---

280. "A ordem legal estabelecida para a penhora deve ser ajustada de forma a conciliar, no caso concreto, os princípios da máxima utilidade da execução em favor do exequente e o da menor onerosidade ao executado, com vistas a buscar uma execução equilibrada e proporcional." (WAMBIER, Teresa Arruda Alvim; CONCEIÇÃO, Maria Lúcia Lins; RIBEIRO, Leonardo Ferres da Silva; e MELLO, Rogério Licastro Torres de. *Primeiros Comentários ao Novo Código de Processo Civil.* 2ª ed., São Paulo: RT, 2016, p. 1.317).

281. "*Como o próprio dispositivo aponta, a ordem prevista é preferencial, deve ser seguida como um norte em relação à penhora, assim, caso um bem que esteja mais abaixo na ordem em relação a outro e possibilite mais eficazmente a satisfação do crédito, deve tal bem ser penhorado...*" (ZANETTI JR., Hermes. *Comentários ao Código de Processo Civil.* Vol. XIV. ARENHART, Sérgio Cruz; e MITIDIERO, Daniel (Coords.). São Paulo: RT, 2018, p. 198).

3.4 Penhora e a consequência prevista no art. 206 do CTN

Como já sinalizado alhures, não se tem em referida espécie de garantia ao cumprimento da obrigação tributária o efeito suspensivo da exigibilidade e, portanto, a consequência prevista no art. 206 do CTN não decorrerá dela.

Todavia, havendo penhora correspondente ao todo executado, ter-se-á tal consequência (do art. 206 do CTN) pela mera existência dessa integral garantia.

Isso é fato incontroverso, quer na doutrina, quer na jurisprudência, o problema, como já assinalado na Parte I deste trabalho (subitens 1.3.5 e 2.5.2) está no alcance de referido comando normativo: [i] anular o estímulo negativo jungido, exclusivamente, à certidão positiva de débitos; ou [ii] anular qualquer estímulo negativo.

Já foi afirmado, em várias passagens desse texto, nosso entendimento em prol da opção "ii", qual seja, que referido art. 206 tem de ser interpretado de forma sistemática e finalística, para afastar quaisquer das cobranças indiretas do crédito tributário.

Há, felizmente, julgados nesse sentido (a reconhecer esse efeito, ainda que sem vinculá-lo, expressamente, a uma interpretação sistemática e finalística do art. 206 do CTN):

> (...) 4. Não há que se falar em suspensão da exigibilidade nos termos do artigo 151 do CTN, que somente se aplica às hipóteses de depósito em dinheiro...
>
> 5. A garantia ofertada é válida apenas para o fim da expedição de certidão positiva com efeito negativo, não podendo o referido débito ensejar o protesto e a inclusão do nome da agravada no CADIN...[282]
>
> (...) Eventual deferimento ou indeferimento (...) de não inclusão no CADIN e de sustação do protesto fica condicionado à apreciação,

282. TRF3. 4ª Turma. Agravo de Instrumento n. 5030038-55.2018.4.03.0000. Desembargador Relator Marcelo Saraiva. DJe 31/01/2020.

> na origem, acerca da idoneidade e da suficiência da garantia prestada.[283]
>
> (...) No caso concreto, a execução fiscal já foi ajuizada, possuindo ainda garantia idônea apresentada, e, assim, deverá ser deferido o pedido de suspensão do título protestado.
>
> Quanto à alegação da necessidade de propositura de outra ação para requerimento de suspensão do protesto, nos termos do art. 109, I, da CF, a ação de execução por meio da qual a dívida protestada é cobrada encontra-se sob jurisdição do juízo *a quo*, sendo de sua competência o exame do pleito da respectiva sustação. É o mesmo raciocínio aplicado à exclusão do nome do devedor do CADIN...[284]

Todavia, a questão ainda é controvertida,[285] a gerar insegurança jurídica pela resolução desigual de conflitos atinentes ao mesmo tema.

Outro ponto a ser enaltecido, ainda em relação ao vínculo entre penhora e o art. 206 do CTN, é a necessidade de que a garantia seja integral. Supondo que o contribuinte possui apenas um débito em aberto, já ajuizado, no valor de R$ 100.000,00, e foi penhorado um imóvel seu avaliado em R$ 110.000,00, com a efetivação da penhora, em razão do valor do bem constrito, referido devedor fará jus aos efeitos do art. 206 do CTN.

Se, porém, dois anos depois, o valor atualizado da dívida está em R$ 160.000,00, e o bem penhorado, após reavaliação, permanece com o mesmo valor (de R$ 110.000,00), esse contribuinte não mais fará jus àquele efeito (do art. 206 do CTN), pois deixará de ter garantia integral sobre o débito executado.

É, portanto, condição ao afastamento de cobranças indiretas (art. 206 do CTN), nas situações em que inexiste

283. TRF3. 3ª Turma. Agravo de Instrumento n. 5009894-26.2019.4.03.0000. Desembargador Relator Nelton dos Santos. DJe 12/03/2020.

284. TRF3. 4ª Turma. Agravo de Instrumento n. 5023406-76.2019.4.03.0000. Desembargadora Relatora Mônica Nobre. DJe 12/03/2020.

285. Decisão contrária à *ratio* aqui construída (de extensão dos efeitos do art. 206 do CTN a quaisquer cobranças indiretas): "(...) Inexistente causa suspensiva da exigibilidade, não é possível impedir o protesto do título executivo ou de suspender seus efeitos." (TRF3. 3ª Turma. Agravo de Instrumento n. 5024913-09.2018.4.03.0000. Desembargadora Relatora p/ o acórdão Cecília Marcondes. DJe 29/01/2020).

suspensão da exigibilidade do crédito tributário, a integral garantia do débito.

Essa condição (de integral garantia) também se faz presente à atribuição de efeito suspensivo aos Embargos à Execução Fiscal, isto é, a garantia pode ser parcial para o manejo dos Embargos,[286] mas a atribuição de efeito suspensivo depende, além de outros requisitos, da garantia integral.

Note que no exemplo anterior, havendo penhora sobre imóvel avaliado em R$ 110.000,00, atinente a débito de R$ 100.000,00, se houvesse oferta de Embargos à Execução Fiscal e, a eles, fossem atribuídos efeito suspensivo, não mais seria possível questionar a incidência do art. 206 do CTN pela posterior atualização do débito em detrimento à reavaliação do bem constrito. Isso porque, nesse novel cenário, a motivação dos efeitos do supracitado artigo 206 decorrerá da suspensão da exigibilidade do crédito tributário (via tutela provisória atribuidora daquele efeito suspensivo) e não mais da garantia concedida (tratamos disso na Parte I deste estudo, mais especificamente nos subitens 1.3.5 e 2.4.2.3).

De toda sorte, inexistindo referido efeito suspensivo aos Embargos à Execução Fiscal, ainda que haja penhora de bens em valor superior ao débito executado, ter-se-á normal curso da Execução Fiscal (ante a inexistência de suspensão da exigibilidade em referido contexto), inclusive adoção de atos expropriatórios.

3.5 Penhora e Embargos à Execução Fiscal recebidos sem efeito suspensivo

É possível, repita-se, termos atos expropriatórios sendo praticados, ainda que exista constrição de bens em valor maior

286. "A garantia a que se refere o artigo 16, § 1º, da LEF, como condição necessária e suficiente à admissibilidade dos embargos do executado, segundo orientação firmada em inúmeros precedentes do Superior Tribunal de Justiça, não necessariamente deverá abarcar a totalidade do débito exequendo, exigindo-se apenas que seja reveladora da máxima capacidade patrimonial (penhorável) do executado." (DALLA PRIA, Rodrigo. *Direito processual tributário.* São Paulo: Noeses, 2020, p. 528).

do que o débito em cobro, pela ausência de vinculação daquele efeito material (suspensão da exigibilidade do crédito tributário) à garantia existente (penhora), bem como pela ausência de comando judicial explícito trazendo tal efeito (no caso, via atribuição de efeito suspensivo aos Embargos à Execução Fiscal).

No passado, isto é, antes das reformas ocorridas no CPC/73, pela Lei 11.382/2006 (já tratamos disso na Parte I deste estudo - subitem 2.4.2.3), esse era um cenário impossível, fruto da automaticidade do efeito suspensivo aos Embargos à Execução (havendo Embargos do executado, aguardar-se-ia o seu final desfecho – trânsito em julgado – para, só então, ser retomado o curso da Execução Fiscal).

Com as alterações nas regras processuais gerais, afastando o automático efeito suspensivo aos Embargos à Execução, houve nova construção também em ambiente executivo fiscal, porém com certas ressalvas (*ligadas, frise-se, aos peculiares efeitos das garantias prestadas no contexto tributário*).

Lá, em âmbito geral, a ausência de efeito suspensivo permite a adoção de todas as providências expropriatórias, inclusive a entrega do bem (fruto de adjudicação), ou dos valores oriundos de sua alienação judicial (fruto de arrematação), ao exequente (cabendo ao executado, se sagrar-se vencedor nos seus Embargos, ainda pendentes de final desfecho, reparação civil).

Vejamos, então, como fica essa situação em ambiente executivo fiscal.

3.5.1 Repercussões na arrematação

Em Execução Fiscal, ainda que se tenham Embargos do executado pendentes de final julgamento, se a estes não foi atribuído efeito suspensivo, ter-se-á normal curso àquele feito executivo, com a adoção de atos jungidos à expropriação se, e somente se, a garantia formalizada no processo for da espécie penhora (se pertencente às classes "depósito" ou "pessoal em ambiente conflituoso", não).

Imaginemos a penhora de um imóvel. No cenário acima descrito, ele será avaliado para ser objeto de alienação judicial. Se houver arrematante, referida alienação se consumará, com o depósito em juízo do preço pago. Nesse momento, então, ter-se-á a convolação das garantias, de penhora para depósito, e, assim, passamos a ter suspensão da exigibilidade do crédito tributário a impedir novos atos de cobrança (como aqueles ligados a expropriação), ou seja, o preço pago pelo arrematante deverá ficar depositado em juízo até o trânsito em julgado dos Embargos à Execução Fiscal.

Tal raciocínio, fruto da mera interpretação do art. 151, II, do CTN, por consequência da convolação das garantias (de penhora para depósito), é reforçado pelo art. 32, § 2º, da LEF, que vincula o levantamento do depósito ao trânsito em julgado dos Embargos à Execução Fiscal.

Esse tema, inclusive, foi devidamente enfrentado pelo STJ em recurso repetitivo (REsp 1.272.827/PE), que analisamos em outra oportunidade:

> Quando a garantia for depósito em dinheiro, ou bem arrematado em leilão, permanece o mesmo raciocínio jurisprudencial, qual seja, a marcha executiva *não poderá* implicar em levantamento de tais valores depositados enquanto houver Embargos à Execução Fiscal pendentes de final julgamento.[287]

É bem verdade que referido julgado do STJ, além do já citado art. 32, § 2º, da LEF, motiva sua construção no rito dos precatórios que o contribuinte teria que enfrentar para almejar uma reparação, isto é, a conhecida morosidade daquele instituto (dos precatórios) também justificou essa construção a impedir a entrega do produto da arrematação ao exequente tributário antes do trânsito em julgado dos Embargos à Execução Fiscal.

287. CASTRO, Danilo Monteiro de. Os efeitos dos embargos à execução fiscal e o Código de Processo Civil de 2015. In: CONRADO, Paulo Cesar [Coord.]. *Processo tributário analítico*. Vol. 3. São Paulo: Noeses, 2016, p. 296.

Quando da análise desse julgado na Etapa I deste trabalho (subitem 2.4.2.3), mais especificamente do fundamento ligado ao rito dos precatórios, afirmamos ser ele de menor importância, em detrimento ao § 2º do art. 32 da LEF, que tem o condão de enaltecer a suspensão da exigibilidade da obrigação tributária decorrente do depósito (modalidade de garantia). De fato, no contexto da alienação judicial (arrematação), esse é um ponto de menor relevância.

Em resumo, não havendo atribuição de efeito suspensivo aos Embargos do devedor, bem como que a garantia prestada seja penhora (a não gerar, portanto, suspensão da exigibilidade), atos de cobrança (voltados à expropriação) poderão ser postos, todavia não implicarão a extinção do feito executivo, pois o produto da arrematação (valor pago pelo arrematante, perante bem alienado judicialmente) não será entregue ao exequente. Isso decorre da convolação das garantias (outrora penhora, agora depósito), já que nesse novo contexto (depósito), a suspensão da exigibilidade da obrigação tributária se faz presente, a impedir referida marcha, enquanto pender de final julgamento (trânsito em julgado) os Embargos à Execução Fiscal.

3.5.2 Repercussões na adjudicação

A construção acima, necessária com as mudanças processuais gerais anteriormente mencionadas, traz uma aparente harmonia sistêmica, qual seja, garantias a gerar suspensão da exigibilidade impedem qualquer ato processual ligado à expropriação (perdurando como tal - sem mutação de espécie - enquanto pender o conflito instaurado pelo contribuinte), ao passo que as demais garantias, que não gerarem aquele efeito (ou que estiver em ambiente sem a sua imposição judicial), permitirão o percurso de atos expropriatórios até sua convolação em depósito (ou garantia pessoal em ambiente conflituoso), quando então teremos suspensão da exigibilidade.

Nesse norte, nenhuma Execução Fiscal seria extinta em decorrência de atos expropriatórios quando houver Embargos do devedor pendentes de final julgamento.

Ocorre que a classe penhora, conforme demonstrado de forma mais detalhada no subitem 2.3.3 da Parte I deste estudo, não pressupõe uma única modalidade expropriatória (alienação judicial), pode dar-se também via adjudicação ou, ainda, mediante apropriação de frutos,[288] hipóteses onde não teremos aquela convolação de espécies (de penhora para depósito).

Ora, se não haverá uma mutação da garantia (penhora em depósito) não teremos suspensão da exigibilidade do crédito tributário (efeito inerente ao depósito) e, então, o que impedirá a efetiva extinção da Execução Fiscal (e da obrigação tributária) com a entrega do bem ao exequente?

Antes de responder essa indagação, é preciso entender como a adjudicação ocorre nos executivos fiscais e, para isso, invocamos estudo feito a respeito do tema:

> ...temos, na própria LEF (art. 24, inciso I), dispositivo que traz limitação à adjudicação, quando da existência de Embargos à Execução pendentes de julgamento, mas essa "trava" aplica-se, tão somente, se tal ato ocorrer antes do leilão.
>
> Findo o leilão sem licitantes, ou concorrendo a Fazenda em igualdade com estes, o que a impede de adjudicar um bem penhorado, ainda que haja Embargos à Execução Fiscal, sem efeito suspensivo, pendente de julgamento?[289]

Nada impede o exequente de adjudicar referido bem se: [i] mesmo havendo Embargos à Execução pendentes, [ii] houve hasta pública anterior sem licitantes.[290]

288. Para a finalidade deste tópico, ligada à demonstração da marcha da exigibilidade no cenário em tela, onde não teremos a convolação de garantias (de penhora para depósito), não há necessidade de maior aprofundamento quanto a apropriação de frutos (isso já foi feito no subitem 2.3.3 da Parte I deste trabalho), apenas que ela também não gera referida mutação. Exemplo clássico de apropriação de frutos dá-se na penhora da colheita de determinado produto agropecuário. O credor ficará com referida safra (de grãos; de frutas; etc.) e não com a propriedade em que se deu o plantio, muito menos com o produto da venda da safra.

289. CASTRO, Danilo Monteiro de. Os efeitos dos Embargos à Execução Fiscal e o Código de Processo Civil de 2015. In: CONRADO, Paulo Cesar [Coord.]. *Processo tributário analítico*. Vol. 3. São Paulo: Noeses, 2016, p. 275.

290. Note que diferentemente o que ocorre no contexto geral, do CPC (vide subitem

O repetitivo anteriormente mencionado (REsp 1.272.827/PE) não tratou desse específico tema (possibilidade, ou não, de se efetivar adjudicação quando há Embargos à Execução Fiscal pendentes, porém sem efeito suspensivo atribuído), mas aquele anterior ponto (evitar o rito dos precatórios) que, para mesma problemática ligada à arrematação nos pareceu de menor importância (em detrimento à regra existente no § 2º do art. 32 da LEF), aqui motiva a seguinte construção:

A concreção da adjudicação (mediante Carta, com o respectivo Mandado de Imissão de Posse, quando se tratar de bem imóvel; ou ordem de entrega, para os bens móveis – art. 877, § 1º, CPC), para se evitar o rito dos precatórios (como sinalizado no supracitado REsp 1.272.827/PE), terá de esperar o término (trânsito em julgado) dos Embargos do devedor.

Afora a questão do rito dos precatórios, a gerar problemas à reparação civil do executado (se houver efetiva extinção da obrigação tributária e, ao final, seus Embargos forem julgados procedentes), ainda temos outro ponto, a justificar a prevalência desse entendimento, qual seja, dar-se-á tratamento especial aos atos expropriatórios que não implicam mutação de garantias, situação que, por óbvio, gerará distorções (como, por exemplo, a opção pela adjudicação, mesmo em cenários onde o bem não é tão interessante a Administração).

Em suma, nem nestas hipóteses (onde ausente a convolação de garantias), nos parece possível avançar nos atos expropriatórios, quando houver Embargos do devedor em trâmite, a ponto de extinguir o feito executivo e, por conseguinte, a obrigação tributária. Mas é preciso reconhecer: essa não é uma consequência ligada a peculiar efeito da garantia prestada.

2.3.3 da Parte I deste estudo), aqui temos peculiaridades atinentes aos meios de expropriação, a impedir a adjudicação se houver Embargos do devedor pendentes e, a alienação judicial não tiver sido previamente tentada. Ou seja, não é sempre que o credor tributário poderá valer-se da adjudicação (nesse cenário – existência de Embargos do devedor - ela depende da tentativa frustrada de alienação judicial).

CAPÍTULO 4 - GARANTIA ASSECURATÓRIA

4.1 Noções introdutórias

Até o momento, versamos sobre garantias que sempre estão jungidas a contexto de imediata satisfação da obrigação tributária, melhor dizendo, ambiente onde a efetiva executoriedade da garantia depende, tão somente, da eficácia da marcha da exigibilidade, cenário não ligado, apenas, ao tipo de patrimônio atingido.

Tanto é assim que mesmo em ações antiexacionais, a garantia lá prestada (depósito ou fidejussória) também possui esse viés satisfativo, pois ao término do feito (trânsito em julgado), aquelas garantias possíveis de serem prestadas neste palco serão convertidas em renda em favor do Estado-Fisco, se ele se sagrou vencedor da demanda.

Mas em ambiente exacional, a questão fica evidente, pois depósito, garantia fidejussória e penhora são as espécies listadas na LEF como únicas garantias possíveis de serem lá ofertadas, inclusive a permitir (condição de sua admissibilidade) posterior interposição de Embargos à Execução Fiscal.

Nesse Capítulo, porém, trataremos de espécie de garantia que vem, ao longo dos anos, ganhando maior importância (e novos veículos à sua instituição) em ambiente tributário, cuja pretensão imediata não é de satisfação (executoriedade) do crédito tributário, mas de permitir (assegurar, acautelar) que essa fase da marcha da exigibilidade, quando atingida, tenha aquela efetividade (via expropriação para posterior quitação do débito).[291]

Na Parte I deste trabalho (vide subitem 2.3.2), estudamos essa possibilidade de constituição de garantia cautelar (em observância às regras gerais existentes no CPC). Nesse momento, o objetivo é aprofundar a análise em relação a tais espécies quando formatadas em contexto tributário.

As garantias que se enquadram nesta classe (assecuratória) ocorrem, sempre, em momento anterior às garantias já estudadas (depósito, garantia pessoal em ambiente conflituoso e penhora), pois serão convoladas em uma daquelas no momento oportuno (*quando não se faz mais necessário assegurar, pois presentes todos os requisitos a efetivamente executar*).

Normalmente, quem almeja esse tipo de garantia cautelar é o credor, pois vislumbra situações atuais que, no futuro, afetarão aquela responsabilidade patrimonial necessária à satisfação da obrigação inadimplida (dilapidação patrimonial, por exemplo). Todavia, casos há onde tal pretensão partirá do devedor, na busca dos efeitos atinentes à garantia prestada (art. 206, CTN), especialmente quando não ajuizado o executivo fiscal (onde é possível ofertá-la).

As garantias cautelares, quando judiciais, não ocorrem no processo em que há conflito em torno da exigibilidade da obrigação tributária e, por isso, ainda que formatada em dinheiro ou mediante garantia pessoal, ausente o efeito suspensivo da exigibilidade.

Também podem acontecer em Execução Fiscal, mas em momento não propício a gerar suspensão da exigibilidade,

291. "...provimentos provisórios exacionais em referência, quando concedidos (cada qual a seu modo), resultam na indisponibilização de bens e direitos do devedor tributário, providência que visa, fundamentalmente, resguardar a eficácia da tutela executiva fiscal (função acautelatória), e não antecipar os efeitos expropriatórios / sub-rogatórios que compõem o núcleo do provimento executivo." (DALLA PRIA, Rodrigo. *Direito processual tributário*. São Paulo: Noeses, 2020, p. 238).

ante a prevalência do viés assecuratório (indisponibilidade de dinheiro, por exemplo, necessitará de posterior convolação em deposito para, só então, gerar referido efeito e, também, permitir o manejo dos Embargos à Execução Fiscal).

E a ausência deste efeito (suspensivo da exigibilidade) é necessária, pois atos ligados à marcha da exigibilidade têm de ser postos (obrigatoriedade) para que esta garantia meramente assecuratória possa ser transformada em garantia executiva (depósito, garantia pessoal em ambiente conflituoso ou penhora) e, então, termos os normais atos expropriatórios voltados à cobrança forçada do crédito tributário.

De qualquer maneira, a garantia assecuratória trará os efeitos do art. 206 do CTN, isto é, tem de afastar cobranças indiretas promovidas pelo Fisco (essa, inclusive, é a razão de termos uma via cautelar intentada pelo próprio contribuinte, onde é antecipado o momento de ofertar garantia, tão somente para obtenção daquele efeito).

O que diferencia essa classe (assecuratória) da última que será abordada (outras hipóteses) é que lá inexiste crise de inadimplência e, assim, a garantia é imposta pelo credor como condição a determinado ato (concessão de parcelamento, por exemplo) ou, quando muito, objeto de condições e concessões mútuas estabelecidas pelas partes (transação). Aqui, em contrapartida, a crise de inadimplência é regra e, mesmo nas hipóteses de exceção (que são pouquíssimas), há requisitos rígidos a permitir o seu uso (não basta a vontade do credor).

Outrossim, nesta classe de garantias, é possível (regra, diga-se) a constrição involuntária (onde, inclusive, ocorre o cenário excepcional anteriormente citado, de garantia assecuratória sem crise de inadimplência), situação incabível no conjunto “outras hipóteses”.

Ademais, na classe “outras hipóteses” não se tem o efeito atinente ao art. 206 do CTN, sempre presente nas garantias assecuratórias, principal razão da segregação feita.

Passamos, então, a verificar características dessa classe através de alguns critérios classificatórios apontados no final da Parte I deste trabalho (item 2.6):

A garantia assecuratória pode, a depender do veículo utilizado para tanto: [i] ser real (inclusive mediante dinheiro) ou pessoal; [ii] dar-se de maneira voluntária ou não; [iii] atingir bens de terceiros, até porque há possibilidade de ser pessoal; [iv] jamais acontecer em veículo onde se instaurou conflito em torno da exigibilidade da obrigação tributária; e [v] ocorrer em ambiente judicial ou extrajudicial (no primeiro caso, o conflito decorre da necessidade de garantir a efetividade da cobrança direta do crédito tributário; mas possível girar em torno do direito à obtenção dos efeitos do art. 206 do CTN).

Como já sinalizado alhures, a garantia assecuratória não possui um viés satisfativo (executório), necessita ser convolada, no momento oportuno, em outra espécie de garantia para atingir tal estágio. Esse é o principal fator a diferenciá-la do depósito, da garantia pessoal em ambiente conflituoso e da penhora (além disso, não traz suspensão da exigibilidade – efeito presente nas duas primeiras classes citadas; bem como não susta os reflexos moratórios – efeito inerente à primeira classe se, e somente se, não se consumar em dinheiro).

A voluntariedade na garantia assecuratória se fará presente, tão somente, nos veículos adotados pelo contribuinte para sua formatação (ação cautelar de antecipação de garantia; ou procedimento administrativo voltado ao mesmo fim). Nos demais casos, onde a garantia assecuratória é pretensão do Estado-fisco, ela ocorre à revelia do contribuinte (quando muito, este poderá almejar a substituição de constrição cautelar involuntária).

Pode, a garantia assecuratória, afastar a fruição do bem, situação sempre presente quando a garantia é consumada em dinheiro (essa é uma possibilidade nesta classe).

Trataremos, nesse tópico, de quatro distintos veículos[292] possíveis para a obtenção de garantia assecuratória. Os três primeiros (arresto previsto na LEF; Ação Cautelar Fiscal; e art. 185-A do CTN), ligados ao interesse fazendário de assegurar a efetividade dos atos de cobrança direta. O último deles (ação cautelar de antecipação de garantia, ou quando possível, procedimento administrativo voltado ao mesmo fim), porém, jungido à pretensão do contribuinte, onde a antecipação da garantia advém dos efeitos dela decorrentes, mesmo que de forma mediata se tenha o resguardo patrimonial a posteriores atos executórios.

4.2 Arresto previsto na LEF

O primeiro dos veículos possíveis de obtenção de garantia assecuratória em matéria tributária, e o mais antigo deles, encontra previsão na própria LEF. Trata-se da modalidade arresto (como todas as demais decorrentes de procedimentos adotados pelo credor tributário), com peculiaridades próprias à existente em ambiente geral (execução regrada pelo CPC – já abordada na Parte I deste estudo, em especial no subitem 2.3.2).

Comparando os dispositivos (da LEF e da lei geral) há pequenas diferenças. Vejamos:

LEF, Art. 7º. O despacho do Juiz que deferir a inicial importa em ordem para: (...) III – arresto, se o executado não tiver domicílio ou dele se ocultar.	CPC, Art. 830. Se o oficial de justiça não encontrar o executado, arrestar-lhe-á tantos bens quanto bastem para garantir a execução.

292. Chegamos a vislumbrar, no passado, um quinto elemento a essa classe de garantias assecuratórias, qual seja, a "averbação pré-executória", por trazer o efeito "indisponibilidade" (art. 20-B, § 3º, II, da Lei 10.522/2002, introduzido pela Lei 13.606/2018), comum às espécies deste conjunto. Como, porém, o STF declarou ser inconstitucional tal efeito quando ligado a averbação pré-executória (na ADI 5.890/DF; DJe 05/04/2021), não há mais como sustentar ser a "averbação pré-executória" coisa diversa da mera publicidade da inscrição do crédito tributário em dívida ativa, em decorrência da fraude a execução, já presumida neste momento em relação aos créditos tributários (ver, quanto a isso, o subitem 2.4.1.1, da Parte I deste trabalho).

Pela regra geral, basta a não localização do executado para que se tenha referido arresto pelo próprio oficial de justiça, pouco importando se ele possui ou não domicílio.

Em ambiente especial (LEF), porém, o arresto depende: [i] da ausência de domicílio do executado; ou [ii] se tiver domicílio, dele tenha se ocultado.

Quer nos parecer, então, que para o arresto em Execução Fiscal, quando o executado tiver domicílio, é necessário provar que dele se ocultou, não bastando para tanto a mera não localização do executado. Insista-se, necessários elementos a evidenciar sua vontade de não ser encontrado (a não localização do executado é um desses indícios, mas que sozinho, em nosso sentir, não é suficiente).

De toda sorte, essa preocupação cabe ao oficial de justiça, já autorizado a assim proceder (constituir garantia cautelar) se presentes um daqueles requisitos.

Note que essa autorização à constituição de garantia assecuratória não é casuística (a depender de um pronunciamento judicial subjetivo, jungido a determinadas condições), mas oriunda da própria lei. Seus elementos (*periculum in mora* e *fumus boni iuris*), justificadores de sua cautelaridade,-[293]são pressupostos.[294]

---

293. "Os fundamentos que justificam a concessão da tutela cautelar fiscal (ver arts. 2º e 3º da Lei 8.397/92), do arresto cautelar fiscal (ver art. 7º, inciso III, da Lei 8.630/80) e o bloqueio eletrônico de bens e direitos do devedor (art. 185-A do CTN) induzem situações fáticas específicas que, a despeito de seu caráter denotativo, são perfeitamente redutíveis aos conceitos de plausibilidade (fumus) e risco (periculum) típicos das tutelas de urgência." (DALLA PRIA, Rodrigo. *Direito processual tributário*. São Paulo: Noeses, 2020, p. 236/237).

294. Há, é verdade, corrente doutrinária que não vislumbra o viés cautelar desta medida: "*Apesar do termo* 'arresto de bens' no art. 7º, inciso III, da LEF e no art. 830, caput, do CPC/2015, que autoriza a tomada de tal atitude pelo oficial de justiça quando não encontrado o devedor, o ato, em verdade, se trata de uma prévia penhora, conforme julgou a Quarta Turma do STJ. Da mesma forma com que se distingue a penhora do arresto por ser ato executivo satisfatório, a pré-penhora também não pode receber caráter cautelar, a despeito da redação dos artigos supracitados. Isso porque logo se converte em penhora propriamente dita, chegando, também, à sua finalidade com a própria realização do ato. Ainda, a não localização do devedor não

Há, portanto, uma presunção (legal) de risco à efetividade dos atos de cobrança (marcha da exigibilidade), autorizativa do arresto pelo próprio oficial de justiça: quando o executado não possui domicílio ou, se o tem, dele se oculta (dificultando sua citação).

Nesse cenário, a constrição dar-se-á antes da citação do executado (mas dependente da frustração deste ato). Todavia, a marcha da exigibilidade voltada a efetivos atos de expropriação dependerão daquele ato processual (citação), ainda que mediante edital, pois sem ele jamais será possível converter o arresto em penhora.

E a conversão será em penhora, pois esta garantia cautelar terá, sempre, cunho real (a impedir sua conversão em garantia pessoal em ambiente conflituoso) e, dificilmente, atingirá dinheiro (a permitir sua conversão em depósito), já que quando involuntária, a constrição em dinheiro acontece, por regra, mediante SISBAJUD (a demandar requerimento próprio).

Até porque, não vislumbramos o arresto previsto na LEF como mero procedimento necessário à constrição executiva (como ocorre no bloqueio de valores via SISBAJUD – procedimento inerente ao depósito involuntário), pelo contrário, seu viés acautelatório nos parece evidente, pois se trata de medida voltada a permitir a satisfatividade dos atos executivos, antecipando a realização da garantia em momento anterior à citação do executado (esse ato é necessário à constrição executiva, inclusive ao início dos procedimentos necessários para tanto).

Em suma, o arresto previsto na LEF é espécie de veículo à obtenção de garantia assecuratória. Possui, é verdade, peculiares características que o distanciam do arresto ligado a um provimento cautelar especificamente concedido, especialmente a presunção legal de plausibilidade e de dano, a

pressupõe o periculum in mora essencial à medida cautelar, ocorrendo a pré-penhora em nome da responsabilidade patrimonial." (ROSA, Íris Vânia Santos. *A penhora na execução fiscal:* penhora "on-line" e o princípio da menor onerosidade. 2ª ed., São Paulo: Noeses, 2019, p. 162).

permitir sua pronta adoção pelo oficial de justiça se o executado não possuir domicílio, ou dele estiver se ocultando. Logo, essas peculiaridades procedimentais do arresto previsto na LEF não infirmam seu viés assecuratório e, por conseguinte, sua condição de aqui figurar.

4.3 Ação Cautelar Fiscal

O mecanismo acautelatório anteriormente descrito (arresto previsto na LEF) está adstrito à existência de Execução Fiscal ajuizada, ou seja, não será vislumbrado em momento anterior à instauração do executivo fiscal.

Todavia, como visto na Parte I deste trabalho (subitem 2.3.2), o provimento cautelar não se dá, exclusivamente, em ambiente executivo, pelo contrário, plenamente possível tal pretensão assecuratória em processos de conhecimento, ou mediante ação cautelar autônoma, agora somente quando regrada em legislação específica (ou em harmonia com o contexto processual do CPC/2015).

O fato é que o Estado-Fisco sempre pôde pleitear medidas cautelares, inclusive de cunho geral (jungida ao chamado "poder geral de cautela"), desde que presentes os elementos necessários para tanto (que podem ser exprimidos através de duas clássicas expressões: *periculum in mora* e *fumus boni iuris*).[295]

Entretanto, optou o legislador por instituir específica modalidade acautelatória em conflitos tributários (em verdade, em conflitos ligados à dívida ativa, que abarcam os conflitos tributários jungidos à crise de inadimplência), trazendo

295. "Conquanto 'geral', é bom que se diga que esse 'poder' a que se refere a legislação não é irrestrito. Antes disso, a concessão de medidas cautelares estribadas nesse decantado 'poder geral' depende da conjugação dos dois requisitos básicos da cautelaridade, fumus boni iuris e periculum in mora – o primeiro se descortinando a partir da noção de probabilidade do direito invocado pelo postulante; o segundo, pela probabilidade de dano em relação ao aproveitamento do bem jurídico da vida a que se refere a tutela principal." (CONRADO, Paulo Cesar. *Execução fiscal.* 3ª ed., São Paulo: Noeses, 2017, p. 276).

elementos mais precisos à sua obtenção (delimitação do sentido a ser atribuído a *periculum in mora* e *fumus boni iuris*) para, consequentemente, mitigar a subjetividade na concessão de constrições assecuratórias não usuais, inclusive em momento onde ainda persiste processo administrativo em trâmite.[296]

Essa opção se deu pela Lei ordinária federal 8.397/92, veículo introdutor da chamada "Ação Cautelar Fiscal".

Primeiro ponto a ser abordado diz respeito à permanência de um processo autônomo com viés cautelar, quando sabemos (vide subitem 2.3.2, do Capítulo 2 da Parte I deste trabalho) que o CPC/2015 acabou com esse *tertium genus*, isto é, pelos comandos existentes em referido Diploma Processual, os processos são, apenas, de conhecimento ou de execução.

Há, todavia, ressalva no próprio CPC/2015 (art. 1.046, § 2º) quanto à permanência das disposições especiais de procedimentos regulados em outras leis (exatamente o caso da Lei 8.397/1992). Nesse sentido, afirma Rodrigo Dalla Pria:[297]

> A ação cautelar fiscal constitui, por assim dizer, uma reminiscência do regime cautelar procedimentalmente autônomo tão característico do sistema processual vigente no período anterior ao advento do CPC/2015, cuja condição especialíssima a fez imune à cláusula geral revogatória (art. 1046 do CPC/2015), que extirpou do ordenamento as normas que compunham o arcabouço jurídico próprio ao CPC/73.

Perdura, portanto, essa ação cautelar típica, a ser veiculada em autos próprios, dependente de um feito principal (já existente ou não), qual seja, Execução Fiscal, com aplicação supletiva das regras processuais gerais (CPC/2015).

---

296. O que se pretendeu dizer ao final deste parágrafo é que pelo poder geral de cautela, o Fisco podia obter provimentos similares aos regrados na Lei 8.397/1992, todavia, essa regulamentação específica fomenta a possibilidade de tal obtenção (do provimento cautelar), diminuindo a subjetividade do julgador em relação à presença dos elementos necessários para tanto (*fumus boni iuris* e *periculum in mora*), já que eles passam a ter menor vagueza.

297. DALLA PRIA, Rodrigo. *Direito processual tributário*. São Paulo: Noeses, 2020, p. 545.

Esse veículo (Ação Cautelar Fiscal) gera indisponibilidade aos bens do contribuinte[298] (a figurar como requerido naquela demanda) até o limite do crédito tributário motivador de tal pleito assecuratório (art. 4º, *caput,* Lei 8.397/92), sendo certo que pode atingir dinheiro (como sinaliza o § 3º do mesmo art. 4º ao fazer menção ao Banco Central do Brasil).

Há, todavia, dispositivo constante neste já citado art. 4º (seu § 1º) que mitiga a possibilidade de constrição em dinheiro via Ação Cautelar Fiscal quando o requerido for pessoa jurídica, ao afirmar que nesse cenário *"a indisponibilidade recairá somente sobre os bens do ativo permanente."*

Ora, tal classe de bens (a compor o ativo permanente; terminologia não mais utilizada, substituída por ativo não circulante,[299] vide nova redação trazida ao art. 178 da Lei 6.404/76 pela Lei 11.941/2009) não engloba o caixa (e, por conseguinte,

---

298. Há disposições na Lei 8.397/1992 que sinalizam ser possível a constrição de bens de terceiros (especialmente sócios, diretores ou administradores da empresa contribuinte). O STJ, entretanto, já sedimentou entendimento de que sendo tributário o crédito que se pretende garantir cautelarmente, esses comandos devem ser interpretados à luz das regras de responsabilidade tributária dispostas no CTN: "... os requisitos necessários para a imputação da responsabilidade patrimonial secundária na ação principal de execução fiscal são também exigidos na ação cautelar fiscal, posto ser acessória por natureza. Precedentes: REsp 722.998/MT, Primeira Turma, Rel. Min. Luiz Fux, julgado em 11.4.2006; REsp 197.278/AL, Segunda Turma, Rel. Min. Franciulli Netto, julgado em 26.2.2002..." (STJ. 2ª Turma. Recurso Especial n. 962.023/DF. Ministro Relator Mauro Campbell Marques. DJe 16/03/2012).

299. "Ativo não circulante onde são classificados os itens de menor liquidez. É composto por: - Ativo realizável a longo prazo: nesta conta são registrados os direitos realizáveis após o término do exercício seguinte, assim como os derivados de vendas, adiantamentos ou empréstimos a sociedades coligadas ou controladas, diretores, acionistas ou participantes no lucro da companhia, que não constituírem negócios usuais a exploração do objeto da Entidade; - Investimentos: nesta conta são registradas as participações permanentes em outras sociedades e os direitos de qualquer natureza, não classificáveis no ativo circulante, e que não se destinem à manutenção da atividade da companhia ou da empresa; - Ativo imobilizado: os direitos que tenham por objeto bens corpóreos destinados à manutenção das atividades da Entidade ou da empresa ou exercidos com essa finalidade, inclusive os decorrentes de operações que transfiram à Entidade os benefícios, riscos e controles desses bens; - Intangível: direitos que tenham por objeto bens incorpóreos destinados à manutenção da Entidade ou exercidos com essa finalidade, inclusive o fundo de comércio adquirido." (SCHOUERI, Luís Eduardo; MOSQUERA, Roberto Quiroga. *Manual da tributação direta da renda.* São Paulo: IBDT, 2020, p. 44).

valores em contas bancárias) e as aplicações financeiras (com resgate de curto prazo), pois esses compõem o ativo circulante, logo, resta dificultada a constrição de dinheiro, via Ação Cautelar Fiscal, da pessoa jurídica.

A razão disso nos parece evidente, decorre da preocupação do legislador em preservar a atividade empresarial.[300] A jurisprudência majoritária, porém, afasta essa expressa vedação legal, permitindo a constrição cautelar sobre bens do ativo circulante, ainda que em excepcionais casos (quando inexistir ativos não circulantes suficientes).[301]

Quando se tratar de dinheiro (sem qualquer excepcionalidade se o requerido for pessoa física), a impossibilidade de fruição do bem cautelarmente constrito nos parece evidente. Todavia, se for outro tipo de bem, em especial os imóveis, a indisponibilidade não deveria retirar do proprietário o direito que possui, isto é, manter-se-ia a possibilidade de aliená-lo, com o ônus ao terceiro (adquirente) de ter o negócio desfeito (sem poder ser considerado de boa-fé, ante a indisponibilidade gerada em processo judicial, de fácil conhecimento mediante certidão junto ao distribuidor – medida preventiva usualmente adotada por aqueles que pretendem adquirir um imóvel) pelo reconhecimento de fraude à execução (onde a insolvência do devedor é um elemento necessário; ainda que de prova menos rígida pela alienação de bem constrito).[302]

---

300. "Secundado pelos dados contidos no balanço, mais fácil será aquilatar o real valor dos bens que estão centrados no ativo não circulante e, consequentemente, evitar medidas abusivas e desbloquear a sociedade de amarras do Fisco, restringindo o livre exercício colimado do objeto social." (ABRÃO, Carlos Henrique. *Da ação cautelar fiscal e do arrolamento de bens.* 3ª ed., São Paulo: Malheiros, 2015, p. 71).

301. "Tal entendimento vai de encontro com a pacífica jurisprudência do Superior Tribunal de Justiça que reconhece a possibilidade de, em ocasiões excepcionais, visando salvaguardar o crédito fiscal, que a constrição atinja bens do ativo circulante." (STJ. 2ª Turma. Agravo Interno no Recurso Especial n. 1.688.871/PE. Ministro Relator Francisco Falcão. DJe 04/05/2020). "Em situações excepcionais, quando não identificados bens suficientes para garantia do crédito, é possível a indisponibilidade do ativo circulante." (TRF3. 6ª Turma. Agravo de Instrumento n. 0024963-62.2014.4.03.0000. Relatora Juíza Federal convocada Leila Paiva Morrison. DJe 13/02/2020).

302. Ao longo do trabalho, citamos autores que concordam com esse posicionamento, quer perante garantias assecuratórias quer, inclusive, nas garantias executivas

A Ação Cautelar Fiscal será apreciada pelo mesmo juízo a quem compete a Execução Fiscal (art. 5º). Se já existente o feito executivo (cautelar incidental), terá de ser proposta perante o mesmo juízo (prevenção), se inexistente (cautelar preparatória), a distribuição dar-se-á àqueles competentes para, futuramente, apreciarem a Execução Fiscal.

Na Ação Cautelar Fiscal preparatória a Execução Fiscal terá de ser ajuizada em sessenta dias contados da data em que se tornar irrecorrível, na esfera administrativa, a exação (art. 11), sob pena de cessar sua eficácia (art. 13, inciso I). Evidente que se a ação for adotada após aquele momento ("constituição definitiva do crédito tributário"), mas antes do ajuizamento da Execução Fiscal, o prazo deverá ser contado do deferimento da medida cautelar.

Já na Ação Cautelar Fiscal incidental, a garantia assecuratória tem de converter-se em depósito ou penhora (a depender do bem objeto da garantia cautelar) no prazo máximo de trinta dias, sob pena de cessar sua eficácia (art. 13, inciso II).

De toda sorte, o que se objetiva aqui, na Ação Cautelar Fiscal, é manter patrimônio com o devedor (ainda que mediante o desfazimento de negócios, pelo reconhecimento de fraude à execução) para que seja frutífera Execução Fiscal em seu desfavor.[303] Para atingir esse objetivo, aqueles requisitos mencionados no início (*fumus boni* iuris e *periculum in* mora) precisam ser demonstrados, todavia, nesse aparelho assecuratório especial, eles possuem maior determinação.

O *fumus boni iuris* corresponde à prova literal da constituição do crédito tributário (art. 3º, inciso I), ao passo que o

---

(penhora, por exemplo). Vide, nesse sentido, notas de rodapé n. 150 (Enrico Tulio Liebman) e 151 (Araken de Assis).

303. "Sabendo-se que a responsabilidade, em nível executivo, recai sobre o patrimônio do devedor, é natural supor que a jurisdição exercida no âmbito executório o tome (o patrimônio) por alvo. Quer isso significar, em última análise, que o risco de perecimento que justifica o eventual aparelhamento de providência cautelar tendente a salvaguardar um dado executivo fiscal relacionar-se-á, por lógica, ao patrimônio do sujeito passivo." (CONRADO, Paulo Cesar. *Execução fiscal.* 3ª ed., São Paulo: Noeses, 2017, p. 277).

periculum in mora (art. 3º, inciso II) deverá ser documentalmente provado, isto é, demonstração documental da ocorrência de uma das hipóteses do art. 2º, a saber:

> Art. 2º - A medida cautelar fiscal poderá ser requerida contra o sujeito passivo de crédito tributário ou não tributário, quando o devedor:
>
> I - sem domicílio certo, intenta ausentar-se ou alienar bens que possui ou deixa de pagar a obrigação no prazo fixado;
>
> II - tendo domicílio certo, ausenta-se ou tenta se ausentar, visando a elidir o adimplemento da obrigação;
>
> III - caindo em insolvência, aliena ou tenta alienar bens;
>
> IV - contrai ou tenta contrair dívidas que comprometam a liquidez do seu patrimônio;
>
> *V - notificado pela Fazenda Pública para que proceda ao recolhimento do crédito fiscal:*
>
> a) deixa de pagá-lo no prazo legal, salvo se suspensa sua exigibilidade;
>
> *b) põe ou tenta por seus bens em nome de terceiros*;
>
> VI - possui débitos, inscritos ou não em Dívida Ativa, que somados ultrapassem trinta por cento do seu patrimônio conhecido;
>
> *VII - aliena bens ou direitos sem proceder à devida comunicação ao órgão da Fazenda Pública competente, quando exigível em virtude de lei;*
>
> VIII - tem sua inscrição no cadastro de contribuintes declarada inapta, pelo órgão fazendário;
>
> IX - pratica outros atos que dificultem ou impeçam a satisfação do crédito.

Não há grandes dificuldades interpretativas em relação às hipóteses listadas, todas ligadas: [1] a possível esvaziamento patrimonial; [2] ao desaparecimento (formal e/ou material) do devedor; ou, então, [3] ao excesso de débitos fiscais em comparação com seu patrimônio conhecido.

Demonstradas documentalmente uma destas hipóteses, e presente crédito tributário constituído, cabível a constrição mediante Ação Cautelar Fiscal.

O problema, todavia, aparece quando o parágrafo único do art. 1º da Lei 8.397/92 afirma que *"o requerimento da medida cautelar, na hipótese dos incisos V, alínea 'b', e VII, do art. 2º, independe da prévia constituição do crédito tributário."*

Esse dispositivo, se interpretado erroneamente, traz sérias distorções.

Quer nos parecer (e as razões para tanto são de fácil explicação) que o legislador, quando afirma "prévia constituição do crédito tributário" está se referindo à chamada "constituição definitiva do crédito tributário", quando administrativamente não há mais travas à marcha da exigibilidade (tratamos dessa expressão, e dos equívocos dela decorrentes, na nota de rodapé n. 98).

Isso porque, as situações dispostas em tal parágrafo único (do art. 1º da Lei 8.397/92), como possíveis de ocorrer independentemente de "prévia constituição do crédito tributário", jamais acontecerão em momento anterior ao lançamento.[304]

A primeira delas, inciso V, alínea "b", exige notificação do contribuinte pela Fazenda Pública para que proceda ao pagamento do crédito fiscal. Ora, como seria possível essa situação quando inexistente o lançamento? A questão é tão teratológica que não merece maiores comentários.

Já o outro regramento a permitir exceção (inciso VII do art. 2º) versa sobre alienação de bens sem prévia informação ao Estado-Fisco, quando assim exigido por lei. Esse cenário se amolda ao chamado arrolamento de bens, situação em que o lançamento é fator necessário para sua ocorrência (com a notificação do lançamento, o Fisco, se presentes as hipóteses legais, exige esse arrolamento, nunca em momento anterior).

---

304. "...as duas situações descritas no dispositivo como excepcionadoras da regra geral, segundo a qual o manejo da cautelar induz a existência de crédito tributário devidamente constituído, não seriam empiricamente possíveis em momento anterior à formalização ('não definitiva') do referido ato." (DALLA PRIA, Rodrigo. *Direito processual tributário.* São Paulo: Noeses, 2020, p. 547).

Portanto, jamais teremos o descumprimento das regras do arrolamento (como a necessidade de informação ao Estado-Fisco se houver alienação de bens) antes da constituição do crédito tributário (em sentido estrito), pois o lançamento (e, por conseguinte, o crédito tributário) é necessário à instauração daquele controle administrativo dos bens do devedor (voltaremos a esse tema – arrolamento de bens – no próximo subitem).

Assim, incabível falar em Ação Cautelar Fiscal sem crédito tributário constituído e, portanto, o parágrafo único do art. 1º da Lei 8.397/1992 tem de ser interpretado como a excepcionar a garantia cautelar quando ainda não "definitivamente constituído o crédito tributário." Dito o mesmo de forma diversa, *com exceção das situações descritas nos incisos V, alínea "b", e VII, a Ação Cautelar Fiscal não pode ser intentada se pendente processo administrativo tributário.*

Nesse contexto, teremos a situação excepcional (única possível, diga-se) a permitir garantia assecuratória quando inexiste crise de inadimplência, pois a presença de processo administrativo fiscal, por si só, é causa de suspensão da exigibilidade do crédito tributário, a afastar referida crise (não é possível, ainda, exigir do contribuinte o pagamento).

Mesmo assim, é permitida a adoção da garantia assecuratória quando ainda pendente de final julgamento o processo administrativo fiscal (crise de inadimplência potencial), que deve ser concedida com muito mais prudência nesse cenário excepcional.

Evidente que essa construção decorre da interpretação sistemática do supracitado parágrafo único do art. 1º da Lei 8.397/92. Mas distorções em relação ao sentido deste comando, é importante frisar, não possuem efeito prático perante o crédito tributário não constituído (em sentido estrito), até porque esse nos parece um cenário impossível (a existência de crédito determinado, em especial seu *quantum*, é condição necessária à motivação de uma garantia de cunho cautelar).

A questão é tormentosa quando partem de referido dispositivo legal para dizer que a exceção possibilita Ação Cautelar

Fiscal antes do lançamento (cenário, frise-se, impossível) para, então, atingirem a conclusão de ser, por regra, permitida a constrição assecuratória mesmo quando pendente processo administrativo fiscal, ou seja, todas as hipóteses do art. 2º poderiam ser utilizadas em tal momento (quando ausente "crédito tributário definitivamente constituído").

Uma simples leitura das hipóteses do referido art. 2º demonstram, mais uma vez, o equívoco dessa construção.

A situação excepcional (que, em nosso sentir, permite Ação Cautelar Fiscal mesmo quando inexistente "crédito tributário definitivamente constituído") disposta no inciso VII, trata do arrolamento de bens, cabível quando o valor dos créditos tributários constituídos em desfavor do contribuinte for superior a trinta por cento do seu patrimônio conhecido (art. 64 da Lei federal 9.532/97).

Evidente que para sabermos se o crédito tributário é ou não superior ao patrimônio conhecido do contribuinte é preciso que ele tenha sido constituído (com a identificação do *quantum* devido). Logo, insista-se, esse não é um cenário possível antes do lançamento.

Assim, tendo débitos superiores a trinta por cento do seu patrimônio conhecido, a autoridade fiscal irá arrolar os bens do devedor para acompanhá-los (controle de possível esvaziamento patrimonial) e, se houver alienação destes bens (arrolados) sem comunicação de tal ato ao Fisco, passível será a adoção de medida constritiva cautelar, antes, inclusive, do término do processo administrativo tributário.

Ora, se permitimos que as demais hipóteses de constrição mediante Ação Cautelar Fiscal ocorram nesse mesmo ambiente (antes de termos "crédito tributário definitivamente constituído"), e uma destas situações é tão somente haver débito fiscal superior a trinta por cento do patrimônio conhecido (inciso VI, do art. 2º, Lei 8.397/92), resta esvaziada a regra e, principalmente, a pertinência do arrolamento de bens.

Insista-se, após a "definitividade da constituição do crédito tributário" basta que este (crédito tributário) seja superior a trinta por cento do patrimônio do devedor, para ser possível a propositura de medida cautelar fiscal. Antes deste marco temporal, porém, a constrição cautelar só será possível se houver o descumprimento das regras jungidas ao arrolamento de bens (em especial a alienação de patrimônio sem comunicação ao Estado-Fisco).

Infelizmente, há julgados a permitir Ação Cautelar Fiscal antes do término do processo administrativo tributário, fundada em quaisquer dos incisos do art. 2º da Lei 8.397/92.[305] Entretanto, a jurisprudência do STJ sinaliza ser essa uma construção equivocada[306] (melhor seria se tivéssemos essa

305. "O artigo 1º da Lei 8.397/1992 exige, via de regra, para o deferimento da medida cautelar fiscal, a "constituição do crédito". A tal evento corresponde ato administrativo previsto de maneira específica e elucidativa no artigo 142 do CTN, pelo que é linear a derivação de que ao referir expressamente "constituição do crédito", a Lei 8.397/1992 fez remissão ao lançamento tributário. O encerramento do contencioso administrativo (ou a superação do prazo de 30 dias previsto no artigo 21, caput, do Decreto 70.235/1972) a rigor, não importa "constituição", mas, sim, "estabilização" do crédito tributário, que, a partir daí, pode ser objeto de atos de cobrança. A construção da semântica dos termos "constituição provisória" e "constituição definitiva" parte, em verdade, de doutrina e jurisprudência, utilizando-se do segundo termo conforme mencionado no artigo 174 do CTN (que, todavia, não menciona "constituição provisória", como não o faz, em do, nenhum momento, o CTN). É de se supor, portanto, que, se a legislação tributária refere "constituição" do crédito tributário como o ato de seu lançamento e "constituição definitiva" como o marco em que estabilizado, o artigo 1º da Lei 8.397/1992 haveria que mencionar "constituição definitiva", se pretendesse condicionar o cabimento da cautelar fiscal ao encerramento da fase administrativa de discussão dos valores. Não há elementos que permitam inferir equívoco do legislador quanto ao ponto, ao usar termo de sentido técnico e unívoco, expressamente cotejado pela legislação da matéria ("constituição do crédito"), de maneira específica. Ao oposto, o exame dos debates legislativos que precederam a promulgação da Lei 8.397/1992 ratifica o raciocínio de que o objetivo era, de fato, referir ao crédito meramente lançado." (TRF3. 3ª Turma. Apelação n. 0004550-15.2015.4.03.6104. Desembargador Relator Carlos Muta. DJe 20/04/2017).

306. "A hipótese não é uma daquelas em relação às quais o art. 1º, parágrafo único, da Lei n. 8.397/1992 autoriza a instauração de medida cautelar fiscal antes da constituição definitiva do crédito tributário..." (STJ. 1ª Turma. Agravo Interno no Agravo Interno no Agravo em Recurso Especial n. 939.120/PE. Ministro Relator Gurgel de Faria. DJe 27/11/2017). "Improcedente a Medida Cautelar fiscal contra contribuinte que está ainda a discutir na instância administrativa, pela via recursal, o valor tributário que se lhe exige." (STJ. 2ª Turma. Agravo Regimental no Recurso Especial n. 1.326.042/SC. Ministro Relator Herman Benjamin. DJe 09/11/2012).

definição em recurso repetitivo, a minimizar a insegurança gerada por interpretações diversas diante do mesmo contexto fático-normativo).

Cabível, em nosso sentir, a responsabilidade objetiva, nos termos do art. 302 do CPC (vide Capítulo 1 desta Parte II - subitem 1.3.2) em desfavor do Estado-Fisco, quando a garantia cautelarmente concedida a seu requerimento e, principalmente, efetivada em desfavor do contribuinte for, posteriormente, afastada, mormente pela equivocada interpretação das hipóteses onde sua ocorrência se faz possível.[307]

4.3.1 O arrolamento de bens como controle capaz de motivar a Ação Cautelar Fiscal

O arrolamento de bens, regrado pelos arts. 64 e 64-A da Lei 9.532/97, dar-se-á mediante ato administrativo, a ser formalmente noticiado ao contribuinte (notificação), e terá lugar quando houver créditos tributários em valor superior a trinta por cento do patrimônio conhecido do contribuinte (ou responsável tributário), desde que a soma de referidos créditos tributários também seja superior a R$ 500.000,00 (esse valor pode ser majorado por ato infralegal, conforme dispõe o § 10 do supracitado art. 64).

Como já sinalizado anteriormente, trata-se de mero controle do patrimônio do contribuinte que pode motivar uma constrição (garantia assecuratória), já que o Fisco lista os bens que referido contribuinte possui, inclusive inserindo, quando possível, essa informação (arrolamento) no respectivo

307. "Reparar os danos causados pelos efeitos de tutela de urgência concedida e que, posteriormente, perdeu sua eficácia, é o objetivo central da regra aqui em exame. Mas essa regra impõe também, ainda que indiretamente, uma postura mais responsável dos litigantes no processo (situação conectada ao princípio da cooperação), que receosos com a possibilidade de ter de indenizar a parte contrária, caso sua tutela de urgência não se confirme, deixarão de requerê-la em desnecessárias situações." (CASTRO, Danilo Monteiro de. A responsabilidade objetiva ante os prejuízos causados pela concessão de tutelas de urgência: análise do disposto no art. 302 do CPC/2015 perante as peculiaridades do direito tributário. In.: O novo CPC e seu impacto no Direito Tributário. [Coords. Paulo Cesar Conrado e Juliana Furtado Costa Araujo]. 2ª ed., São Paulo: Fiscosoft, 2016, p. 232).

cadastro do bem, para acompanhamento de possíveis indícios de dilapidação patrimonial.

Havendo essa situação, em especial a ausência de informação ao Fisco da alienação do bem arrolado, poderá ele tomar as medidas para constituição de uma garantia (via Ação Cautelar Fiscal).

Pelo acima afirmado, portanto, não vislumbramos o arrolamento de bens como espécie do gênero garantias ao cumprimento do crédito tributário.

Isso porque, a garantia decorre do destaque de fatia do patrimônio do devedor especificamente para satisfazer determina obrigação. *No arrolamento, entretanto, o "destaque" acontece, exclusivamente, para acompanhamento da evolução patrimonial do contribuinte. Tanto é assim que somente será possível a constrição cautelar (essa sim uma espécie de garantia à realização do crédito tributário) se houver alienação do patrimônio arrolado sem aviso ao Fisco.*[308]

A questão é que, na prática, o arrolamento traz problemas operacionais ao contribuinte, similares aos vislumbrados quando presente uma garantia (em sentido estrito), como dificuldade na alienação do bem arrolado, ou na baixa da inscrição do arrolamento nos cadastros do bem, entraves incompatíveis com a sua finalidade (de mero inventário patrimonial, para análise de sua evolução).

---

308. Em sentido contrário: "Levantados os bens do contribuinte pelo Fisco e verificando-se que a dívida fiscal daquele encontra-se em patamar superior a 30% do seu patrimônio, deve a Administração Pública arrolar os bens, com o fim de assegurar a realização do crédito fiscal (...) Vê-se, pois, que a medida cautelar cumpre, no sistema tributário brasileiro, função de garantir o crédito tributário, sem que com isso deixe de preservar os direitos e garantias individuais do contribuinte assentados na Constituição Brasileira de 1988. É despicienda a previsão de nova forma de onerar o contribuinte para a garantia do cumprimento da dívida fiscal. Nesta medida, a previsão do arrolamento de bens pela Lei n. 9.532/97 não só fere os direitos de propriedade do contribuinte, como também atinge os princípios da razoabilidade e da proporcionalidade, aplicados aos atos administrativos vinculados, segundo os quais deve haver adequação entre o meio empregado e o fim que se deseja alcançar, e que encontram aplicação em todo raciocínio jurídico." (CARVALHO, Paulo de Barros. *Curso de Direito Tributário.* 24ª ed., São Paulo: Saraiva, 2012, p. 646/647 e 650/651).

De toda sorte, essas questões operacionais (que de fato não deveriam acontecer) não podem alterar as características próprias do instituto, qual seja, de mera análise patrimonial do contribuinte, até mesmo para não enfraquecer a garantia assecuratória possível em decorrência desse acompanhamento (se o arrolamento, por si só, é uma garantia ao cumprimento da obrigação tributária, para que ir além na busca de outra espécie deste mesmo gênero, via Ação Cautelar Fiscal, quando da venda de bem arrolado sem informação ao Fisco?).

A jurisprudência vai nessa linha, de ser o arrolamento mero acompanhamento da evolução patrimonial do contribuinte, o que sinaliza estarmos diante de instituto diverso da garantia ao cumprimento da obrigação tributária:

> Nos termos da jurisprudência do STJ, o arrolamento de bens, instituído pela Lei 9.532/1997, gera apenas um cadastro em favor da Fazenda Pública, destinado a viabilizar o acompanhamento da evolução patrimonial do sujeito passivo da obrigação tributária. O devedor tributário continua em pleno gozo dos atributos da propriedade, tanto que os bens arrolados, por não se vincularem à satisfação do crédito tributário, podem ser transferidos, alienados ou onerados, independentemente da concordância da autoridade fazendária.[309]

Tanto é assim que a posterior alienação de bem arrolado deve, obrigatoriamente, implicar o cancelamento (baixa) de eventual informação cadastral atinente ao arrolamento.[310]

Em suma, o arrolamento de bens é um mero acompanhamento da evolução patrimonial do contribuinte, capaz de justificar (motivar) pretensão assecuratória de garantia (via Ação Cautelar Fiscal), em especial se o bem arrolado for vendido sem informação ao Fisco.

---

309. STJ. 2ª Turma. Agravo Regimental no Recurso Especial n. 1.313.364/SC. Ministro Relator Humberto Martins. DJe 11/05/2015.

310. "O bem imóvel regularmente adquirido do devedor tributário não mais pode constar de arrolamento administrativo, razão pela qual devem ser anulados seus efeitos..." (STJ. 1ª Turma. Recurso Especial n. 1.532.348/SC. Ministro Relator Benedito Gonçalves. DJe 10/11/2015).

Logo, o arrolamento pode ser um requisito à obtenção de garantia assecuratória (se presentes outras condições dispostas em lei), mas com ela não se confunde.

4.3.2 Inaplicabilidade da lei geral (pleitos cautelares fundados no CPC) em detrimento das disposições constantes na lei especial

Como disposto no início deste item 4.3, o poder geral de cautela sempre esteve à disposição do Fisco para resguardar seu direito (mormente futuro) de invadir a esfera patrimonial do contribuinte, mediante intervenção judicial, para forçadamente satisfazer crédito tributário que lhe é devido, e deixou de ser voluntariamente adimplido.

Todavia, preferiu o legislador dispor especificamente em relação à forma como essa pretensão assecuratória se daria e, então, através da Lei 8.397/92, positivou a Ação Cautelar Fiscal.

Diante desse cenário, pode o Fisco ignorar referida disposição especial, e valer-se das regras gerais (CPC) para pleitear provimento provisório voltado à antecipação de garantia (assecuratória) a resguardar a almejada efetividade de uma Execução Fiscal?

Mesma pergunta formulada de forma diversa: pode o julgador determinar a constituição de uma garantia cautelar atinente à crise de inadimplência (ainda que potencial) em matéria tributária, sem respaldo nas disposições da Lei 8.397/92, ao argumento de que o poder geral de cautela lhe autoriza a assim proceder?

Parte da doutrina sinaliza ser incabível qualquer constrição cautelar pleiteada pelo Fisco ao Judiciário se esta não for escorada nas regras existentes na Lei 8.397/92, ou em outros específicos comandos normativos (como o art. 185-A, do CTN, que será objeto de análise no próximo item).[311]

---

311. "...a previsão de medida cautelar fiscal, com hipóteses específicas, afasta a incidência do poder geral de cautela (art. 798, do CPC [1973]). Onde não couber proteção cautelar pela ausência de alguma das hipóteses tipificadas pela Lei 8.397/92,

Concordamos em parte com referido posicionamento doutrinário. O *potere cautelare generale,* tão defendido por Piero Calamandrei, deve ser invocado quando inexistir medida cautelar específica a determinada situação (o que motivou o mestre italiano a defender a necessidade de um comando a dar essa atribuição geral ao juiz). Discorrendo sobre a obra de Calamandrei, afirma André Luiz Bäuml Tesser:[312]

> ...é justamente quando trata de assinalar algumas indicações (sugestões) para a reforma do processo civil que Calamandrei inicia especificamente com a necessidade de se estabelecer uma regra na legislação que permitisse ao juiz exatamente a concessão de uma medida cautelar melhor adaptada à situação fática concreta, fora dos casos expressamente previstos na legislação.

Assim, nossa concordância é pela impossibilidade de aplicação das regras gerais para alcançar situações especificamente regradas para o uso da Ação Cautelar Fiscal. Todavia, isso não significa que em havendo situação não abarcada pelos comandos específicos, que ela não poderá ser atingida pelo poder geral de cautela.

Insista-se, não vemos como possível ignorar as regras existentes na Lei 8.397/92 para o alcance de patrimônio do contribuinte nas situações lá especificadas. Isso, inclusive, reforça o total descabimento de "penhora" de dinheiro antes da citação do executado, em esdrúxula interpretação do art. 854 do CPC, infelizmente adotada em alguns julgados (tratamos do tema, com mais vagar, no Capítulo 1, da Parte II, deste estudo - item 1.2).

Todavia, se estiver o magistrado diante de situação não disposta na legislação específica, a trazer comprovado perigo

---

também não caberá proteção cautelar fundada no poder geral de cautela, porque isso equivaleria a criar direito material novo e abstrato para a parte, não reconhecido pela ordem jurídica." (DINIZ, Marcelo de Lima Castro. *Garantias e privilégios do crédito tributário.* São Paulo: Tese de doutoramento na Pontifícia Universidade Católica de São Paulo. 2012, p. 229).

312. TESSER, André Luiz Bäuml. *Tutela cautelar e antecipação de tutela* – perigo de dano e perigo de demora. São Paulo: RT, 2014, p. 57.

de dano ao Fisco, em comunhão com a demonstrada probabilidade do seu direito, penso ser sim possível a constituição de uma garantia, por determinação judicial, escorada no poder geral de cautela.

O cenário acima, todavia, é deveras excepcional, mormente pela especificidade dos comandos existentes na Lei 8.397/92, a deixar muito pouco espaço a uma garantia cautelar com fulcro no poder geral de cautela.

O anteriormente asseverado, é importante salientar, não significa que o Fisco, para obter uma garantia cautelar nos casos listados no art. 2º de referida Lei tenha que, obrigatoriamente, ajuizar uma ação cautelar autônoma para tanto.

Em prol da celeridade e efetividade do processo, quer nos parecer extremamente possível a formulação de tal pleito provisório nos próprios autos da Execução Fiscal (provimento cautelar incidental), desde que fundado no regramento específico (Lei 8.397/92).

Em prevalecendo a construção acima, a Ação Cautelar Fiscal, como processo autônomo, se fará necessária, tão somente, quando inexistir aquele feito executivo fiscal, isto é, quando prevalecer seu viés preparatório.

4.4 Art. 185-A do Código Tributário Nacional

Outra garantia cautelar que pode ser constituída em ambiente tributário encontra guarida em regramento inserido no CTN pela Lei Complementar 118/2005, qual seja, seu art. 185-A.

É preciso, todavia, contextualizar o motivo de inserção deste dispositivo em nosso ordenamento, a gerar indisponibilidade (assim como os demais veículos em exame neste Capítulo) de bens do devedor.

Naquele momento (2005), a constrição (mormente involuntária) de dinheiro não era a regra, notadamente em ambiente especial (LEF). Assim, para tentar fomentar o cabimento da constrição eletrônica (especificamente a recair sobre dinheiro), houve a inserção deste art. 185-A no CTN.[313]

Todavia, o regramento em tela foi além para promover, se presentes as expressas condições que aponta, a indisponibilidade universal dos bens do devedor, mediante, preferencialmente, sistemas eletrônicos desenvolvidos para tanto.[314]

Assim, tal enunciado prescritivo, inserido em Diploma material (CTN), permite a ocorrência de garantia assecuratória no seguinte contexto:

<table>
<tr><td>i. Local:</td><td>Execução Fiscal.</td></tr>
<tr><td>ii. Momento:</td><td>após a citação do executado.</td></tr>
<tr><td rowspan="3">iii. Condições:</td><td>iii.1. não ter pagado o débito;</td></tr>
<tr><td>iii.2. não apresentar bens à penhora; e</td></tr>
<tr><td>iii.3. não forem localizados bens penhoráveis.</td></tr>
</table>

313. "...se trata de regra editada com o nítido propósito de dar maior efetividade à tutela executiva fiscal. É sabido que a maior parte dos órgãos judiciários encarregados de processar as ações de execução fiscal, no Brasil, está bastante sobrecarregada. Essa sobrecarga, somada a outras causas não menos relevantes, faz com que muitas dessas demandas terminem não satisfeitas. A medida determinada pelo art. 185-A *do CTN, já alcunhada de penhora on-line, tem o claro propósito de evitar que isso aconteça.*" (MACHADO SEGUNDO, Hugo de Brito. Execução fiscal e indisponibilidade de bens *on-line* (art. 185-A do CTN). In: ROCHA, Valdir de Oliveira [Coord.]. *Grandes questões atuais do direito tributário.* 9º Vol. São Paulo: Dialética, 2005, p. 263).

314. "A Lei Complementar n. 118, de 2005, acresceu ao Código Tributário Nacional o art. 185-A, cujo teor confere ao juiz titular da execução fiscal a prerrogativa de determinar a indisponibilidade dos bens e direitos do devedor, na hipótese de falta de pagamento ou ausência de indicação de bens à penhora. A ordem de arresto, que será emitida, preferenciamente, por meio eletrônico, poderá recair sobre bens imóveis e moeda em contas correntes bancárias." (CARVALHO, Paulo de Barros. *Curso de direito tributário.* 24ª ed., São Paulo: Saraiva, 2012, p. 657/658).

O quadro acima denota que essa medida constritiva ocorre exclusivamente no bojo de uma Execução Fiscal, após o executado ter sido citado se, e somente se, não pagar (até porque, nesse caso, a relação obrigacional estaria extinta e, assim, findada a responsabilidade patrimonial a ela subjacente), não oferecer bens à penhora ou, ainda, não se encontrar bens integrantes do seu acervo patrimonial passíveis de constrição.

Note que o momento de cabimento desta garantia assecuratória impõe a seguinte pergunta: se estamos no curso de uma Execução Fiscal, se o executado já foi citado, se já transcorreu *in albis* seu prazo para oferta de bens à penhora, por que instituir uma garantia assecuratória se, nesse momento, o Fisco já pode se valer de meios voltados à constrição executiva (depósito ou penhora)?

A motivação, como sinalizado no início, foi de construir uma via mais célere (pelo menos essa era a pretensão) de acesso à constrição eletrônica de bens (em especial de dinheiro), ou seja, citado o executado, ausente oferta de bens e, principalmente, não localizado patrimônio passível de constrição, possível a adoção dessa medida a gerar indisponibilização de todos os bens encontrados do devedor, preferencialmente pelos sistemas eletrônicos voltados a esse fim.

Dizendo o mesmo de forma diversa, presentes os requisitos autorizadores da garantia assecuratória através desse veículo (previsto no art. 185-A), o juiz determinará pelos meios possíveis (SISBAJUD, RENAJUD etc.) a indisponibilização de todos os bens encontrados por tais caminhos para, em momento futuro, converter parte deles (o suficiente à garantia do crédito executado) em depósito (se dinheiro) ou penhora (quaisquer dos demais).

A garantia assecuratória nesse contexto, portanto, compreende uma medida eletrônica de constrição universal para, ato contínuo, transmutá-la em uma daquelas garantias usuais em Execução Fiscal (depósito ou penhora), liberando eventuais excessos (§ 1º, do art. 185-A, CTN).

Sua finalidade advém de presunção de embaraços criados pelo executado (já citado, que não oferece bens e, ainda, não tem facilmente encontrado bens penhoráveis) a dificultar a efetivação da Execução Fiscal e, para tanto, permite essa indisponibilidade universal (e de uma só vez) para assegurar os objetivos expropriatórios almejados nesse momento (ação de execução).

Tal medida não se confunde com depósito (se a indisponibilidade atingir dinheiro) ou penhora (se a indisponibilidade alcançar outros bens), muito menos com um mero procedimento ao atingimento destas garantias executivas. Nesse sentido, esclarecedoras as lições de Hugo de Brito Machado Segundo:[315]

> A decretação de indisponibilidade não é, ainda, a penhora. Não dispensa – em nosso entendimento – a formalização da penhora, a partir da qual se inicia o prazo para a oposição de embargos. A natureza da indisponibilidade, do ponto de vista da Teoria do Processo, é de uma "medida cautelar", destinada a garantir futura realização da penhora e, por conseguinte, a efetividade da tutela jurisdicional executiva.
>
> (...) Assim, uma vez indisponíveis, os bens poderão ser penhorados.

A indisponibilidade aqui gerada é universal, para arrestar todo e qualquer bem do executado. Somente num segundo passo é que serão escolhidos, em prol da efetividade da execução, mas da forma menos gravosa ao devedor, quais bens deste acervo arrestado serão convertidos, de garantia assecuratória para garantia executiva (depósito ou penhora). O viés cautelar aqui presente é, portanto, inquestionável.

O problema adveio com a interpretação dada pelo STJ, em recurso repetitivo, do que vem a ser o requisito "iii.3" do quadro acima ("não forem localizados bens penhoráveis") que, diante do cenário atual, inclusive em ambiente tributário onde as constrições através de sistemas eletrônicos se

---

315. MACHADO SEGUNDO, Hugo de Brito. Execução fiscal e indisponibilidade de bens *on-line* (art. 185-A do CTN). In: ROCHA, Valdir de Oliveira [Coord.]. *Grandes questões atuais do direito tributário.* 9º Vol. São Paulo: Dialética, 2005, p. 265.

tornaram regra (mormente de valores), retirou o interesse prático do uso dessa ferramenta.

4.4.1 Necessidade do esgotamento de diligências, por parte do credor, para localização de bens do devedor (Tema 714 do STJ)

O STJ, quando provocado em relação ao alcance do supracitado art. 185-A, em julgamento de recurso repetitivo (Tema 714), construiu o seguinte sentido:

> A decretação da indisponibilidade de bens e direitos, na forma do art. 185-A do CTN, pressupõe o exaurimento das diligências na busca por bens penhoráveis, o qual fica caracterizado quando infrutíferos o pedido de constrição sobre ativos financeiros e a expedição de ofícios aos registros públicos do domicílio do executado, ao Denatran ou Detran.[316]

Naquela ocasião (julgamento do Recurso Especial n. 1.377.507/SP, na sistemática dos repetitivos, que posteriormente motivou a edição da Súmula acima transcrita) o ponto era definir quais diligências o Fisco deveria adotar para evidenciar a "não localização de bens penhoráveis" e, então, poder valer-se do veículo posto pelo art. 185-A.

Segue trecho do voto do Ministro Relator Og Fernandes (acompanhado à unanimidade por seus pares):

> Sustenta a recorrente ter realizado as diligências que estavam ao seu alcance, sendo elas, contudo, infrutíferas. E que, por essa razão, entende ser caso do bloqueio cautelar de bens previsto no art. 185-A do CTN, ante a não localização de bens passíveis de penhora.
>
> (...) Sob essa ótica, tem-se que a análise dos meios que possibilitam a identificação de bens em nome do devedor e que se encontram à disposição da Fazenda permite concluir que o acionamento do Bacen Jud e a expedição de ofícios aos registros públicos de bens no cartório do domicílio do executado são

316. STJ. 1ª Seção. Súmula n. 560. DJe 15/12/2015.

> medidas extrajudiciais razoáveis a se exigir do Fisco, quando este pretender a indisponibilidade de bens do devedor.
>
> (...) Além dessas medidas, tem-se ainda por razoável, ao meu sentir, a exigência de prévia expedição de ofício ao Departamento de Trânsito Nacional ou Estadual (DENATRAN ou DETRAN), pois se houver um veículo na titularidade do executado - na época em que se vive, inimaginável que alguém não tenha um veículo automotor -, facilmente se identificará por intermédio do RENAVAN (Registro Nacional de Veículos Automotores).[317]

Ora, se o exaurimento das diligências na busca de bens penhoráveis, como requisito necessário à indisponibilidade universal de bens (garantia assecuratória), compreende a realização de pleitos infrutíferos de constrição sobre ativos financeiros (atualmente formatado por via eletrônica - SISBAJUD), bem como junto aos registros públicos (também realizado, hodiernamente, de maneira eletrônica – INFOJUD, RENAJUD etc.), esgotadas praticamente todas as tentativas de localização de patrimônio do contribuinte, ou seja, se essas medidas prévias não surtiram efeito, por que a indisponibilidade universal surtirá?

Se o Estado-Fisco é obrigado a valer-se de todas essas medidas (que nos dias atuais ocorrem de forma eletrônica) para, em sendo infrutíferas, poder lançar mão da ferramenta disposta no art. 185-A do CTN, é evidente a redução drástica no interesse desta via, pois se todas as anteriores foram adotadas, ou já se logrou êxito, ou dificilmente será encontrado patrimônio passível de constrição em nome deste executado, ainda que mediante indisponibilidade universal.

Na prática, portanto, esse veículo à obtenção de uma garantia cautelar é de baixo uso, ante os requisitos impostos para sua utilização, especialmente pelo sentido a eles atribuídos no STJ, em julgado repetitivo. Mesmo assim, ainda é adotado em pontuais casos.[318]

---

317. STJ. 1ª Seção. Recurso Especial n. 1.377.507/SP. Ministro Relator Og Fernandes. DJe 02/12/2014.

318. "...estão presentes os requisitos autorizadores da medida, quais sejam: citação do executado, não pagamento ou apresentação de bens à penhora no prazo legal e não

4.5 Garantia para antecipar os efeitos da constrição em Execução Fiscal

O último veículo para obtenção de garantia cautelar diverge, fortemente, dos anteriores, sem perder, porém, seu objetivo assecuratório e, principalmente, identidade de efeitos oriundos da garantia gerada, a justificar sua inserção nesse conjunto.

Esse veículo voltado à concretização de garantia assecuratória foi o mais mencionado na Parte I deste estudo, em especial nos subitens 1.3.5 e 2.5.1, já que ele evidencia, de forma bem contundente, a diferença de efeitos quando presente uma garantia executiva e uma garantia assecuratória, mormente quando o bem constrito é dinheiro (lá, ter-se-á suspensão da exigibilidade do crédito tributário; aqui apenas os reflexos previstos no art. 206 do CTN).

Evidencia, também, o desacerto da interpretação literal dos comandos normativos, dentre eles o art. 151 do CTN, já que se "levado ao pé da letra" ter-se-ia suspensão da exigibilidade se tivéssemos antecipação de garantia mediante dinheiro, o que já demonstramos, de forma exaustiva, é um erro grave.

As diferenças supracitadas, entre este veículo à obtenção de garantia assecuratória e os demais, são bem marcantes: [i] é garantia cautelar almejada pelo devedor, e não pelo credor (quem adota o presente veículo, portanto, é o contribuinte, e não o Fisco); e [ii] sem respaldo em lei específica (não há norma própria autorizativa deste caminho judicial para obtenção de referida garantia assecuratória).

---

localização de bens penhoráveis, justificando, assim, a decretação da indisponibilidade de bens e direitos da parte agravada, bem como a comunicação aos órgãos solicitados pela agravante (fl. 283/284), nos termos do artigo 185-A, do CTN, conforme requerido." (TRF3. 4ª Turma. Agravo de Instrumento n. 0018642-74.2015.4.03.0000. Desembargadora Relatora Mônica Nobre. DJe 18/06/2019). "Caso concreto em que as pesquisas de bens através dos sistemas BacenJud, RenaJud e ARISP se mostraram infrutíferas, a justificar a aplicação da indisponibilidade ampla de bens e direitos prevista no art. 185-A do CTN." (TJSP. 18ª Câmara de Direito Público. Agravo de Instrumento n. 2058311-52.2020.8.26.0000. Desembargador Relator Ricardo Chimenti. DJe 22/06/2020).

O primeiro ponto acima ventilado aparenta um contrassenso, qual seja, garantia assecuratória ao cumprimento da obrigação tributária almejada pelo devedor, e não pelo credor.[319]

Tal contradição decorre do interesse deste (credor) em referida garantia (para resguardar a efetividade da cobrança direta do seu crédito) e não daquele (devedor). Insista-se, quem quer assegurar a efetividade de futura ação executiva é o credor, jamais o devedor, pois aquele depende de tal via para receber o valor que lhe é devido (mediante imposição forçada do pagamento - via expropriação patrimonial), este, todavia, não está atrelado a referido caminho processual para realização do pagamento (pode o devedor, quando bem entender, adimplir o débito).[320]

Qual a razão, então, de ser autorizado o ajuizamento de uma ação cautelar, por parte do devedor, para concretização de garantia assecuratória?

A resposta está intimamente ligada à motivação deste trabalho, qual seja, que em ambiente tributário a garantia ao cumprimento da obrigação traz efeitos peculiares, não presentes em outras searas do direito.

Assim, *o interesse de agir decorre da obtenção deste peculiar efeito, jungido à garantia prestada. Logo, o direito à percepção desse efeito tem de ser assegurado, mesmo que fruto de*

---

319. Essa contradição foi apontada pelo Ministro Luiz Fux, quando integrava o Superior Tribunal de Justiça que, em posicionamento vencido, era contra a possibilidade de utilização desse veículo: "A utilização da via da 'ação cautelar', com a finalidade a que aparentemente se propõe, constitui evidente anomalia processual. É uma espécie de medida de 'produção antecipada de penhora', que serviria para 'acautelar' os interesses, não do autor, mas sim do réu. Tratar-se-ia, assim, de cautelar preparatória ou antecedente de uma ação principal a ser proposta, não pelo autor da cautelar, mas sim contra ele. O ajuizamento da 'ação principal', pelo réu da cautelar, seria, portanto, não o exercício de seu direito constitucional de acesso ao Judiciário, mas sim um dever legal do credor, que lhe tolheria a possibilidade de adotar outras formas para cobrança de seu crédito." (STJ. 1ª Turma. Agravo Regimental no Recurso Especial n. 734.777/SC. Ministro Relator Luiz Fux. DJ 18/05/2006).

320. Tanto é assim que se o credor impedir o devedor de exercer o seu dever de pagar (se recusar, por exemplo, a receber), é disponibilizado a este último veículo processual próprio para que, mesmo nesse contexto, realize o adimplemento, qual seja, Ação de Consignação em pagamento (art. 164, CTN).

um "poder geral de cautela", isto é, decorrente de veículo atípico para sua concretização.[321]

Com isso, já adentramos no segundo ponto anteriormente levantado, qual seja, ausência de previsão legal explícita, a permitir essa modalidade. Note que referido veículo é consequência da autorização genérica à obtenção de um provimento cautelar, ainda que inexista um caminho típico para tanto.

Foi nesse sentido que o STJ chancelou a validade deste caminho à obtenção de garantia assecuratória pelo devedor, inclusive em julgamento proferido pela 1ª Seção.[322]

Ora, se quem almeja essa garantia cautelar é o devedor, pode ele se valer da garantia pessoal (essa modalidade tem de ser, sempre, voluntária), ou seja, esse é o único caminho capaz de se obter garantia assecuratória pessoal (também será possível na substituição de garantia imposta via Ação Cautelar Fiscal, mas, percebam, estaremos em um momento seguinte, de substituição de garantia involuntária já consumada).

Entretanto, como se trata de garantia assecuratória, ela ocorre em contexto em que não se tem conflito em torno da exigibilidade do crédito tributário e, assim, o efeito aqui presente é, apenas, o decorrente do art. 206 do CTN (tal garantia, ainda que pessoal ou em dinheiro, não gera suspensão da exigibilidade do crédito tributário).

---

321. "...enquanto não ajuizada a execução e efetivada a correspondente garantia, ao administrado-contribuinte impõem-se outras consequências, em nada processuais, senão propriamente administrativo-tributárias – a mais importante dessas consequências, consideradas as características do ambiente negocial brasileiro: obsta-se, em desfavor do contribuinte, a concessão de certidão de regularidade fiscal." (CONRADO, Paulo Cesar. Antecipação de garantia tendente à satisfação de crédito tributário que esteja por ser executado: o que muda (se é que muda) com o novo CPC? In: CONRADO, Paulo Cesar [Coord.]. *Processo tributário analítico*. Vol. 3. São Paulo: Noeses, 2016, p. 257).

322. "É lícito ao contribuinte oferecer, antes do ajuizamento da execução fiscal, caução no valor do débito inscrito em dívida ativa com o objetivo de, antecipando a penhora que garantiria o processo de execução, obter certidão positiva com efeitos de negativa." (STJ. 1ª Seção. Embargos de Divergência no Recurso Especial n. 779.121/SC. Ministro Relator Castro Meira. DJ 07/05/2007).

E por isso temos de reforçar um ponto interessante, qual seja, podemos classificar essa ação como integrante da classe antiexacional? Depende.

Se tal classificação tiver como critério de diferenciação, tão somente, a figura do sujeito que exerce a pretensão (exacional quando proposta pelo Fisco; e antiexacional quando ajuizada pelo contribuinte), poder-se-ia vinculá-la a tal conjunto (antiexacional).

Se, porém, essa separação depender, além do agente provocador do Estado-Juiz, também da pretensão deduzida, diretamente ligada à relação jurídico-obrigacional tributária ou, mais especificamente, à sua exigibilidade (a infirmá-la, antiexacional; ou a confirmá-la, exacional), quer nos parecer que ela não se amoldaria a nenhuma destas classes.[323]

Mais acertada, em nosso sentir, essa segunda construção, já que o conflito justificador da cautelar de antecipação de garantia não guarda direto vínculo com a relação jurídica material, pois não se quer fazer cumprir, ou garantir o cumprimento, de tal obrigação (cenário onde predomina o viés exacional), muito menos reconhecer sua invalidade, a permitir o não pagamento, ainda que ligado a crédito em potencial (contexto em que sobressai a antiexacionalidade).

Em suma, mesmo sendo proposta pelo contribuinte, essa é uma demanda acessória ao feito executivo fiscal, pois a garantia antecipada deu-se em razão dos peculiares efeitos jungidos a esse instituto quando ocorrido em ambiente tributário, mas o passo seguinte terá de ser a sua conversão em garantia executiva (depósito; garantia pessoal em ambiente

---

323. "Por exacional devemos entender, assim, o processo tributário que, instaurado pelo Estado-fisco (sujeito ativo da obrigação tributária), tende a efetivar, no plano fenomênico, o conteúdo da relação jurídica de direito material já de antes constituída (...) antiexacional é, pois, o processo tributário que, instaurado pelo contribuinte (sujeito passivo da obrigação tributária), tende a obstar, de algum modo, o desenvolvimento do ciclo de positivação do direito tributário, ora preventiva, ora repressivamente." (CONRADO, Paulo Cesar. *Processo tributário.* 3ª ed., São Paulo: Quartier Latin, 2012, p. 196 e 216).

conflituoso; ou penhora). Logo, ainda que fruto de iniciativa do contribuinte, difícil sua classificação como antiexacional.

Por fim, questão de extrema importância em relação a esse tema decorre das mudanças processuais que tivemos com o advento do CPC/2015. Como já explicitado em outras passagens (com mais detalhes na Parte I do trabalho - subitem 2.3.2), deixou de existir, pelas regras gerais, a ação cautelar, que passou a ser mero provimento requerido tanto em ação de conhecimento quanto em ação de execução (no CPC/1973 tínhamos três espécies de ação: de conhecimento, execução e cautelar; com o advento do CPC/2015 foi suprimido esse último conjunto).

Com isso, restou a dúvida: não é mais possível valer-se da ação cautelar para antecipação de garantia, já que mesmo perdurando o poder geral de cautela, ele tem de ocorrer em ação de conhecimento ou de execução?

Paulo Cesar Conrado[324] resolve a dúvida anteriormente posta:

> (i) Embora o novo Código tenha expungido, em homenagem à noção de sincretismo, a figura das cautelares processualmente autônomas, casos há, como o da antecipação de garantia, em que essas figuras subsistirão.
>
> (ii) O reconhecimento da anômala viabilidade do processo cautelar, nesses casos, não afronta o novo Código, já que o sincretismo por ele apregoado não pode ser visto como um fim em si mesmo, senão a partir da noção de instrumentalidade.
>
> (iii) A veiculação de pedido de antecipação de garantia sob outra roupagem (que não a cautelar), conquanto pragmaticamente plausível, representa, em rigor, a tentativa de conciliar a literalidade do novo texto com uma situação (real) da qual ele, o novo Código, não se deu conta.
>
> (iv) É a própria execução fiscal o instrumento processual portador do pedido principal a que se vincula a cautelar de antecipação de garantia – afinal de contas, a garantia a ser prestada, além de não constituir um fim em si mesma (daí sua insubordinação

324. CONRADO, Paulo Cesar. Antecipação de garantia tendente à satisfação de crédito tributário que esteja por ser executado: o que muda (se é que muda) com o novo CPC? In: CONRADO, Paulo Cesar [Coord.]. *Processo tributário analítico*. Vol. 3. São Paulo: Noeses, 2016, p. 262.

> à noção de satisfatividade), é, nos casos a que nos referimos, expressamente suscitada por conta de futura execução fiscal, tendo o propósito de, enquanto ela não surge, "liberar" o contribuinte dos ônus administrativo-tributários decorrentes do estado de pendência do crédito.

Ou seja, a ação cautelar de antecipação de garantia, ainda que não respaldada em legislação específica a perdurar mesmo com o fim desta espécie de ação (cautelar) com a reforma processual geral de 2015, tem de permanecer diante de suas peculiaridades,[325] a saber:

[i] pretensão cautelar proposta por sujeito que jamais será o autor do feito principal (assim, não há como exigir o ajuizamento de uma demanda autônoma pelo contribuinte – ação declaratória, por exemplo – com pretensão provisória satisfativa); logo,

[ii] tem de ser veiculada em instrumento autônomo, mas acessório, para permitir seu correto processamento, inclusive no que diz respeito ao juízo competente para sua apreciação.[326]

---

325. A jurisprudência ainda é vacilante em relação a isso: "diante da nova sistemática referente às tutelas provisórias, introduzida pela Lei Federal 13.105/15, que instituiu o novo Código de Processo Civil em nosso ordenamento jurídico, forçosa a conclusão de que tal entendimento não pode ser aplicado, no caso, porquanto, a despeito da pretensão da parte autora, deixou de existir em nosso sistema processual o pretenso processo cautelar autônomo (...) Ou seja, se a pretensão é obter tutela jurisdicional que permita a antecipação de garantia no período anterior à propositura da execução fiscal, de modo a permitir ao contribuinte que conserve sua situação de regularidade fiscal, a ação respeitará o rito do procedimento comum e terá como pedido final a expedição da certidão, mediante oferecimento de caução idônea para garantia do crédito tributário. Não obstante, faculta-se a formulação de pedido de tutela de urgência, nos termos do art. 300, § 1º, do CPC/15 (...) Logo, mesmo respeitando o entendimento do Juízo "a quo", inadequada a via eleita, resta ausente o interesse processual, sendo de rigor a reforma da r. sentença de parcial procedência (fls. 306/317), para julgar extinto o processo, sem resolução do mérito, nos termos do artigo 485, VI, do CPC" (TJSP. 13ª Câmara de Direito Público. Apelação Cível n. 1021984-97.2019.8.26.0053. Desembargador Relator Spoladore Dominguez. DJe 22/07/2020).

326. "No assunto aqui tratado, o que o sujeito passivo tributário quer é garantir o crédito tributário e não ficar sujeito aos danos provocados pela demora do sujeito ativo da relação tributária em propor a respectiva ação de execução fiscal (...) Então, a competência tem que ser do juízo executivo fiscal." (BECHO, Renato Lopes. *Execução fiscal:* análise crítica. São Paulo: Noeses, 2018, p. 77).

4.5.1 A previsão de oferta administrativa de garantia para antecipar os efeitos da constrição em Execução Fiscal

Por fim, sabemos que em âmbito federal essa questão deixou de ser um problema, pois a Portaria PGFN 33/2018 trouxe previsão de tal oferta prévia (assecuratória) de garantia, exatamente para que se obtenham os efeitos do art. 206 do CTN.

Mais do que isso, como já sinalizado alhures, referida Portaria explicita a necessidade de interpretação do art. 206 do CTN para que se afaste toda e qualquer cobrança indireta promovida (ou a ser promovida) em desfavor do contribuinte (e não apenas a negativa de acesso a certificado de regularidade fiscal).

Estamos, portanto, diante de veículo posto à disposição do contribuinte para, administrativamente, garantir o cumprimento da obrigação tributária e, por conseguinte, usufruir dos efeitos (peculiares em matéria tributária) decorrentes deste ato.

Sobre referido veículo, explica Juliana Furtado Costa Araujo:[327]

> A Portaria PGFN 33/2018 tem o grande mérito de dispor sobre esta questão, trazendo novidades em relação aos dois pontos expostos. Inicialmente, permite que o contribuinte apresente administrativamente garantia antecipada no prazo de 30 dias após sua notificação acerca da inscrição do débito em dívida ativa.
>
> A Fazenda Pública terá o prazo de 30 dias para manifesta-se pela aceitação ou recusa do bem. Por outro lado, ato voluntário do contribuinte em apresentar a garantia antecipada no prazo previsto tem o efeito de impedir que o fisco exerça as medidas restritivas desencadeadas com a inscrição do débito em dívida ativa, que incluem o protesto, inscrição no Cadin e averbação pré-executória, entre outros.
>
> Esta apresentação de garantia antecipada de bens é bastante ampla, o que revela a possibilidade de que, nos termos do art. 9º,

327. ARAUJO, Juliana Furtado Costa. A efetividade da cobrança do crédito tributário federal como fundamento legitimador da Portaria PGFN 33/18. In: ARAUJO, Juliana Furtado Costa; e CONRADO, Paulo Cesar [Coords.]. *Inovações na cobrança do crédito tributário*. São Paulo: RT, 2019, p. 16.

> haja o oferecimento de depósito em dinheiro, seguro garantia, carta de fiança e quaisquer outros bens ou direitos sujeitos a registro público e passíveis de arresto ou penhora.

Assim, quer nos parecer que em âmbito federal, fica mitigado o interesse de agir para o veículo processual que almeja essa prévia garantia, já que há caminho outro, administrativo, assegurado para tanto.

Fala-se em mitigação, e não ausência completa de interesse de agir, pois a necessidade em obter estes efeitos (de afastar cobranças indiretas) não se faz presente, apenas, após a inscrição do crédito tributário em dívida ativa. Pode ser necessário, por exemplo, obter certificado de regularidade fiscal logo após o término do processo administrativo (participação em licitação, por exemplo), sendo a antecipação de garantia caminho apto a isso, porém não possível de ser feito administrativamente, já que aqui a inscrição em dívida ativa é condição necessária (vide art. 8º da Portaria PGFN 33/2018 – transcrito na nota de rodapé n. 103).

De toda sorte, a via judicial para obtenção de garantia antecipada (assecuratória) ainda é o único acesso quando o sujeito ativo da relação jurídico-tributária inadimplida não for a União.

CAPÍTULO 5 - OUTRAS HIPÓTESES

5.1 Noções introdutórias

Esta última classe do gênero garantias ao cumprimento da obrigação tributária, como o próprio nome sinaliza, engloba as demais modalidades de garantia não atingidas pelas classes anteriores ou, melhor dizendo, corresponde às garantias existentes em ambiente tributário que não trazem qualquer efeito peculiar.

Das quatro classes anteriormente apresentadas, segregadas pelos efeitos que geram, duas delas (depósito e garantia pessoal em ambiente conflituoso) implicam a suspensão da exigibilidade do crédito tributário (e, por conseguinte, no reflexo do art. 206 do CTN); e as outras duas (penhora e indisponibilidade) geram a consequência prevista no art. 206 do CTN, mesmo que sem suspender a exigibilidade.

Assim, como esses efeitos (suspensão da exigibilidade ou, apenas, a vedação a cobranças indiretas – art. 206 do CTN) são peculiares ao âmbito tributário, consequência da própria garantia ao cumprimento da obrigação tributária (se, e somente se, presentes outros requisitos: espécie de garantia + momento + ambiente em que se deu); o ponto alto do nosso estudo encontra-se em referidas hipóteses, justificadoras da análise deste instituto (garantia ao cumprimento obrigacional) especificamente em matéria tributária.

Todavia, isso não significa desconhecer que há hipóteses onde não teremos referidos efeitos peculiares, ainda que a garantia ocorra em contexto tributário e, por isso, necessária foi a criação dessa quinta espécie.

Ela sempre ocorrerá em ambiente não conflituoso e, portanto, jamais no bojo de um processo judicial. Decorrerá, sempre, da vontade do contribuinte (não há imposição, em sentido estrito, à sua formalização). Pode ser real ou fidejussória, envolver bens do devedor ou de terceiro e, via de regra, não afeta a fruição do bem dado em garantia.

O exemplo mais comum de sua ocorrência é como condição à celebração de parcelamento, mas tornar-se-á muito utilizada em transações tributárias, que se valem do parcelamento, mas, também, da moratória, como veículo à extinção do crédito tributário.[328]

A garantia ofertada nesse contexto (outras hipóteses) se assemelha muito àquelas prestadas em ambiente civil (penhor e hipoteca, mais especificamente), por ocorrerem, sempre, quando inexiste crise de inadimplência necessária *à* responsabilidade patrimonial. O que se tem é, tão somente, uma pretensa crise (em nível de possibilidade), a justificar a garantia previamente ofertada.

Mesmo nas hipóteses acima citadas (parcelamento ou transação), onde havia crise de inadimplência, ela se finda com a celebração de quaisquer destas modalidades, por isso que a garantia prestada em tal cenário ocorre em nível de possível responsabilidade patrimonial.

Em havendo a retomada da crise de inadimplência (descumprimento do parcelamento; e/ou da transação), aquela garantia, para satisfazer o débito em aberto, terá de ser convolada em outra (se bem imóvel, convolar-se-á em penhora) para, só então, ser expropriada nos autos de uma Execução Fiscal.

---

328. "tão somente prepara o caminho para que o sujeito passivo quite sua dívida, promovendo o desaparecimento do vínculo. Tão singela meditação já compromete o instituto como forma extintiva de obrigações." (CARVALHO, Paulo de Barros. *Curso de direito tributário.* 24ª ed., São Paulo: Saraiva, 2012, p. 540).

É possível termos, é verdade, parcelamento firmado quando já existente Execução Fiscal e, inclusive, penhora concretizada. Note-se que, nesse contexto, ter-se-á o mero sobrestamento do feito executivo, mas perdurará referida garantia nos autos e, portanto, descabido falarmos, aqui, em convolação.

Insista-se, retomada a crise de inadimplência no cenário acima, retomados serão os atos expropriatórios perante aquela garantia já existente (penhora concretizada na Execução Fiscal) que não perderá esse *status* (de penhora) pela simples celebração do parcelamento.

Em suma, a garantia a se enquadrar nessa quinta espécie ("outras hipóteses"), quando atrelada a parcelamento, é aquela exigida como condição à sua celebração, e não em razão do momento em que se deu a suspensão da exigibilidade fruto do parcelamento (manutenção de penhora, por exemplo, pela celebração deste em momento posterior à sua ocorrência).

5.2 Garantia como condição à obtenção de parcelamento

Diante do esclarecimento feito acima, não é incomum estarmos diante desta situação, qual seja, exigência de garantia como requisito necessário ao deferimento de parcelamento. Há, inclusive, permissão no CTN quanto *à* exigência de garantias para tanto, conforme se observa na aplicação dos comandos atinentes à moratória, de forma subsidiária, ao parcelamento (art. 155-A, § 2º c.c. art. 153, III, "c").

Esse cenário é fortalecido nos chamados "parcelamentos especiais", onde o número de parcelas possíveis é bem maior do que nos parcelamentos ordinários, além de se ter, normalmente, redução nos juros, multas e demais encargos. Há, aqui, uma motivação maior na exigência da garantia, qual seja, diante da concessão de benesses, que trarão regularidade fiscal ao contribuinte, torna-se mais aceitável a exigência (condição) de se destacar fatia do patrimônio do devedor a satisfazer esses débitos, mediante atos de expropriação, se preciso for (crise de inadimplência retomada).

Nesse recorte, a garantia é apresentada previamente e, com a sua consumação, dar-se-á o parcelamento. Não é crível cenário inverso (parcelamento concedido, porém a não impedir atos de expropriação em Execução Fiscal já ajuizada). Infelizmente, a legislação paulista traz referida distorção.

5.2.1 Impossibilidade do processo executivo prosseguir, após a concessão de parcelamento, para só ser sobrestado com a efetivação de penhora (situação presente na legislação paulista)

O art. 100 da Lei 6.374/89, do Estado de São Paulo, possui o seguinte texto:

> Art. 100. Os débitos fiscais podem ser recolhidos parceladamente, respeitadas as seguintes condições, sem prejuízo de outras estabelecidas pelo Poder Executivo:
>
> *(Caput com redação dada pela Lei 13.918/2009)*
>
> (...)
>
> § 6º. Em se tratando de débito inscrito e ajuizado, a execução fiscal somente terá seu curso sustado após assinado o termo de acordo, recolhida a primeira parcela e garantido o Juízo, *ainda que o parcelamento tenha sido deferido antes da garantia processual.*

Ora, se a suspensão da exigibilidade, como amplamente demonstrado no Capítulo 1 da Parte I este estudo (subitem 1.3.3), gera ineficácia técnico-normativa a impedir a positivação de novas normas de cobrança, tanto diretas quanto indiretas, como é possível, após o deferimento do parcelamento, termos atos de cobrança para concretização de garantia em ambiente executivo fiscal?

O que aparentemente é uma mera inversão de atos (em vez de garantir o parcelamento; concedo-o para, depois, efetivar a garantia na execução), em verdade é um claro desrespeito ao instituto da suspensão da exigibilidade do crédito tributário.

Pela redação do citado dispositivo legal, podemos ter a seguinte situação: empresa enquadrada em parcelamento concedido e, principalmente, deferido pelo Estado, honrando religiosamente suas parcelas e, ao mesmo tempo, tendo contra si processo de Execução Fiscal tramitando normalmente, até que se efetive lá uma constrição. Ora, se o parcelamento, por si só, trava a marcha da exigibilidade, é evidente que não podemos ter novos atos de cobrança sendo positivados (como a ventilada "garantia processual").

Há, em nosso sentir, clara ofensa ao art. 151 do Código Tributário Nacional por este regramento estadual.

A garantia, como sinalizado anteriormente, é plenamente possível, mas como condição à concessão do parcelamento, jamais como decorrência de atos processuais (em sede de executivo fiscal) em momento posterior ao deferimento do parcelamento, mormente em comando normativo genérico, que não decorre da vontade das partes (como, por exemplo, se oriundo fosse de um negócio jurídico processual).

Infelizmente, mesmo diante de cenário tão esdrúxulo, a jurisprudência em torno do tema é dissonante.[329]

O ponto central é que quando da consumação do parcelamento não havia garantia e, portanto, não há como constituí-la nesse momento (mormente na modalidade "penhora", e não "outras hipóteses"), isto é, nos autos da Execução Fiscal, já que a marcha da exigibilidade está sustada pelo deferimento prévio do parcelamento.

---

329. "Adesão ao Programa de Parcelamento Incentivado – Decisão do Juízo a quo que determinou a continuidade do feito executivo, com a consequente penhora de ativos financeiros, nos termos do art. 100, § 6º, da Lei nº 6.374/89. Decisório que merece subsistir. O simples fato de o executado ter aderido ao Programa de Parcelamento Especial não garante que o débito será solvido, de modo que não se pode dispensar a garantia processual..." (TJ/SP. 1ª Câmara de Direito Público. Agravo de Instrumento n. 2023302-29.2020.8.26.0000. Desembargador Relator Rubens Rihl. DJe 20/03/2020). "Empresa executada que aderiu ao Programa Especial de Parcelamento (PEP). Medida que não afasta a necessidade de garantia do Juízo. Observância da regra do art. 8º, inc. I, do Decreto nº 58.811/2012 e do art. 100, § 8º, da Lei Estadual nº 6.374/89, com a redação dada pela Lei nº 11.001/2001." (TJ/SP. 9ª Câmara de Direito Público. Agravo de Instrumento n. 2223267-22.2019.8.26.0000. Desembargador Relator Carlos Eduardo Pachi. DJe 25/10/2019).

CONCLUSÕES

A análise do conjunto garantias ao cumprimento da obrigação tributária poderia partir de uma única divisão, qual seja, entre garantias constituídas com ou sem crise de inadimplência, recorte próximo à regulamentação do instituto (garantias) por regras de cunho civil (pré-crise) e de processo civil (pós-crise).

Todavia, ao contrário do sinalizado acima (proximidade de referida divisão à regulamentação civil e processual civil), mesmo no conjunto "pré-crise", teríamos hipóteses de garantia constituída em demandas judiciais, tanto com viés executório quanto cautelar.

No primeiro caso, temos como exemplo o depósito formalizado em Ação Declaratória ou em Mandado de Segurança preventivo, onde a exigibilidade do crédito tributário é meramente potencial (sequer lançamento houve, que dirá crise de inadimplência). Mesmo assim, havendo posterior lançamento (ou prevalecendo a interpretação de que o depósito, por si só, constitui o crédito tributário), ao final desta ação, se o Fisco se sagrar vencedor, tal importância será convertida em renda, extinguindo o débito (por isso seu viés satisfativo / executório).

Já na segunda hipótese (garantia cautelar processualmente constituída, em ambiente sem crise de inadimplência), o exemplo é a excepcional obtenção de constrição em Ação Cautelar Fiscal quando ainda em trâmite processo administrativo fiscal, ou seja, momento em que também não é possível falar em inadimplência em sentido concreto.

Evidente que após a crise de inadimplência (segundo conjunto decorrente da divisão acima sugerida) teremos muitas outras hipóteses de garantia com viés assecuratório ou executivo, a enquadrar os casos destacados como possíveis em matéria tributária, inclusive sem a necessidade de demanda judicial.

O problema é que essas separações, ainda que didaticamente relevantes (a permitir a abordagem de todos os casos possíveis de garantia em ambiente tributário), em nada ajudam a entender os pontos realmente controvertidos em torno deste tema. Isso porque, tais problemas passam, necessariamente, pelos efeitos gerados por referidas garantias, tema desconsiderado nos recortes supracitados.

Essa foi a motivação para a diferente perspectiva adotada neste trabalho, qual seja, de observância deste instituto pelos efeitos gerados (intimamente ligados ao contexto), o que nos levou a cinco classes diversas de garantia obrigacional tributária.

Fazendo uma apresentação inversa da existente neste trabalho (em especial nos Capítulos que integram a Parte II), o conjunto denominado "outras espécies" comporta garantias onde não se faz presente nenhum dos efeitos peculiares a esse instituto quando formalizado em ambiente tributário (quais sejam: suspensivo da exigibilidade da obrigação tributária – art. 151, II, CTN; ou a cessar cobranças indiretas – art. 206, CTN). Essa, portanto, é a classe de menor importância às nossas pretensões.

Sequencialmente, temos a classe "assecuratória", robustecida ao longo do tempo, inclusive com novos veículos à sua obtenção (o que demonstra sua importância e, principalmente, inefetividade da cobrança direta do crédito tributário, muitas vezes dependente destes mecanismos acautelatórios), onde se faz presente um daqueles peculiares efeitos (inerentes ao art. 206, CTN). Aqui, portanto, reconhecer a presença deste efeito a quaisquer garantias cautelares concretizadas em ambiente tributário (pouco importando o veículo utilizado para tanto) e, principalmente, definir o seu alcance, é ponto chave à resolução de antinomias.

As outras três espécies têm um viés satisfativo (executório), mas geram diferentes efeitos e, por isso, não podem ser tratadas conjuntamente.

A penhora é garantia exclusivamente real (nunca pessoal), presente somente em feito executivo (no nosso contexto: Execução Fiscal), a incidir sobre quaisquer bens, exceto dinheiro. O efeito aqui é o mesmo presente nas garantias assecuratórias (a afastar cobranças indiretas – art. 206, CTN), mas a segregação é necessária, pois estas precisam ser convertidas naquela (se forem de cunho real e não em dinheiro) para, então, termos a normal marcha da exigibilidade, insista-se, a satisfação do crédito tributário mediante atos de expropriação depende de referida convolação de garantias.

Somente nas duas últimas classes (depósito e garantia pessoal), que necessariamente dependem da existência de conflito em torno da exigibilidade da obrigação tributária para ocorrerem (sob pena de estarmos diante de mera garantia assecuratória, ainda que consumada em dinheiro ou via terceiro a assumir a condição de responsável), ter-se-á o outro efeito peculiar à garantia concretizada em ambiente tributário, qual seja, de suspensão da exigibilidade. A separação destas classes é consequência de efeito diverso, também ligado à garantia, a saber: de sustar a mora, só presente no depósito.

Essa segregação mostrou-se facilitadora da indicação (e, por conseguinte, resolução) de antinomias presentes especialmente no Judiciário, isto é, conflitos interpretativos que, na grande maioria, são causados por equivocadas premissas.

O maior destes equívocos está no dogma da taxatividade do art. 151 do CTN, fruto de regra prevista no art. 111 do mesmo Diploma Legal, quando interpretada sem a devida contextualização com outros comandos do nosso sistema jurídico.

Ele traz, por exemplo, a não aceitação da equiparação das garantias fidejussórias a depósito (mesmo havendo regra processual explícita nesse sentido – art. 835, § 2º, CPC), especialmente a similaridade de efeitos decorrentes de tal equiparação que, em ambiente tributário, tem de corresponder, como visto, à suspensão da exigibilidade do crédito tributário garantido.

O cenário jurisprudencial hodierno, mormente no STJ, ainda que sem análise profunda de referido art. 835, § 2º, do CPC em conflitos tributários, é pelo não reconhecimento desta equiparação, sobretudo em razão daquele dogma (taxatividade do art. 151, CTN). Quando permite a substituição (de depósito por garantia pessoal), deixa de atribuir os mesmos efeitos.

Além de infirmar pretensão legislativa, tal construção mitiga o uso de garantia cuja efetividade se aproxima, e muito, do dinheiro (não é qualquer terceiro a assumir a condição de responsável patrimonial sem débito, mas Instituição Financeira, ou Seguradora, devidamente autorizada, e fiscalizada, por órgãos públicos para tanto), situação que sequer interessa ao Estado-fisco.

O não reconhecimento deste efeito (de suspender a exigibilidade) à garantia pessoal reduzirá, drasticamente, seu uso (situação, frise-se, desinteressante ao próprio Fisco), já que: [i] em ações antiexacionais, ela deixará de ser possível; e, [ii] nas exacionais, diminuirá sua pertinência, pois teremos a manutenção da marcha da exigibilidade se inexistir efeito suspensivo atribuído aos Embargos à Execução.

Insista-se, a perdurar esse entendimento, pelo menos em relação aos peculiares efeitos gerados, a garantia pessoal, ainda que constituída em ambiente onde existe conflito sobre a exigibilidade do crédito tributário, deixará de ter a diferenciação específica apta a distingui-la do conjunto penhora.

Interessante notar que toda a problemática acima demonstrada advém da definição, e alcance, de um dos peculiares efeitos à garantia ao cumprimento da obrigação tributária, qual seja, suspensão da exigibilidade, especialmente do sentido atribuído ao comando normativo que o regulamenta (art. 151, II, CTN).

Todavia, torna-se mais evidente a necessidade de repensar o dogma da taxatividade deste dispositivo legal quando nos deparamos com hipótese que se amolda à previsão lá constante (garantia em dinheiro do montante integral do tributo), mas que não é suficiente para gerar referido efeito (suspensivo da exigibilidade), por ter ocorrido em ambiente onde não há conflito em torno da exigibilidade.

Isso acontece na garantia assecuratória promovida pelo contribuinte (antecipação de garantia, por exemplo), que, mesmo quando feita em dinheiro, não pode implicar suspensão da exigibilidade (não compõe a classe "depósito"), quer por não haver, ainda, questionamentos em torno dela (exigibilidade) quer pela necessidade de se positivar normas voltadas à cobrança direta do crédito tributário, até mesmo para ser alcançado o momento propício à instauração de tal conflito (Embargos à Execução Fiscal, dependente da convolação da garantia assecuratória em depósito).

Ora, se devemos interpretar referido comando normativo de cunho material à luz de peculiaridades processuais, para afastar seus efeitos mesmo quando presente garantia integral em dinheiro, a mesma *ratio*, de moldar o sentido do enunciado substantivo (art. 151, II, CTN) por questões processuais (art. 835, § 2º, CPC), tem de ser aplicada para, diante de garantia equiparada a depósito, consumada em ambiente conflituoso em torno da exigibilidade do crédito tributário, reconhecer a incidência daquele efeito material (suspensivo desta exigibilidade).

Além de problemas ligados ao sentido e alcance, da suspensão da exigibilidade do crédito tributário decorrente da prestação de garantia, temos também a insegurança gerada pelo casuísmo com que o art. 206 do CTN é interpretado por nossos Tribunais, mormente quando decorrente da oferta de garantia.

Em vez de reconhecer o sentido sistemático de referido comando (como já feito pelo próprio Fisco federal – vide art.

8º, parágrafo único, da Portaria PGFN 33/2018) a atingir toda e qualquer cobrança indireta do crédito tributário (não só a vedação a certificado de regularidade fiscal, mas também: inscrição do devedor no CADIN, protesto de CDA; dentre vários outros), o Judiciário tem posições dissonantes a depender da cobrança indireta tratada, a ponto de permitir que o contribuinte, que prestou integral garantia, faça jus a certificado de regularidade fiscal (isto é, ostente um documento oficial de que está regular junto ao Fisco), mas não cancele o protesto, ou a inserção de seu nome em lista de devedores (CADIN), promovido pelo mesmo ente tributante.

A suspensão da exigibilidade é um dos meios (e não o único) à obtenção dos efeitos previstos no art. 206 do CTN. O outro é a prestação de integral garantia. Havendo um ou outro, quaisquer cobranças indiretas devem cessar (presente suspensão da exigibilidade, além das cobranças indiretas, as diretas também deixarão de ser postas). Enquanto houver incerteza em relação a esses efeitos, com decisões pontuais em sentido diametralmente opostos, permaneceremos em total insegurança jurídica.

Melhor ilustrando: [i] havendo débito inscrito em dívida ativa da União, a mera oferta de garantia (assecuratória) administrativa impede o protesto (art. 8º, parágrafo único, da Portaria PGFN 33/2018); [ii] se a inscrição se der perante outros entes tributantes, essa via administrativa não possui regulamentação (sequer é possível); mas, pior, [iii] tanto lá (débito federal) quanto cá (demais débitos fiscais junto a outros entes), se a garantia assecuratória ocorrer judicialmente, não há definição quanto a referido efeito (se apto, ou não, a impedir o protesto).

Tem ocorrido a manutenção do protesto mesmo com a existência de Execução Fiscal (relativo ao mesmo débito) integralmente garantida (por penhora e, até mesmo, por fiança bancária ou seguro garantia).

Esses e vários outros entraves interpretativos jungidos à garantia realizada em âmbito tributário foram trazidos à baila, para demonstrar a necessidade de um aprofundamento teórico em torno do tema, mormente em sua dimensão pragmática, a amenizar tais indesejados reflexos.

Queremos crer que todos esses problemas decorrem da falta de sistematização do instituto "garantias ao cumprimento da obrigação tributária", especialmente pela indefinição do sentido e, por conseguinte, alcance dos efeitos peculiares, e contextuais, decorrentes das espécies deste conjunto.

Essa foi, portanto, a pretensão deste estudo: aprofundamento teórico sobre o fenômeno "garantias ao cumprimento da obrigação tributária" por diferente perspectiva (dos peculiares efeitos gerados), visando a reduzir complexidades e, com isso, fomentar reflexões quanto a soluções mais harmônicas, a evitar os transtornos empíricos apontados, para que se tenha uma maior previsibilidade em relação ao desfecho de similares casos.

REFERÊNCIAS

ABBAGNANO, Nicola. *Dicionário de filosofia* [tradução Alfredo Bossi e Ivone Castilho Benedetti]. 5ª ed., São Paulo: Martins Fontes, 2007.

ABELHA, Marcelo. *Manual de execução civil.* 6ª ed., Rio de Janeiro : Forense, 2016.

ABRÃO, Carlos Henrique. *Da ação cautelar fiscal e do arrolamento de bens.* 3ª ed., São Paulo: Malheiros, 2015.

ADEODATO, João Maurício. *Uma teoria retórica da norma jurídica e do direito subjetivo.* São Paulo: Noeses, 2011.

ALVES, Alaôr Caffé. *Lógica:* pensamento formal e argumentação. 5ª ed., São Paulo: Quartier Latin, 2011.

AMARO, Luciano. *Direito tributário brasileiro.* 13ª ed., São Paulo: Saraiva, 2007.

ARAUJO, Clarice von Oertzen de. *Incidência jurídica* – teoria e crítica. São Paulo: Noeses, 2011.

_____. Semiótica e investigação do direito. In: CARVALHO, Paulo de Barros [Coord.]. *Constructivismo lógico-semântico.* Vol. I. São Paulo: Noeses, 2014.

ARAUJO, Juliana Furtado Costa. A efetividade da cobrança do crédito tributário federal como fundamento legitimador da Portaria PGFN 33/18. In: ARAUJO, Juliana Furtado Costa; e

CONRADO, Paulo Cesar [Coords.]. *Inovações na cobrança do crédito tributário*. São Paulo: RT, 2019.

ARMENGAUD, Françoise. *A pragmática* [tradução: Marcos Marcionilo]. São Paulo: Parábola, 2006.

ASSIS, Araken de. *Manual da execução*. 20ª ed., São Paulo: RT, 2018.

ATALIBA, Geraldo. *Sistema constitucional tributário brasileiro*. São Paulo: RT, 1968.

BARIONI, Rodrigo. *Comentários ao Código de Processo Civil* [Coord. Cassio Scarpinella Bueno]. Vol. 3, São Paulo: Saraiva, 2017.

BECHO, Renato Lopes. *Execução fiscal:* análise crítica. São Paulo: Noeses, 2018.

BEDAQUE, José Roberto dos Santos. *Comentários ao Código de Processo Civil* [Coord. Cassio Scarpinella Bueno]. Vol. 1, São Paulo: Saraiva, 2017.

BUENO, Cassio Scarpinella. *Curso sistematizado de direito processual civil*. Vol. 1. 9ª ed., São Paulo: Saraiva, 2018.

_____. *Curso sistematizado de direito processual civil*. Vol. 3. 8ª ed., São Paulo: Saraiva, 2019.

_____. *Curso sistematizado de direito processual civil*. Vol. 4. São Paulo: Saraiva, 2009.

_____. *Manual de direito processual civil*. 2ª ed., São Paulo: Saraiva, 2016.

_____. *Novo Código de Processo Civil Anotado*. São Paulo: Saraiva, 2015.

CALAMANDREI, Piero. *Introduzione Allo Studio Sistematico dei Provvedimenti Cautelari*. Pádua: CEDAM, 1936.

CANTANHEDE, Luís Claudio Ferreira. A estabilização da tutela provisória no processo tributário. In: CONRADO, Paulo Cesar [Coord.]. *Processo Tributário Analítico*. Vol. 3. São Paulo: Noeses, 2016.

_____. O redirecionamento da execução fiscal em virtude do encerramento irregular da sociedade executada e o incidente de desconsideração da personalidade jurídica. In: CONRADO, Paulo Cesar; ARAUJO, Juliana Furtado Costa [Coords.]. *O novo CPC e seu impacto no direito tributário.* 2ª ed. São Paulo: Fiscosoft, 2016.

CARMONA, Carlos Alberto. Alterações do Código de Processo Civil e execuções fiscais. *Revista de Direito Tributário* n. 107/108. São Paulo: Malheiros, 2009.

CARRAZZA, Roque Antonio. *Curso de direito constitucional tributário.* 20ª ed., São Paulo: Malheiros, 2004.

CARVALHO, Aurora Tomazini de. *Curso de teoria geral do direito:* o constructivismo lógico-semântico. 2ª ed., São Paulo: Noeses, 2010.

CARVALHO, Paulo de Barros. *Curso de direito tributário.* 24ª ed., São Paulo: Saraiva, 2012.

_____. *Derivação e positivação no direito tributário.* Vol. 1, São Paulo: Noeses, 2011.

_____. *Derivação e positivação no direito tributário.* Vol. 2, São Paulo: Noeses, 2013.

_____. *Derivação e positivação no direito tributário.* Vol. 3, São Paulo: Noeses, 2016.

_____. *Direito tributário, linguagem e método.* 3ª ed. São Paulo: Noeses, 2009.

_____. *Direito tributário:* fundamentos jurídicos da incidência. 9ª ed., São Paulo: Saraiva, 2012.

CASTRO, Danilo Monteiro de. A suspensão da exigibilidade do crédito tributário é um efeito sempre presente na transação? In.: CONRADO, Paulo Cesar; ARAUJO, Juliana Furtado Costa [Coords.]. *Transação tributária na prática da Lei n. 13.988/2020.* São Paulo: RT, 2020.

_____. A responsabilidade objetiva ante os prejuízos causados pela concessão de tutelas de urgência: análise do disposto no art. 302 do CPC/2015 perante as peculiaridades do direito tributário. In: CONRADO, Paulo Cesar; ARAUJO, Juliana Furtado Costa [Coords.]. *O Novo CPC e seu impacto no direito tributário.* 2ª ed. São Paulo: Fiscosoft, 2016.

_____. Coisa julgada e a desnecessidade de ação rescisória proposta pelo contribuinte quando o crédito tributário ainda estiver em cobrança (execução fiscal). In: CONRADO, Paulo Cesar e ARAUJO, Juliana Furtado Costa [Coords.]. *Processo Tributário Analítico.* Vol. 4. São Paulo: Noeses, 2019.

_____. O encargo legal do Decreto-Lei n. 1.025/1969 e sua (in) compatibilidade com o sistema jurídico vigente, em especial após as inovações do CPC/2015. In: ARAUJO, Juliana Furtado Costa; e CONRADO, Paulo Cesar [Coords.]. *Inovações na cobrança do crédito tributário.* São Paulo: RT, 2019.

_____. Os efeitos dos Embargos à Execução Fiscal e o Código de Processo Civil de 2015. In: CONRADO, Paulo Cesar [Coord.]. *Processo Tributário Analítico.* Vol. 3. São Paulo: Noeses, 2016.

_____. Suspensão da exigibilidade do crédito tributário via tutela de evidência. *Revista de Direito Tributário Contemporâneo* n. 4. São Paulo: RT, 2017.

CASTRO, Danilo Monteiro de; e SALIBA, Ricardo Berzosa. Reflexões sobre a tutela provisória concedida em recursos especial ou extraordinário afetados como repetitivos: análise da suspensão da exigibilidade do crédito tributário determinada na AC 4.129/SC jungida ao RE 946.648/SC. In: CARVALHO, Paulo de Barros [Coord.]. *30 anos da Constituição Federal e o sistema tributário brasileiro.* São Paulo: Noeses, 2018.

CONRADO, Paulo Cesar. Antecipação de garantia tendente à satisfação de crédito tributário que esteja por ser executado: o que muda (se é que muda) com o novo CPC? In: CONRADO,

Paulo Cesar [Coord.]. *Processo tributário analítico*. Vol. 3. São Paulo: Noeses, 2016.

_____. *Execução fiscal*. 3ª ed., São Paulo: Noeses, 2017.

_____. *Introdução à teoria geral do processo civil*. 2ª ed., São Paulo: Max Limonad, 2003.

_____. O "novo" art. 151, II, do Código Tributário Nacional: o impacto do art. 835, § 2º, do novo Código de Processo Civil em relação à suspensão, via depósito, da exigibilidade do crédito tributário. *Revista de Direito Tributário Contemporâneo* n. 1. São Paulo: RT, 2016.

_____. O "pedido de revisão de débitos inscritos" (Portaria PGFN 33/2018) e a suspensão da exigibilidade do crédito tributário: discussões que envolvem a efetividade da cobrança do crédito tributário. In: ARAUJO, Juliana Furtado Costa; e CONRADO, Paulo Cesar [Coords.]. *Inovações na cobrança do crédito tributário*. São Paulo: RT, 2019.

_____. *Processo tributário*. 3ª ed. São Paulo: Quartier Latin, 2012.

_____. Tutelas antecipada e cautelar e suspensão da exigibilidade do crédito tributário. *Revista de Direito Tributário* n. 105. São Paulo: Malheiros, 2008.

CONRADO, Paulo Cesar; e DALLA PRIA, Rodrigo. Aplicação do Código de Processo Civil ao processo administrativo tributário. In: CONRADO, Paulo Cesar; ARAUJO, Juliana Furtado Costa [Coords.]. *O novo CPC e seu impacto no direito tributário*. 2ª ed., São Paulo: Fiscosoft, 2016.

COPI, Irving M. *Introdução à lógica* [tradução: Álvaro Cabral]. 2ª ed. São Paulo: Mestre Jou, 1978.

COUTURE, Eduardo J. *Fundamentos do direito processual civil* [tradução Rubens Gomes de Souza]. São Paulo: Saraiva, 1946.

DALLA PRIA, Rodrigo. *Direito processual tributário*. São Paulo: Noeses, 2020.

_____. O direito ao processo. In: CONRADO, Paulo Cesar [Coord.]. *Processo Tributário Analítico*. Vol. 1. 3ª ed., São Paulo: Noeses, 2015.

_____. O incidente de desconsideração da personalidade jurídica (IDPJ) e seu cabimento na execução fiscal. In: ARAUJO, Juliana Furtado Costa; e CONRADO, Paulo Cesar [Coords.]. *Inovações na Cobrança do Crédito Tributário*. São Paulo : RT, 2019.

_____. O processo de positivação da norma jurídica tributária e a fixação da tutela jurisdicional apta a dirimir os conflitos havidos entre contribuinte e fisco. In: CONRADO, Paulo Cesar [Coord.]. *Processo Tributário Analítico*. Vol. 1. 3ª ed., São Paulo: Noeses, 2015.

DALLA PRIA, Rodrigo; e CASTRO, Danilo Monteiro de. A força do precedente e os cuidados necessários à sua (in)aplicação: os problemas gerados pela (in)observância, para o Estado de São Paulo, do precedente firmado em relação ao ICMS-importação (REs 439.796/PR e 474.267/RS). In.: CARVALHO, Paulo de Barros [Coord.]. *Constructivismo lógico-semântico e os diálogos entre teoria e prática*. São Paulo: Noeses, 2019.

_____. Objeções à constitucionalidade da averbação pré-executória instituída pela Lei 13.606/2018: possíveis razões para a invalidação das normas veiculadas pelos artigos 20-B e 20-E da Lei 10.522/2002. In: ARAUJO, Juliana Furtado Costa; e CONRADO, Paulo Cesar [Coords.]. *Inovações na cobrança do crédito tributário*. São Paulo: RT, 2019.

DIDIER JR., Fredie; CUNHA, Leonardo Carneiro da; BRAGA, Paula Sarno; e OLIVEIRA, Rafael Alexandria de. *Curso de direito processual civil* – Execução. Vol. 5. 5ª ed., Salvador: Juspodivm, 2013.

DINIZ, Marcelo de Lima Castro. *Garantias e privilégios do crédito tributário*. São Paulo: Tese de doutoramento na Pontifícia Universidade Católica de São Paulo, 2012.

DINIZ, Maria Helena. *Código Civil Anotado*. 13ª ed., São Paulo: Saraiva, 2008.

FERRAZ JUNIOR, Tercio Sampaio. *Introdução ao estudo do direito:* técnica, decisão e dominação. 6ª ed., São Paulo: Atlas, 2011.

GAMA, Tácio Lacerda. *Competência tributária:* fundamentos para uma teoria da nulidade. São Paulo: Noeses, 2009.

_____. *Obrigação e crédito tributário* – anotações à margem da teoria de Paulo de Barros Carvalho. *Revista Tributária e de Finanças Públicas* n. 50. São Paulo: RT, 2003.

GIANNICO, Maurício. *Expropriação executiva.* São Paulo: Saraiva, 2012.

GOMES, Eduardo de Paiva; GOMES, Daniel de Paiva. Criptomoedas enquanto garantia no macrossistema de cobrança do crédito tributário federal: Lei 6.830/80 e Portaria PGFN 33/2018. In: ARAUJO, Juliana Furtado Costa; e CONRADO, Paulo Cesar [Coords.]. *Inovações na cobrança do crédito tributário.* São Paulo: RT, 2019.

GOMES, Orlando. *Obrigações* [atualização Humberto Theodoro Júnior]. 12ª ed., Rio de Janeiro: Forense, 1998.

GRECO, Leonardo. *O processo de execução.* Vol. 2. Rio de Janeiro : Renovar, 2001.

GUASTINI, Ricardo. *Das fontes às normas* [tradução Edson Bini]. São Paulo: Quartier Latin, 2005.

GUIBOURG, Ricardo A.; CHIGLIANI, Alejandro M. E.; e GUARINONI, Ricardo U. *Introducción al conocimiento científico.* 6ª ed., Buenos Aires: Eudeba, 1988.

JARDIM, Eduardo Marcial Ferreira. *Manual de direito financeiro e tributário.* 4ª ed., São Paulo: Saraiva, 1999.

JORGE, Flávio Cheim; e ABELHA RODRIGUES, Marcelo. *Comentários ao Código de Processo Civil* [Coord. Cassio Scarpinella Bueno]. Vol. 3, São Paulo: Saraiva, 2017.

KELSEN, Hans. *Teoria pura do direito* [tradução João Baptista Machado]. 8ª ed., São Paulo: Martins Fontes, 2011.

LIEBMAN, Enrico Tulio. *Processo de execução.* São Paulo: Saraiva, 1980.

LINS, Robson Maia. *Controle de constitucionalidade da norma tributária* – Decadência e Prescrição. São Paulo: Quartier Latin, 2005.

_____. *Curso de direito tributário brasileiro.* São Paulo: Noeses, 2019.

MACHADO SEGUNDO, Hugo de Brito. Execução Fiscal e indisponibilidade de bens *on-line* (art. 185-A do CTN). In: ROCHA, Valdir de Oliveira [Coord.]. *Grandes questões atuais do direito tributário.* 9º Vol. São Paulo: Dialética, 2005.

MARINS, James. As alterações do CPC promovidas pela Lei 11.382/06 e a Execução Fiscal. In.: ROCHA, Valdir de Oliveira [Coord.]. *Grandes questões atuais do direito tributário.* 12º Vol. São Paulo: Dialética, 2008.

_____. *Direito processual tributário brasileiro.* 4ª ed., São Paulo: Dialética, 2005.

MARKY, Thomas. *Curso elementar de direito romano.* 8ª ed., São Paulo: Saraiva, 1995.

MAYA, Daniel Lacasa. Prescrição e novos procedimentos no fluxo de cobrança do crédito tributário federal: pedido de revisão de dívida inscrita (PRDI) e averbação pré-executória. In: ARAUJO, Juliana Furtado Costa; e CONRADO, Paulo Cesar [Coords.]. *Inovações na cobrança do crédito tributário.* São Paulo: RT, 2019.

MELLO, Rogerio Licastro Torres de. *O responsável executivo secundário.* São Paulo: Quartier Latin, 2006.

MOREIRA ALVES, José Carlos. *Direito romano.* Vol. 1. 10ª ed. Rio de Janeiro: Forense, 1996.

MORRIS, Charles W. *Fundamentos da teoria dos signos* [tradução: Milton José Pinto]. Rio de Janeiro: Eldorado Tijuca, 1976.

MOUSSALLEM, Tárek Moysés. Classificação dos tributos (uma visão analítica). In: SANTI, Eurico Marcos Diniz de [Coord.]. *Tributação e processo*. São Paulo: Noeses, 2007.

_____. *Revogação em matéria tributária*. 2ª ed., São Paulo: Noeses, 2011.

NEVES, Daniel Amorim Assumpção. *Manual de direito processual civil*. 11ª ed., Salvador: JusPodivm, 2019.

PENTEADO, Luciano de Camargo. *Direito das coisas*. São Paulo: RT, 2008.

PEREIRA, Caio Mário da Silva. *Instituições de direito civil*. Vol. IV [atualização Carlos Edson do Rêgo Monteiro Filho]. 18ª ed., Rio de Janeiro: Forense, 2004.

PIMENTA, Marcos Rogério Lyrio. *A suspensão da exigibilidade do crédito tributário*. Dissertação de Mestrado. Pontifícia Universidade Católica de São Paulo. 2001.

PONTES DE MIRANDA, Francisco Cavalcanti. *Tratado de Direito Privado*. Vol. XX [atualização Nelson Nery Jr. e Luciano de Camargo Penteado]. São Paulo: RT, 2012.

_____. *Tratado de direito privado*. Vol. 23. Rio de Janeiro: Borsoi, 1958.

RIBEIRO, Mellissa Freitas. O novo modelo de cobrança do crédito tributário da União: uma análise crítica sobre vantagens e retrocessos dos "novos" institutos criados pela Portaria n. 33/2018 da PGFN. *Revista Direito Tributário Atual* n. 43. São Paulo: IBDT, 2019.

ROBLES, Gregório. La Justicia en los juegos. *Revista de Direito Tributário* n. 103. São Paulo: Malheiros, 2009.

RODRIGUES, Silvio. *Direito civil* – Direito das Coisas. Vol. 5. 25ª ed., São Paulo: Saraiva, 1999.

_____. *Direito civil* – Parte Geral das Obrigações. Vol. 2. 26ª ed., São Paulo : Saraiva, 1998.

ROSA, Íris Vânia Santos. *A penhora na execução fiscal:* penhora "on-line" e o princípio da menor onerosidade. 2ª ed., São Paulo: Noeses, 2019.

_____. Garantia, penhora e suspensão da exigibilidade do crédito tributário. In: CONRADO, Paulo Cesar [Coord.]. *Processo Tributário Analítico.* Vol. 3. São Paulo: Noeses, 2016.

SANTI, Eurico Marcos Diniz de. Crédito tributário: a medida liminar como forma de reflexão sobre a legalidade da "incidência jurídica" e a suspensão da exigibilidade. *Revista Dialética de direito tributário* n. 152. São Paulo: Dialética, 2008.

SCARPARO, Eduardo. A supressão do processo cautelar como tertium genus no Código de Processo Civil de 2015. In: BOECKEL, Fabricio Dani de; ROSA, Karin Regina Rick; e SCARPARO, Eduardo [Coords.]. *Estudos sobre o novo Código de Processo Civil.* Porto Alegre: Livraria do Advogado, 2015.

SCAVINO, Dardo. *A filosofia atual:* pensar sem certezas [tradução Lucas Galvão de Britto]. São Paulo: Noeses, 2014.

SCHOUERI. Luís Eduardo. *Direito tributário.* São Paulo: Saraiva, 2011.

SCHOUERI, Luís Eduardo; e MOSQUERA, Roberto Quiroga. *Manual da tributação direta da renda.* São Paulo: IBDT, 2020.

SHIMURA, Sérgio Seiji. *Arresto cautelar.* 2ª ed., São Paulo: RT, 1997.

_____. *Título executivo.* São Paulo: Saraiva, 1997.

SILVA, Vicente Ferreira da. *Lógica simbólica.* São Paulo: É Realizações, 2009.

SOUZA, Rubens Gomes de. *Idéias gerais para uma concepção unitária e orgânica do processo fiscal. Revista de Direito Administrativo* n. 34, Rio de Janeiro : FGV, 1953.

TESSER, André Luiz Bäuml. *Tutela cautelar e antecipação de tutela* – perigo de dano e perigo de demora. São Paulo: RT, 2014.

THEODORO JÚNIOR, Humberto. Ação de prestação de contas: força da sentença, prescrição. In.: ALVIM, Arruda; ALVIM, Eduardo Arruda; BRUSCHI, Gilberto Gomes; CHECHI, Mara Larsen; e COUTO, Mônica Bonetti [Coords.]. *Execução civil e temas afins do CPC/1973 ao Novo CPC:* estudos em homenagem ao professor Araken de Assis. São Paulo: RT, 2014.

TOMÉ, Fabiana Del Padre. Exigibilidade do crédito tributário: amplitude e efeitos de sua suspensão. In: SOUZA, Priscila de [Coord.]. *Direito tributário e os conceitos de direito privado.* São Paulo: Noeses, 2010.

TORRES, Ricardo Lobo. *Curso de direito financeiro e tributário.* 13ª ed., Rio de Janeiro: Renovar, 2006.

TROIANELLI, Gabriel Lacerda. Consulta fiscal como causa de suspensão de exigibilidade do tributo. *Revista Dialética de Direito Tributário* n. 146. São Paulo: Dialética, 2007.

VARGAS, Luis Carlos A. Merçon. *Crédito tributário* – causas de suspensão da exigibilidade. Curitiba: Juruá, 2016.

VENOSA, Sílvio de Salvo. *Direito civil* – Direitos Reais. Vol. 5. 10ª ed. São Paulo: Atlas, 2010.

_____. *Direito civil* – Teoria Geral das Obrigações e Teoria Geral dos Contratos. Vol. 2. 10ª ed., São Paulo: Atlas, 2010.

VERGUEIRO, Camila Campos. *Obrigação tributária:* o processo de positivação e as causas suspensivas da sua exigibilidade. São Paulo: Quartier Latin, 2009.

VIEIRA, Maria Leonor Leite. *A suspensão da exigibilidade do crédito tributário.* São Paulo: Dialética, 1997.

VIGLIAR, José Marcelo Menezes. *Código de Processo Civil Interpretado* [Coord. Antonio Carlos Marcato]. 3ª ed., São Paulo: Atlas, 2008.

VILANOVA, Lourival. *Causalidade e relação no direito.* 4ª ed. São Paulo: RT, 2000.

_____. *Estruturas lógicas e o sistema de direito positivo.* 4ª ed., São Paulo: Noeses, 2010.

WAMBIER, Teresa Arruda Alvim; CONCEIÇÃO, Maria Lúcia Lins; RIBEIRO, Leonardo Ferres da Silva; e MELLO, Rogério Licastro Torres de. *Primeiros comentários ao novo Código de Processo Civil.* 2ª ed., São Paulo: RT, 2016.

YARSHELL, Flávio Luiz. Ampliação da responsabilidade patrimonial: caminho para solução da falta de efetividade da execução civil brasileira? In: ALVIM, Arruda; ARRUDA ALVIM, Eduardo; BRUSCHI, Gilberto Gomes; CHECHI, Mara Larsen; e COUTO, Mônica Bonetti [Coords.]. *Execução Civil e temas afins* (Do CPC/1973 ao Novo CPC) – Estudos em Homenagem ao Professor Araken de Assis. São Paulo: RT, 2014.

ZANETTI JR., Hermes. *Comentários ao Código de Processo Civil.* Vol. XIV. ARENHART, Sérgio Cruz; e MITIDIERO, Daniel (Coords.). São Paulo: RT, 2018.

ZILVETI, Fernando Aurélio. Capacidade contributiva e mínimo existencial. In: SCHOUERI, Luís Eduardo; e ZILVETI, Fernando Aurélio [Coords.]. *Direito Tributário* – estudos em homenagem a Brandão Machado. São Paulo: Dialética, 1998.